佐高信評伝選2

わが思想の源流

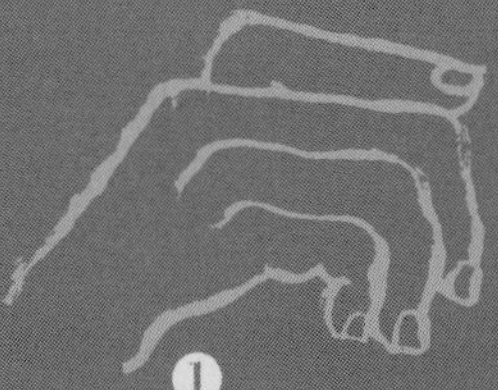

❶久野収からの面々授受
❷竹内好とむのたけじの魯迅精神
❸福沢諭吉のパラドックス

旬報社

佐高信評伝選2　わが思想の源流

目次

久野　収（くの・おさむ）

一九一〇年大阪府堺市生まれ。
一九三四年京都帝国大学文学部哲学科卒。
戦前は、雑誌『世界文化』、隔週刊新聞『土曜日』に関わり、
戦後は、雑誌『思想の科学』編集長を務め、
『週刊金曜日』の創刊、編集に関わった。
一九九九年二月九日逝去。
『久野収集』（全五巻、佐高信編、岩波書店、一九九八年五月〜九月）。

久野収からの面々授受

はじめに

一九九八年六月二十九日付の『朝日新聞』夕刊「テーブルトーク」欄に、わが師久野収が登場している。その最初の部分を引くと――

〈『久野収集』全五巻（岩波書店）の刊行が始まった。第一巻「ジャーナリストとして」は、丸山真男氏への追悼文や、編集委員を務める「週刊金曜日」の記念講演などを収める。自他共に認める〝弟子〟の評論家・佐高信氏の編集だ。

「僕の中の〝佐高〟的側面がよく出ている。一切僕に構うな。そのかわり君が全責任を取れ、と言ってあります」と笑う〉

それから半年余りで師は亡くなった。

「面々授受」とは直接対面して教えを受けるという意味だが、学生時代に学習院大学での講義を〝盗聴〟して以来、ほぼ三十五年間、強烈なカミナリつきで、私は久野に薫陶を受けた。

この本は久野収の伝記ではない。師から私が何を学んだか、それはこれからどう生かせばいいのかを私なりに綴ったメモワールである。すべて君に任せると言いながらも、久野は著作集のタイトルを「久野収エッセンス」とすることは頑なに拒んだが、これは「久野収エッセンス」とも言えるだろう。

しかし、久野は思索の人であるとともに行動の人だった。「腹が立ってボケられん」と八十八歳で亡くなるまで現役を通した。

久野収という人を知らない人のために、次に私が久野の指名で書いた『[現代日本]朝日人物事典』（一九九〇年刊）の久野の項を引いておこう。

〈一九三四（昭和九）年京大哲学科卒。戦前から現在まで一貫して平和運動を中心とした市民運動のプレーイング・プロデューサーでありつづけてきたが、その素地は、三五年に中井正一らとともに創刊した反ファシズムの雑誌『世界文化』、三六年に発刊した新聞『土曜日』を生み出すなかで培われた。この人民戦線運動が治安維持法違反とされ、三七年に逮捕されて二年間の獄中生活を送り、出獄後は昭和高等商業の嘱託などをして敗戦を迎えた。久野はこの戦争について「一民族国家が多民族国家に敗れた」側面もあると指摘しているが、自閉症ならぬ社閉症あるいは国閉症を日本人は病んでいるとして、その閉鎖性を開く努力を続けてきた。六〇年の安保闘争、六五年に小田実らとつくった「ベ平連」などもそうした視点に立って闘われている。主な論文には「平和の論理と戦争の論理」（四九年）、「政治的市民の成立」（六〇年）、「憲法第九条と非武装的防衛力」（六四年）、「独占批判の論理学」（七〇年）があり、『歴史的理性批判序説』（七〇年）、『三〇年代の思想家たち』（七五年）などの著書も多い。また、天性のオルガナイザーを感じさせる話術は「落語家たちの噺《はなし》より倍も面白い」と五木寛之の折り紙つきで、林達夫との対話『思想のドラマトゥルギー』（七四年）や、相手に中曾根康弘から中山千夏までを網羅した『対話史』二巻（八八年）に結実している〉

加えれば、一九一〇年六月十日に生まれた久野は一九九九年二月九日に亡くなった。

二〇〇三年三月七日

佐高 信

久野収からの面々授受

目次

1 敵にこそ学べ

一九七七年三月三日、竹内好が亡くなった。その通夜の席で、遺体を前に久野収は号泣した。同じ一九一〇年生まれの竹内は、久野にとって、深く頼みとする友だった。

雄弁な久野と、寡黙な竹内は、表面的には違って見えたし、思想的にも二人が重なる部分はむしろ少ないだろう。

しかし、久野がよく引いた「我、何ものにも属さず」というエラスムス流の独立精神において、二人は共通していた。それを竹内は魯迅と共に独り立つと表現するのかもしれない。つまり、洋学者流には言わないということである。

久野の下で、高校の『倫理社会』の教科書をつくったことがある。中山千夏と矢崎泰久が参加し、学習院卒の久野の直弟子や、そうでない私のような外弟子も加わって、文部省の検定を通るように努力しながら、それを編んだ。そのための合宿の過程で、ロッキード事件で田中角栄逮捕の号外を読んだ記憶があるから、竹内が亡くなる少し前である。

その時、久野は、中国の思想のところは竹内さんに頼んで見てもらえ、と言った。他の部分については、そうした指示はなかった。それで、竹内の弟子の久米旺生《さかお》が登場することになる。

ここで急いで注釈しておかなければならないのは、私たちの立場として「弟子」と書いたが、久野も竹内も上下の関係的それを押しつけることはなかった。むしろ、そうした表現を嫌っていただろう。

それはともかく、久米に竹内のことを聞いて、私は久野とあまりに似ていることに驚いた。その叱り方の

激しさが第一だが、弟子たちが浪人していると、心配をしつつも、喜んでいる節《ふし》があるのだった。在野を尊んだとも言えるし、無籍者こそ至上と考えたとも言える。お役所よりは民間に勤めていた者に点数が高かったし、出版社でも、大よりは小を大事にするところがあった。

多分、私はそうしたことを話してしまったのだろう。長谷川町子の妹で、彩古書房社長の長谷川洋子から、こんな手紙をもらったことがある。久野との出会いを含む拙著『師弟物語』（現代教養文庫）を贈ったお礼だった。

『師弟物語』はどれもこれも面白く、人生において〝出会い〟の持つ重さを感じさせられたことでございます。一番はじめに読ませて頂きましたのは久野先生（の項）で、この先生は零細出版社を育ててやらねばならぬという大変有難い教訓を説かれたとうかがい、その時以来、畏敬と感謝の思いでお名前を心に銘じた次第でございます」

初対面で「零細出版ですけども」と言われて、私は久野の話をしたらしいが、手紙を書いた後でストレートにとびこんでくる長谷川は、その後、ガンと闘った千葉敦子の『ニューヨークの24時間』というヒットをとばした。

虎穴に入らずんば虎児を得ずというようにナショナリズムにこだわる竹内と、やはり、インターナショナルな立場に立つ久野とは、その重心の置き方が違っていた。しかし、だからこそ、互いに頼みとし合ったのだろう。

久野や竹内より一歳年上で、ほぼ同年の花田清輝は、『国民文学論』を書いた竹内に対し、そんなに「国」が好きならば「国内好」と改名したらどうか、と皮肉った。また、久野に対しては、「今様助六談義」とい

うエッセイで、

「たとえば久野収などは、日本のマルクス主義者の評論には個性がないとかなんとかいって、粟田（賢三）や古在（由重）にイヤ味をいってるのはいいが、そういう当人自身が、ベルンシュタインでもいいそうな社会民主主義者のきまり文句をとうとうと述べたてていることをご存知ないのだから世話はない」

「ナチス抬頭の前夜にも、きっと久野収のような社会民主主義者が、天下無敵のような気分になってわが世の春をたのしんでいたことだろう」

と、それこそ「イヤ味」を言った。ちなみに久野と花田は京大同期生であり、のちに二人で『林達夫著作集』（平凡社）を編んでいる。

久野は一九六〇年の安保反対運動に参加して、「政治的市民の成立」を書いた。政党の引きまわしによらない市民運動の可能性を模索したかったからである。

「六〇年の安保反対運動のときにびっくりしたのは、国会を取り巻いた、主婦や男女の大学生たちが二十数万人に達した事実です。この大群はどこから出てきたのか、指導者たちの予想のほかだった。労働組合の、日当を出した動員でも、政党のデモでも、とてもこんなに集まらない。それで、これは人民大衆の革命前夜の段階だと分析した人々もいたが、どうもそれともちがう。この人たちは革命のためにきたのじゃないんじゃないか。そこで、この人たちが運動を継続できるような方法なり、様式なりを考えておかなければいけないというので、市民主義もなにも、まだ言葉にされていないときに、あえて『政治的市民の成立』を執筆したのです」

久野は執筆の動機をこう語った。「市民」というのは、革命をめざす勢力からは、なにかウサン臭いもの

と見られていたのだが、「あえて」、それを書いたのである。

「(市民運動は）大都会の小市民のエゴイスティックな自己満足の運動で、労働者階級や革新政党の指導がなければ、ものにならない。小市民の一部のうれしがりのハネアガリ運動だと見られていた。それに対して、われわれはそういうものではないという自己主張をしたのです。市民主義こそは、政府や当局に対する理論的、行動的説得力の限界的行使の運動だ、だから、デモや座りこみにしても、暴力的挑発行動じゃなくて、説得力の行動的行使（ガンジーの非暴力行動主義）として直接行動をやる。これはガンジーが主張し、実行した運動で、ガンジーをその時分に読んでいたので、彼のグループの影響が強くあるのですね」

私が編んだ『さらばおまかせ民主主義』（岩波ブックレット）で、久野はその背景をこう説明している。

ただ、竹内は「市民」に対して違和感を消せなかった。そして久野は、竹内のそんな異論を誰よりも深く読んだと思われる。

『婦人公論』の一九六一年六月号に書いた「『安保』一年私の決算書――不服従運動の遺産化のために」で、竹内はそのコトバが嫌いな理由をこう説いている。

「ここに市民という語を使ったが、それについても説明しておく必要がある。私は実はこの語を好まない。バタくさいのと、誤解されるおそれがあるのがその理由である。できたらほかの語を使いたいが、適当なのを思いつかぬから、かりに使うのである。日本語のなかに『市民』が定着するかどうかは自信がもてないのである。私のいう市民は、個人といってもいいものである。独立した個人、といえばもっと完全に近い。あるいは自由な個人、と言いかえてもいい。自由は独立の内容だから、結果として同じことになる。つまり、人はすべて親（子）であり夫（妻）であり、また階級人であり、特定の国籍人であるが、同時に、意志およ

び責任の主体として個人であって、その個人は均等である。この人間の二つの側面のうち、個人としての側面を市民とよぶのである」

ここに、先年亡くなった岸本重陳所有の久野収著『政治的市民の復権』（潮出版社）がある。久野に私淑して〝久野ゼミ〟の生徒だったと言っていた岸本が、赤鉛筆で真っ赤になるほどサイドラインを引いている本を、ある縁で入手した。巻頭に「政治的市民の成立」が収めてあり、『思想の科学』一九六〇年七月号掲載とある。

竹内はこれを読んで、さらに、次のような「市民」への違和感を書いたに違いない。

「市民という語はなじみにくい。語がなじみにくいのは、事実関係がそうなっているからであって、語の罪ではない。『市民のみなさん』と呼びかけたら、『おれは市民じゃない、都民だ』と答えたという笑い話があるが、答えた人をバカにしてはいけない。まして農村では『市民』は通用しない。それを無理に通用させるのではないけれども、代ることばがないから困るのである。日本の事情では、独立と均質と連帯の語感をふくんだ個人を意味する語が、市民を通り越して人民に定着するかもしれないが、これはそうなるにしても将来の話であって、今はまだ人民ではおかしい。そこで止むをえず市民とよぶのである。

市民の説明をながながしたのは、去年の運動を、全体として、また本質部分として、市民の運動であったと規定したいからである。私はここで、げんに論争の課題であるこの運動の最終規定をしているのではない。そのような意図はない。私の意図はあくまで、個人がめいめいの体験を整理し、なにがしかの教訓をそこから引き出すことを自他にすすめるだけである。ただ、それを可能にするためには、最小限の共通の了解事項として、運動全体の性格規定が、どうしても中間段階として必要になってくる。もう一つは、なぜ個人の体

験整理が大切かという理由に関して、それが市民運動だったからだ、というのが私の答えなのである。市民の運動、あるいは、市民たらんとする日本の市民の運動、というとらえ方を私はしたいし、その私の考えはまちがっていないと私自身は信じている」

市民たらんとする運動というとらえ方は、久野も言いたかったことだろう。ただ、久野は『国民文学論』は書かないし、竹内は「政治的市民の成立」は書かないということである。

久野は、埴谷雄高を含めて、竹内好、花田清輝の、ほぼ同年の四人に共通する性格を「ならず者」と表現している。ある座談会に出た竹内の次の感想は、多分、久野のものとしても該当するに違いない。

「秀才たちが何を言うか、私だってこの年まで生きていれば大方の見当はつく。たぶんそれは全部正しいにちがいないのだ。けれども正しいことが歴史を動かしたという経験は身にしみて私には一度もないのをいかんせんやだ」

竹内よりは久野の方が正眼に構えているとも言えるが、次のような竹内の思考法に久野は惹かれた。

「真理と英知についての荀子の説に私は賛成である。否定の方向からでも真理に到達できると思い込まなければ、私にはとても学問研究はやれないし、究極の目標として沈黙を設定するのでなければ、言論活動などできたものではない。私のこの癖は死ぬまで改まらぬだろう」

もちろん、竹内を右翼と規定するつもりはないが、久野は林達夫とのダイアローグ『思想のドラマトゥルギー』(平凡社)で、こんな衝撃的発言をしている。

「日本の左翼に一番不足するところは、ファシズムから左翼へ移った人物が非常に少ないということにあるんじゃないか」

端的に言えば、敵に学べということを、私は久野に繰り返し言われた。「敵にこそ学べ」とさえ言ってもいい。

それはまた、竹内が強調したことだった。久野は竹内の「弔辞」で次のような逸話を披露している。六〇年安保闘争で、竹内の正面の敵手であった岸信介が、その後、竹内のアジア認識を聴講したいと切望したというのである。

久野がどう読んだか、聞いたことはないが、私は竹内について、『思想の科学』の「追悼号」にこう書いた。題して「『仲間ぼめをしない』ということ」。自らを批判されても、鶴見俊輔はこれを喜んでいたと、ある人から聞かされた。

〈魯迅は「死」という文章の中で、自分の死後、「記念に類することは、一切やってはならない」と書いている。あるいは「私を忘れ、自分の生活のことを考えること。——さもなくば、それこそ大馬鹿者だ」とも。

魯迅はこれを「遺書」という形で書いているのだが、私たちに魯迅を教えた竹内好も同じ考えかもしれない。

竹内が亡くなって、もう五年余りになる。しかし、私は吉祥寺の家に献花にうかがって、帰り途につぶやいた「竹内さん、安らかに眠るな」という理不尽な言葉を、いま一度ここでくりかえさずにはいられない。それは、竹内精神を継ぐべき竹内の次の世代の人たちが、私の眼から見て、竹内精神の最も大事な根幹の部分を引き継いでいないと思われるからだ。そして〝仲間ぼめ〟に憂き身をやつしていると思われるからだ。

竹内は、「対立物」というか、「敵対者」「対峙者」をつねに頭の中におき、それへの目くばりを忘れなかった人である。たとえば「毛沢東を知るためには国民党史をやらなければならない」と言っていたそうだ

し、日常的には、左翼のニュースを反共的立場で速報するからという理由で『読売新聞』を購読していた。好悪の感情をおさえてそうするというより、好ましいと思うものをヨリいっそう明確につかむために嫌いなものを調べるという、いわば〝弁証法的態度〟があった。そのために、〝仲間ぼめ〟をしているヒマなどなかったのである。

思想把持に欠かすことのできないこうした態度が、竹内の次の世代の加藤周一、日高六郎、鶴見俊輔といった人たちにはまったくと言っていいほどない。竹内の死に、私が未だに歯がみするユエンであり、口惜しく思う理由である。

たとえば鶴見俊輔が選考委員会の座長となって編まれた『現代人物事典』（朝日新聞社、一九七七年刊）には渡部昇一が出ていない。細川隆元も、立花隆も、牛場信彦も、法眼晋作も、そして笹川良一も出ていない。これらの人物は（立花を除いて）私も好ましく思う人物ではないが、しかし、これらの人物の影響力を過小評価しては、平衡感覚を失うのではないか。私は、嫌いな人間をこそ、この事典で知りたいと思って買ったのだが、何か、「現代仲間事典」の匂いのするものをつかまされた感じである。この匂いは、人選だけでなく、内容にも及ぶ。

本多秋五の『物語戦後文学史』によれば、竹内好は「王国維《おうこくい》特集号を読む」（『中国文学月報』一九三七年六月号）で、そこに執筆した同人たちの論文を遠慮会釈なく批判し、満身の力をこめて相手の横面をはり曲げているという。「中国文学研究会」には、こういう相互批判が行われて、しかもケンカ別れもしない交友関係があったわけだが、それは単に〝若さ〟ゆえだったろうか。

竹内についてはそうでなかったことが、桑原武夫の追悼文（『展望』一九七七年五月号）を読むと、よくわかる。

桑原、竹内、谷川雁の三人で、うなぎを食べ、竹内が〝墜落〟した「風紋」（新宿のバー）へ行ったとき、桑原が、自分では出来の悪いほうだとは思っていなかった『論語』の註解が、筑摩書房から届いているはずだがと言ったら、竹内は言下に「お遊び」とだけいって、にこやかに笑ったという。

こうした峻烈さが、どうして次の世代の人たちにはないのか。

竹内の亡くなったあと、加藤周一は『朝日新聞』の「文芸時評」で二回を費やして竹内への「個人的謝辞」を書いていた。しかし、こうしたことを竹内は喜ばなかったのではないか、と私は思う。加藤が、どうしても竹内好を語りたいのなら、たとえば渡部昇一や江藤淳を犀利に批判することで、竹内を語るという方法もあるのではないか。そして竹内は、むしろ、その方を喜ぶのではないか。竹内を〝生かす〟道は、言うまでもなく、竹内について語ることではない。竹内の方法、竹内の思考を盗みとることだ。

思想は学べない。ただ、つかみとることができるだけだということを、竹内はよくよく知っていた人である。

もちろん、ストレートには比較できないが、竹内の編んだ『アジア主義』や『近代日本と中国』と『現代人物事典』を比べると、鶴見俊輔たちの目くばりの不足がよくわかる。

竹内が〝仲間ぼめ〟をしなかったということは、本気で引っくり返すことを考えていたということであり、そのために、つねにヨリ多くテキの方を見ていたということである〉

いくら若書きとはいえ、鶴見や加藤に厳し過ぎる一文である。しかし、竹内や久野と、その後の世代には、戦争をどの年でくぐったかの違いなのか、大きな線引きができるように思う。

「日本文学にとって、魯迅は必要だと思う。しかしそれは、魯迅さえも不要にするために必要なので、そ

うでなければ魯迅をよむ意味はない」

『現代中国論』に竹内はこう書いている。「面々授受」とは直接対面して教えを受けるという意味だが、市民的精神を堅持しつつも、久野は私にしばしば、すさまじいカミナリを落とした。それで私は『市民の精神』（ダイヤモンド社）所収の対談で、久野が田辺元に「もう二度と来るな」とか言われて叱られた話を聞き出し、

「そういうときは、例によって久野先生の顔にはぐっと青筋が寄るんですか？」

と尋ね、

「そうそう。青筋寄せて、口をひんまげて聞いている」

という答えを得て、

「先生の顔が浮かびますが、先生が私を怒ったときも同じ状態でしたね」

と返した。そして、久野の苦笑を誘ったのである。しかし、いくら怒られても、その思想と生き方に学ぶところは多かった。

慶応に在籍しながら、学習院講師の久野の講義を〝盗聴〟に行って以来、亡くなるまでのほぼ三十五年間、私は久野に師事した。久野を私は、市民運動のプレイング・プロデューサーと規定したが、あるいは久野は著作によって後世に残る人ではないかもしれない。しかし、まさにその生き方において残る人である。いや、残すべき人である。戦争中の自らの文化的反戦運動の敗北を苦い教訓として久野は自らの戦後をスタートさせた。

2 俗にこだわる

〽花摘む野辺に日は落ちて
　みんなで肩を組みながら

久野収の唇から、このメロディーが流れ出て、私は瞬間、信じられない思いがした。二十年以上前のことである。私がまだ経済誌の編集者をしていて、書庫の整理の手伝いに伊豆高原の久野宅を訪ねた時だった。久野が「誰か故郷を想わざる」などを口ずさむのか、と仰天した。私は演歌が好きで、そのことをいささかならず恥じていただけに、うれしくなるとともに、久野は自分の中に入り込んでいる俗と闘っているのだなと思った。

俗と自分は無縁だと澄ましているのではなく、俗をくぐりつつ、俗に染まらない努力をしているとも言えるかもしれない。それについて久野は林達夫との対話『思想のドラマトゥルギー』（平凡社）で、こんなエピソードを披露している。

「僕は西田佐知子のファンなんです。『コーヒー・ルンバ』時代から。そして桑原武夫さんに彼女のこと話したことがある。桑原さんはたちまち感染して、テレビでさっちんが歌っていると、これもまた大の歌謡曲ファン神戸大学教授の橋本峰雄君のところへ〝今、さっちんが歌ってるぜ、聞いてるか〟と電話するそうです。それから、ある日のこと、中野好夫さんと一緒の時に、桑原さんが西田佐知子の話をしたら、中野さんが、〝それ何者や、女優？　作家？〟と聞いたので、桑原さんは、〝中野君は見かけとは逆にほんまはハイブ

ラウなのやな〟と言ったという。この熱度はさらに上り、桑原教授退官記念パーティーに彼女を呼んで歌ってもらおう、と弟子たちが相談をして申し込んだら、『大変名誉なことと存じますが、先約のスケジュールがつまっていてどうしても参れません』と丁重に断られたらしいです」

通ぶって、かつては眼もくれなかった「ヨーロッパ派の大インテリ」までが、ぬけぬけと〝藤圭子が好きや〟と言う風潮を笑う五木寛之の「演歌は聞く方も歌う方も、やはりまともではないというか、少し身をかがめるところがあって初めて演歌だ」という説も久野は紹介しているが、大衆とか民衆と呼ばれる人々を動かす俗に触れる必要性を久野は説く。

「雅俗のどっちを取るかというと、僕は何のためらいもなく、断然『俗』を取る」

こう宣言する林は、また、こんな指摘もしている。

「本当の大作家というものは、古風に言えば清濁あわせ呑むという奴で、いわゆる大衆芸能の何かにうつつを抜かさなかった人は東西古今一人もいない。森鷗外だって、夏目漱石だって、さっきの二人（永井荷風と谷崎潤一郎）だって、志賀直哉だって、みんな若い時に寄席へ通ったりしている。映画もない時代だからね」

そして、メロドラマのようなものをあまり馬鹿にしないことが大事だ、と折りある毎にくどいほど学生に話す、と林は続ける。

「〝この頃は、ドライとかクールばやりで、特に高級インテリは嵩にかかって非難したり、それにそっぽを向くかも知れないが、構えや先入観や主張をはずして、あれを読んでおくとよい。人間の精神のバランスを崩して、あとでひょんなことにならぬとも限らないから。だから、そういうものを観るのは一種の精神健康法でもあるんだ〟とね」

それに対して久野は、

「平衡感覚ですね。林さんの説は、五木君の大衆芸術論に見事に引き継がれていますね」

と応じながら、こう分析している。

「民衆の方は、メロドラマを実人生とは違う、絵空事だと知っていて距離をおいて見ている。そうでなければ、あんなに繰り返し同じシチュエイションのものをあきもせず見ていられるはずがない。ところが、そこが分からない大インテリは、かえって民衆よりも弱くなって、アイデンティファイしてしまうわけですよ。何しろメロドラマのもつ毒に対して免疫性がないですから」

久野が好きな言葉に「神は細部に宿りたもう」がある。著書の題名にそのまま使っているほどである。細部へのこだわりは俗へのこだわりでもあるだろう。

三十五年も久野に師事していて、最晩年に驚かされたことに、久野が新聞に入ってくる広告のチラシを丹念に読むということがあった。そんなことを私は知らなかったし、気づかなかったからである。

それで久野は『広告批評』という雑誌をヒイキにしていたのか、と初めて合点がいった。

私は、『広告批評』編集長の島森路子と対談した時、不肖の弟子であることを自嘲しつつ、

「僕なんか、チラシを全部よけてから読むからね」

と言ったら、彼女は、

「私もどちらかといえば、そっち派です（笑）。でも、チラシがいかに大切か、つまり、いちばん捨てられているもののなかに、いちばん時代が映り込んでいるという側面があって、久野さんはおそらくそこを見ているのじゃないかなあ」

と解読していた。そして、師よりは広告に対して硬直的な反応をする私への皮肉のように、こう付け加えたのである。

「広告というだけで資本主義の手先だとか、悪魔の使いだとか（笑）言ったりする人も少なくないんだけれど、久野さんはそういう先入観をもたない柔軟なところがすごいと思う。精神が若々しいんですね」

人間を動かすのは「雅」もしくは「聖」よりは「俗」を含むものだと、久野は思っていたのかもしれない。生きていたら久野が早速に購読しただろうと思われる本が、いま、手元にある。澤田求、鈴木隆祐著『チラシで読む日本経済』（光文社新書）である。

そこで、チラシレポート社長の澤田はこんな発言をしている。

「まずはチラシ自体、その業績が扱う商品の、わかりやすい見取り図であり、価格表だといえるんです。それも地域、時候、その時の社会状況によって違いが出る。キチッと取っておき、比較検討すると、その時々に直面する問題への対応の仕方も、過去のチラシが教えてくれる……と、こうわかってきおったんですわ」

久野がここまで読み込んでいたかどうかはわからないが、澤田はまた、こんな解析もしている。

「ゴールデンウィークは、旦那さんも、お子さんらも比較的みんな家におる。核家族がいつになく〝塊《かたまり》〟になる時期ですね。だから、みんなのニーズに引っかかる品物を網羅することに自ずとなります。翌週には、こどもの日が控えてますが、そこまでは先回りしていない。フォーカスを狂わせないためです。連休のはじめのほうはともかくリラックスし、子供孝行はあとに取っときましょうという感じですな」

そして同書には、ユニークなスーパーのサミットのチラシに、みつはしちかこの四コマ漫画が連載されて

いることも紹介されている。題して「週刊アララさん」。漫画家の姑を持つ主婦、今日野《きょうの》アララが家族に喜ばれる夕食の献立として、サミットの提案を食卓に載せる、というのが毎回の主なパターンだという。これを目当てにチラシを読む人も多いとか。

広告にはコピーやキャッチーズが欠かせないが、市民運動におけるそれも久野は重視した。

久野がよく話したのが、警察官職務執行法改正案、いわゆる警職法に対する反対運動の時の「デートもできない警職法」である。

これは学習院で久野に学び、『図書新聞』に入った大輪盛登がつくったものだった。人々を引きまわすのではなく、一言の下にその問題の本質をえぐって、運動の列に加わらせるキャッチフレーズの必要性を久野は繰り返し語った。

鶴見俊輔との対話『思想の折り返し点で』（晶文社）では、学者の言葉の硬さをこう批判している。

「鶴見さんが何回も指摘しているように、言葉の問題が日本のインテリ学者の場合、宙に浮いて文章に表情が乏しい。カントにしてもインテリの中では研究され、生きているかもしれないけれど、『話したり、書いたりしてくれ』といわれたら……。福沢諭吉、田中正造の段階からすれば、はるかに退化しているように思いますよ」

久野によれば、林達夫は「自分たちの仲間にしかわからないような言葉遣いで、難しげなやり口で進めるのは、全くもって小インテリ、小作家にすぎない」と考えていたという。シェークスピアでもモリエールでもゲーテでも、みんな、国語や標準語以前の、民衆が使っているさまざまな俗語を見事に生かしきることによって民衆に訴えるという方法を使っているからである。

ところで、久野の評価をめぐって、猪瀬直樹と論争したことがある。激突対談と銘打たれたそれは『創』の一九九五年十二月号に掲載され、拙著『こいつだけは許せない！』（徳間書店）に収録された。猪瀬もよく収録を承諾したと思うが、ここで私は久野から受けついだものを私なりに語ったつもりである。「ジャーナリズムの本質を問う」というタイトルのその対談の、久野に関わる部分を、できるだけ公平を期して引いてみよう。

猪瀬　あなたは尊敬してるかもしれないけれど、久野収は困るなあと思う（笑）。真面目な人だというのは僕も認めるけど、「進歩的文化人」として流されてしまったんだなあと思いますね、それはモダニズムだったと、結局、時流の中で発言して、風化してしまったと。

佐高　それは、こっちも「はい、そうですか」というわけにはいかないんだが、さっきなぜ私が久野、埴谷と言ったかと言うと、冷やかし半分に埴谷雄高は「何をゆうたか」と茶化された。逆に『死霊』とかをものすごくありがたがる人が多い。信者がたくさんいるんだ。吉本隆明が今どうなってるかという問題も含めて、その時に彼らには深刻病っていうのがある。

猪瀬　信者なんてどうでもいいじゃないですか。僕があなたに対する批判の言葉として埴谷雄高を持ち出したのは、『幻視のなかの政治』の一節を紹介したかったからです。「スローガンを与えよ。この獣は、さながら、自分でその思想を考えつめたかのごとく、そのスローガンをかついで歩いてゆく」。つまり、佐高さんの声高な主張はスローガンじゃないかと。スローガンにはスローガン病患者というのがいるから、どうぞご自由に掲げて下さいということなんです。

佐高　しかし、スローガンというのは、そう簡単なものではないんですよ。スローガンに凝縮するというのはそう易しいことではないというのが一つ。それと、難解なものはいいんだという、学生にありがちの傾向がある。

猪瀬　そりゃそうじゃないですよ。僕の本は難解じゃないもの。難解な本というのは、僕は書いている人自体に理解がよく行き届いてないから難解になるんだと思うんです。

佐高　じゃあもう一回繰り返すけど、あなたの『ミカドの肖像』は、みそぎ研修もいいと言っている人に届くかどうかを自分でどう考えているんですか。

猪瀬　届く人には届く、届かない人には届かない。

佐高　届かそうとは思わないの？

猪瀬　そりゃ、書店の文庫コーナーに置いてあるから、それは買っていただくしかない。それはね、例えば『朝日ジャーナル』のような閉じたサークルに書いたら届かないですよ。でも『週刊ポスト』に書きましたから、これはもう届く人には届くような媒体に載せたわけだから。あなたの言ってるような読者に届くように。

　ここで猪瀬が私の主張をスローガンじゃないかと言っても、私には何の批判にもならなかった。久野の思想と生き方を受けつぐものとして、スローガンに磨きをかけたいと思いこそすれ、スローガンを否定の意味で使うつもりはないからである。続けて田中伸尚著『ドキュメント昭和天皇』（全八巻、緑風出版）をめぐる論争を引こう。中で――と入っているのは『創』の編集長の発言である。

佐高　あなたの話を聞いてると、作品主義なんだと思う。作品が絶対大事なんだと。それで、専門家よりもっとすごいの書いてるとか書こうとかいう風に、頭の中にそっちの方を第一次読者として想定している。あなたの話を聞いて思い浮かべるのは、政治記者でも経済記者でもいいんですが、彼らが最初に読者として想定するのはライバル紙の記者とか、或いはデスクとか、ある種の専門家なわけなんです。そうすると、彼らが知っているわかりきったことというのは書かない。初歩的なことを書いたら笑われるとかね。でも本当はそうじゃない。新聞記者に要求されるのは、読者のためにわかりきったことでも書くということじゃないんだろうか。

だからさ、あなたの田中伸尚の『ドキュメント昭和天皇』についての言い方っていうのは、やっぱり特殊な専門家の言い方なんですよ。

猪瀬　まったく的のはずれたたとえですので、こちらが言い直しますが、昭和天皇について田中さんはすごい恨みがあるような書き方をするわけですね。恨みがあったっていいんだけど、それじゃ、個人的な恨みを解消しているだけなんだな。「あなたの気持ちはわかりましたよ」っていうので終り。それ以上刺激にはならないんだなあ。

佐高　そこがね、すごく専門的な見方だなあと思うわけ。私に言わせれば、ある種広がりを持つというのは、『ミカドの肖像』ではなくて『ドキュメント昭和天皇』の方だと思う。

――佐高さん流に言うと『ドキュメント昭和天皇』と『ミカドの肖像』の決定的な違いはどこなんですか。

佐高　私は、田中さんの、猪瀬流に言うと天皇について恨みをこめた書き方というのが、ある意味で訴求

力があると思う。むしろ猪瀬さんの場合は、天皇制というのは難しいものなんだという認識に読者を陥らせてしまう。それは危険だと思います。

猪瀬　誰の責任において、佐高さんがそんなことまで心配するわけ？

佐高　いやいや（笑）。だからさ、さっきからしつこいくらい訊いてるんだけど、一切のプロパガンダ性を自分の作品において否定するのかということなんです。一切の恨みを持たないというのは、自分の立場としてはどうなのか。

あなたが勝手に私をプロパガンダと言おうが否定はしないけど、本当は自分自身の作品にもプロパガンダ性はあるんですよね。

猪瀬　でも、僕は自分からプロパガンダするつもりはないから。

佐高　意識的にせよ無意識的にせよ、誰もが運動家たらざるをえないところがあると思うんだけど、あなたは学生時代でピタッとやめたわけ？　自分の作品も全くプロパガンダの要素はないと？　学生時代の運動の経験で、ヤケドをしたからもう火はいやだと、そういう話？

猪瀬　あなたねえ、言い方が卑俗なんですよ（笑）。

互いに笑ったが、猪瀬のは苦笑だったろう。しかし、私のは苦笑ではなかった。俗というのは私には非難にならないからである。結論的なヤリトリも紹介しなければ、猪瀬は不満かもしれない。時評を大事にした久野の弟子として、私はこれだけは強調しておきたかった。この対談は最後まですれ違ったように見えるが、二人の違いははっきりしただろう。

猪瀬　僕は常に現在と過去を行ったり来たりしながら現代を描いてますから、現在の時評的なところで消費されないようにしてますよ。

佐高　違うなあと思ったのは、あなたは作品として残るというところに価値を見出すんだよね。

猪瀬　残るというのは、自分の書いた物に普遍性があるということなんだと思いますよ。あなたは、毎月パンフレットみたいな本を書いていて、永遠に時評としてやっていくわけですよね。ブックレットも書いてるみたいだけど。

佐高　ご心配いただかなくても、時評でないものもちゃんと売れてるよ。私は残ることに第一義的なものは見出さないということだよ。だから、なくなってもいい。これは決定的に違うよね。

猪瀬　それは、たとえば十年経てば間違ったことを言ってる奴も消えてくれる、という願望にすぎない。残るというのは、そうではなくて残る仕事、作品ですね。それは十年後、二十年後の出来事についても責任を取るということです。僕はそういう作品を書いているつもりです。

佐高　必ずしもそうとは言えない。長谷川慶太郎みたいなのだって残るんだから。間違って石橋湛山賞なんてもらっちゃってね。

猪瀬　長谷川慶太郎はあなたと違ったイデオロギーを持ってる人だけど、僕に言わせればやってることは似てるんですよ。立場が反対なだけで、割りと鏡なんですよ。

佐高　それは、動かない人には動く者はすべて同じに見えるということだね。

もちろん、久野は『ドキュメント昭和天皇』を高く評価していた。大出版社が後について、取材費も不自由することなく書かれた『ミカドの肖像』と違って、『ドキュメント昭和天皇』は田中が独力で、身銭を切って取材して完成させた作品である。

「田中君はちゃんと食べてるのか」

と私は久野に何度も聞かれた。

久野はそうした生活まで心配する人だった。

今回は猪瀬との対談を引用し過ぎたかもしれないが、久野も多分似たことを言っただろうな、というのが対談を終えての私の感想だった。そう言えば、江藤淳と対談した時、久野さんもそう言うでしょうが、と言われた覚えがある。

3 「精神なき専門人」批判

日本消費者連盟を創設した竹内直一が亡くなった。二〇〇一年十二月十六日の八十三歳でのその死は故人の遺志で伏せられた。大仰にはしたくないということだろう。

東大法学部出の農林官僚には珍しく、出向先の経済企画庁で消費者側に立った〝隠密行動〟を展開し、「官僚帝国」を〝破門〟されて消費者運動に身を転じた竹内と久野は『VISION』という雑誌の一九七三年九月号と十月号で対談をしている。単行本未収録のこの対談は、「企業活動の原点を問う」というタイトルだが、実は前年に私はこの小さな経済誌に入っていて、いわばサービスで久野は出てくれたの

だった。

のちにこの対談を知った、ある著名な経済学者が電話をかけてきて、バックナンバーを送ってほしいと言った。それで、では「複合不況」についてのインタビューに応じてくれないかと頼んだら、いや、それはと簡単に断られた。多分、そんな片々たる雑誌に出たら自分のキズになると考えたのだろう。そう言われて改めて久野の「サービス」の意味を知った。

その対談で、「消費者運動を始めようと思えば、真っ先に自分のダンナさんを洗脳できるか、できないかが分かれ目になる。これができれば日本の消費者運動は大前進する」と、いわゆる主婦たちに話すという竹内に、久野は戦前の消費組合運動と対比させて、こう語った。

「戦前に消費組合運動を少し助けた私の経験では、戦前の消費組合運動というのは物を安く買うということも重大であったけれども、そこには思想が生きていて、いい社会をつくって消費者の復権を図ろうという思想運動だったわけです。戦後、断絶ののちに新たに現われてきた消費組組合運動というのは、だいたい物を安く買うという運動ですよね」

しかし、それだけでいいのか。久野は次のように説く。

「いまや、生産者がこれだけ自らを組織化してきて、もう原料を支配し、市場を支配し、価格まで支配してしまえば、消費者の側が個々バラバラでは消費者と生産者のバランスが取れるようなことはあり得ない。どうしても、竹内さんのおやりになっているような、連絡センターみたいなものをつくり、同時にその連絡センターを支えるような組織を各所につくる以外にないんだということが、全然考えられなかった。官僚である竹内さんがお気づきになって、とにかく退職金を全部それに投じて、民間からの私費を集めてやるまで、

誰もやっとらんわけです。物を安く買う運動は決して悪くない運動なんだから大いにやったらいいけれども、同時に、消費者の生産者に対するバランスの回復、人間的なバランスの回復を図る運動がないんで、これをどうするかが最大の問題ですね」

久野は、専門家としての官僚や技術者を市民の味方にするにはどうしたらいいかを常に考えていたが、その点で、官僚からドロップアウトした竹内以上に、官僚としての頂点を極めた〝異色官僚〟の佐橋滋に、よりいっそうの興味をもっていた。それで、私は久野に叱られたことがある。NHKの教育テレビという、いわば公衆の面前でだった。しかし、かつての激越な、怒りが怒りを呼ぶというようなものとは違って、ずいぶん、やわらかに怒られた。一九九六年七月二十日、「未来潮流」というシリーズで「さらばおまかせ民主主義」として放映されたそれを活字化した岩波ブックレットから引こう。

佐高　先生は官僚制の問題にも、いち早く目を向けておられますね。一九七七年に先生は元通産次官の佐橋滋と対談をされました。戦後の産業育成政策の基礎を築いて〝ミスター通産〟と呼ばれた人物です。佐橋滋は、一方で、通産省職員の労働組合の委員長をつとめ、官僚制の民主化を試みました。

先生はそのとき、佐橋滋の次のような発言に注目しています。

「組織というものは放っておけば必ず非民主化する。そこで私は通産省の政策についても、組合が独自の研究会を持つようにして、官僚組織を民主化しようとした」

しかし、この民主化の試みは、佐橋滋氏が委員長を退いた後、受け継がれることはありませんでした。

久野　君のまずかったのは、佐橋滋の内面の歴史みたいなものを記録にとっておかなかった点ですね。彼

は同年の丸山真男の思想と人物を尊重すると言っていましたね。ぼくは、佐橋滋氏は岸信介と対抗できるだけの存在だったと思いますよ。対抗というのは岸的官僚主義と対抗するという意味です。それで、官庁や官僚における民主化とは何であるかという問題を職業倫理の立場から先頭に立ってやったわけでしょう。

佐高　珍しくキャリア組の出身で組合の委員長をやっていたのですね。

久野　委員長をやって、官僚の民主化をやろうと思ったんだと、彼はぼくにも言いましたよね。

佐高　そういう人たちの、佐橋さんなら佐橋さんの哲学がまだ受け継がれていない。私もそういうのを書かなかったということかもしれませんけれども……。

久野　佐橋氏にそういう官僚制の病弊みたいなものを、内在的に佐高君はなんで訊いておかなかったかと。彼は佐高君の生き方をたいへん評価しておったからね。あのとき佐高君はまだ若造だったからね。その若造を評価していました。

佐高　佐橋さんの苦衷がまだわからなかったのかもしれない。

久野　彼は、通産次官から、民間のいかなる役職にも天下らなかった。

久野は、佐橋が私の生き方を評価していたと言ってくれているが、生き方まで評価していたとは思わない。ただ、三十歳そこそこで、「ぼくのことは佐高君の方がよく知っているよ」と佐橋が言うほどに食い込んでいたことは確かだった。だから、のちに『久野収集』に収録した久野・佐橋対談もできたのである。竹内直一の場合と同じく『VISION』でだった。

しかし、久野から見て一番大事なことをなぜ佐橋に尋ねなかったのか、と久野は歯がゆかったのだろう。

「官僚主義の最大の欠陥は、横の関係がない、上下とタコツボですね。すべて個人個人がタコツボの中で縦の上下に属する。日本の市民運動と市民主義の重大な欠点は、官僚制を包みこみ、溶解させていない点ですね」

そう語る久野に、

「先生も私なんかに対しても権威的でなくて横に……」

と言ったら、久野は、

「いやいや、相当、旧体質で申し訳ないですけれどもね」

と苦笑した。

この対話は後に『東京新聞』のコラムで「いつもはコワモテ発言がウリの佐高氏が、従順そのもの」だったと冷やかされたが、久野が佐橋に注目していたのは、佐橋がその立場にありながら、明確に非武装平和を主張していたことにもよる。それは久野の影響も受けていた。対談は六本木の佐橋の事務所で行われたのだが、そこには久野の本が何冊かあった。

では、ここで佐橋の「平和への戦略――実験国家への道」という非武装論を紹介しておこう。ちなみにこれは『毎日新聞』の懸賞論文に応募したものである。

まず、佐橋はこう説く。

「軍備は経済的にいえば全くの不生産財であり、人間の生活向上になんら益するところがないどころか、大変なマイナスである。日本の経済発展は、軍備に金をさかなかったせいであるといわれ、アメリカの凋落は、軍事費の支出に起因するといわれる。その当否を論ずるわけではないが、真相の一部を伝えるものであ

ることは間違いない。

軍備を国家有事の時、つまり戦争のための保険であるかのような説を唱えるものがいるが、とんでもない詭弁である。軍備が戦争を生むことを忘れてはならない。経済が充実してきたから軍備にも力をいれる。アメリカの防衛負担を肩代わりするなどという考えは、軍備についての深刻な反省のない無責任な所説である」

困難であっても、理想を明文化した日本国憲法に従って、平和な世界づくりに邁進しよう、と佐橋は提唱したのである。

非武装など非現実的だ、攻められたらどうするという俗論に対しては、武器をもって戦った場合と相手の蹂躙にまかせた場合のどちらがヨリ被害が大きいか、と佐橋は問い、

「人命についても、物的施設にしても、議論の余地なく武器をもって戦う場合の方が大きい。丸腰の人間が一億人も殺傷されるだろうか」

と訴えている。

つまり、「世界の人類の平和を希求して、自ら実験台になる、これほどの名誉がほかにあろうか」というのである。

「戦って死ぬだけが英雄であったり勇敢であるのではない。理想に挺身する姿が尊いのであり、武器をもって戦うよりはるかに勇気を必要とする。世界は決して見殺しにはしないだろう。これは他力本願の非武装とは本質的に異なる史上はじめての実験であるという自負を持つべきものと考える」

こう呼びかける佐橋の主張は、「非武装国家になれば、軍備に要した膨大な財源が全く不要になり国内的

には文化国家建設に必要とされる施設に充てられ、対外的には近隣諸国に対する援助が可能になる。脅威に代えて喜びを撒くことになる」という現実洞察に裏打ちされていた。

この、自衛隊は違憲とする非武装平和の主張は、財界人を仰天させた。「経済がわかり、産業がわかり、軍需産業の何たるかがわかる」佐橋がそれを唱えたことに衝撃を受けたのである。

親しかった財界人でさえ、「非武装論だけはいただけん」とそっぽを向いた。

佐橋は最期まで、「どうしてこんなわかりやすいことがわからんのか」と言っていたが、一代で実現できる理想でもないし、たとえば通産官僚の先輩の岸信介とは、お互い、その話に触れないようにしたという。

しかし、防衛庁の人間や軍事評論家とは何度かやり合った。

「非武装は危険というけれども、それでは武装をしていれば安全かと反問すると、安全と言う人は誰もいない」

と佐橋の信念は揺らがなかった。

久野は、こうした佐橋のような人間を尊重した。佐橋は「予想以上に強い抵抗があった」と語っていたが、佐橋の立場にいて、それを主張することに対する風圧の凄さを久野は測れる人だった。

「現代官僚改造論」というタイトルをつけた久野と佐橋の対談は、そんなこともあって、なごやかに始まったが、中で佐橋はこんな弁明もしている。

「ぼくは役人のときにいばりくさっていたように思われていますけど、そういうふうにとられるのはちょっと心外で偉い人に不必要に頭を下げなかっただけです。あとはとにかく自分の部下であろうとなんであろうと、それはまったく気分的に対等であって、民間の言うことでも、役人の言うことでも、とにかく対等で聞

く。それで自分が良いと思ったことはやるというだけのことで、誰にも頭を下げないという生き方を続けることができた。偉いとか偉くないとか、おれはこういう偉いポストにいるんだとかいうことを考えたことは一度もないから、浪人しても、ぼくは全然寂しくないんです」

その後の大蔵官僚の信じられない腐敗の発覚に接することなく佐橋は逝ったが、佐橋の言葉を書き写していると、佐橋がますます〝異色官僚〟に見えてくる。しかし、佐橋こそが異色でない官僚でなければならないのであり、そのためにも、佐橋を育んだ思想や抵抗の原点をもっと深く記録しておかなければならなかったと久野は私に言いたかったのだろう。

佐橋との対談で久野は、

「官僚は才能も非常に大事で阿呆では困るけれども、一種の職業倫理のようなものが必要になる。佐橋さんは国にサービスをすると言うか、国をよくしてそれを通じて民の福祉を図るという立場で、だからぼくは佐橋さんを国士型官僚と呼んでいるんですが、タイプとすれば古風ですね。それでそうした素質だけでなくて、官僚の服務規律と、その服務規律を支える職業倫理をどうしてつくり直すか。官僚以外の社会も全くそうですけれども、そうしたものがなおざりにされているという感じが非常にするんです」

と語り、アメリカ軍の軍医の話をしている。一九四五年一月三日、日本軍は苦しまぎれに病院船のレッテルを貼って、兵隊および武器を輸送しようとした。「橘丸事件」と呼ばれるものだが、千五百人の兵隊に全部白衣を着せ、他の連隊から持ってきた病歴簿をつけて武器を運んだのである。それが拿捕《だほ》され、千数百名が捕虜となった。ところが、捕虜にされた後、アメリカ軍の軍医は病歴簿を頼りに〝ニセ患者〟たちを誠意をもって治そうとする。その職業倫理に徹した姿は、ニセ患者たちを「本当は」と自白したいと思わせるほ

どだった。

久野はまた、そうした職業倫理をバックアップする民意について語った。民意を背景にして、政治家等の圧力に抵抗せよということである。

佐橋は実際にそれを行った。

たとえば、戦後まもなくの紙業課長の頃、当時、洋紙は安い公正価格で配給統制をやっていたため、王子製紙などの洋紙メーカーはつくればつくるほど赤字をふやす始末だった。それで佐橋は、何とか儲けの出る方法を考え、紙を増産させようと、頭をひねった。そして、政府が決めた物動計画、物資需給計画以上に増産したら、その七割を自家使用に認めることにしたのである。そうすれば、「自家使用分」で自由価格のノートをつくったりして儲けることができる。

ところが、これに対して、ノートなどをつくる紙製品業界の組合理事長が、われわれの商権を奪うこうした措置はケシカランと乗り込んできた。しかし、王子製紙などの洋紙メーカーは、これらの業者へ委託加工するのである。商権を圧迫するどころか、伸ばすことになるのではないか。

こう説明しても、利権がからんでいたのか、言うことを聞かない。遂には、理事長名で大臣宛てに、佐橋に対する「辞職勧告書」が出された。

それにも怯《ひる》まず、佐橋は上野精養軒に全国の紙製品業界の代表三百五十人ほどを集め、理事長との公開討論をやる。

そして、理事長の言い分が正しいという結論が出たら、私はやめるが、私の意見が正しいと思ったら、直ちに理事長をクビにせよ、と迫った。

討論は延々三時間。

理事長は「佐橋がどんなにエラそうなことを言っても、たかが一年半の紙業課長に何がわかる。オレは三十年もやっているんだ」といった調子だった。

これに対して佐橋は「自分の利益だけを考えてやるのと、天下国家を考えてやるのとではまったく違う」と反論する。

討論の後、三十分休憩して票決となったが、全会一致で理事長解任。

官僚が担当業界とケンカして公開討論までやったのは前代未聞だった。もちろん、それ以後もない。

佐橋のケンカは、佐橋をモデルとした城山三郎の『官僚たちの夏』（新潮文庫）にもいろいろ描かれているが、もう一つ、重工業局次長の時のそれを挙げよう。

その時の大臣が高碕達之助で、高碕は東洋製罐の社長だった。同社はアメリカの技術を導入して独占的にやっていたのだが、ある製鉄会社が別の技術を入れてそれに対抗する会社をつくろうとし、佐橋は競争するのはいいことだとして、これを認めようとした。

しかし、大臣が東洋製罐の社長なのだから通るはずがない。案の定、次官も大臣もダメだという。それで佐橋は、

「それなら次官とも大臣とも決裂だ。おれはこれは何としてもやる。それがどうしてもお気に召さないなら、おれの首を切れ。そのとき、おれはこういう理由で首を切られたと公表する」

と言った。困った次官は、

「佐橋はどうしても言うことをきかない。首を切ったら、もっと派手になる」

と大臣に言って、大臣も結局折れた。

「どうしてもこの筋を通さなければならないと思えば、新聞にでも公表して国民に判断してもらう」という、民意を背景にした抵抗である。

もちろん、残念ながら、佐橋や竹内直一のような官僚は多くない。しかし、わずかでもいるということは、半ば絶望している他の官僚を勇気づけることになる。

久野は、本来、異色であってはならない「異色」の存在に目を配っていた。そして、その存在を例にして、腐敗等を批判した。現実にいるだけに説得力が増すからである。

佐橋も竹内も「開かれた官僚」だった。市民社会とは端的に言えば「開かれた社会」だが、家族あるいは家庭と市民社会について、久野はこう言っている。

「血縁的には無縁の男女が一緒になって家庭をつくる。それは確かに市民社会の一単位なんだが、子どもが生まれて血縁のつながりになると、大変閉鎖的なものになってしまう。市民社会というのは、縁もゆかりもない他者と相互信頼して共に生きる決意をした人々がつくるもので、本来外側に開かれたものなんです。だから市民社会と国家とは全然違うんだが、家庭はともすれば国家のように閉ざされかねない。家族エゴです。こうして家族が国家にからめとられると、家族国家となり、天皇制ファシズムになってしまうわけです。自分の家族だけ大事にして他人の家族を差別する。この自他の差別の構造が、家族エゴイズムの連合体となって他国、他民族を差別する国家になってしまう」（久野・佐高『市民の精神』ダイヤモンド社）

開かれた家庭は市民社会を担う力になると久野は続けているが、佐橋も竹内も市民精神を失わない官僚だった。「精神のある専門人」だったのである。

4 師弟の関わり

亡くなってからも、思いがけないところで、師は突然、その姿を現わす。『靖国』（新潮文庫）の著者、坪内祐三の『三茶日記』（本の雑誌社）を読んでいた時だった。河辺岸三著『風貌』（西田書店）からの引用という形で、久野収の「風貌」を描いた一節が出てきたのである。そこにはこうあった。

「人間と社会の変革とはどんなことか、学問には如何なる寄与が可能か、われわれは何を為すべきか、先生は情熱を込めて語った。話の合いの手のように鼻毛を引き抜き、大きな屁を放ったりなさりながら、ブレヒトについて、ベンヤミンについて、フランクフルト学派の誰それについて、戸坂潤や三木清や野呂栄太郎について、先生は語り続けて倦むことを知らなかった」

これは直接的な出現だが、間接的なそれもある。北杜夫の『茂吉晩年』（岩波現代文庫）の次の茂吉の言葉に久野がダブリ、思わず涙が止まらなくなった。

山形県の大石田に疎開中の茂吉を訪ねて、弟子の佐藤佐太郎が来る。やはり弟子の板垣家子夫の世話を茂吉は受けていたわけだが、遠慮は要らないと常々言っている板垣に茂吉はこう頼むのである。

「板垣君、あのなっす。佐藤に晩ご飯のときコップ一杯酒を飲ましてやってけらっしゃいす。あれは酒が好きだからなっす。頼むっす。本当にすまないがっす」

久野にもこういうところがあった。だから、ボロクソという言葉がピッタリ当てはまるほど怒られても、

また訪ねる気になったのである。

たとえば、私が学生時代に学習院に久野の講義を〝盗聴〟に行っていた時、こんな配慮をしてくれていたとは知らなかった。それを知ったのは、それから二十五年余り経って、ある雑誌で対談した時である。私の驚きと久野らしい反応を含めて、そのやりとりを引く。

久野　佐高君は盗聴というけれど、僕はちゃんと事務室に行って、この人は僕の許可を得て聴講しているんだから事務局がゴテゴテ言ったらいかんと、釘をさしてあった。

佐高　先生は昔、今よりももっとおっかなかったから、まさかそういう配慮までしてくださっていたとは……。

久野　いや、「してくれ」と言ったら、むくれるからね、僕は。

拙著『スーツの下で牙を研げ』（集英社文庫）所収の対談だが、もう一カ所、久野らしさの感じられる部分を、久野の語り口を生かす意味で、そのまま引こう。

佐高　僕は先生にしょっちゅう怒られていましたけれども、一度だけ、これは怒られるなと思いながら怒られなかったことがありますよ。

久野　覚えがないですね。

佐高　私が最初に本を出した時、先生に推薦文をお願いして、こんなもの権威主義で頼むのはだめなんだ

とひとしきり怒られながらも、先生は書いてくれました。嬉しかったです。

久野　ああ、あれは覚えています。しかし、あれ売れなかった（笑）。僕の推薦文が悪かったのか……。

佐高　先生のせいではありませんが、そのお願いに出版社の人を連れて、待ち合わせをしましたよね。その時、場所を間違えて、先生を街角で待たせてしまった。それで、これはまた凄まじく怒られると思って走っていったら、先生はニコニコしておられた。そして、「町中を行く人を見ているだけで楽しいもんだ」とおっしゃった。

久野　そうです。それと、君の本を出してくれる出版社の人の前で怒ったら、君にまずいことになるからね。僕だって気を使いますよ。

佐高　「行く人を見ていると楽しいんだよ」と言われて、僕はああ、人間に対するすごい興味というか、限りないものを感じてびっくりしたことを覚えています。

久野　デカルトなんかでも有名な絵が残っているんです。亡命に近い転居先のアムステルダムの街の雑踏の真ん中に立って通行人を見ている絵。日本のデカルト研究者は、彼は瞑想して、炉端で『方法叙説』を書いたと言うが、しかし同時に街中で人々の真っただ中で考えているわけ。雑踏に立って考え、炉端で書いた。日本の学者のように、始めから終わりまで炉端一本槍で、研究室の中だけで本を書いているのとは違う。だから普通の人も学者も読めるような文体を彼は考え出した。

ちなみに、この中に出てくる私の最初の本は『ビジネス・エリートの意識革命』（東京布井出版、のちに『企業原論』と改題して現代教養文庫）で、久野は私に、

「僕が教えてきたのは自立ということなんだ。それなのに推薦文を頼んでくるなんて、君はちっともわかっとらんじゃないか」

とカミナリを落とした後、しばらくして、版元に次のような推薦文を送ってくれた。

「佐高信君は、慶応大学法学部学生のくせに、ぼくの学習院大学での哲学講義をずっと聴きつづけた個性的人物です。卒業後、郷里の山形の農業高校と工業高校で新しい教育の実験を試みましたが、現在の組合と教師を支配するマンネリズムに絶望し、思いきって、企業の諸問題を扱う民間ジャーナリズム『ビジョン』編集の仕事に転職しました。

彼が自分自身の経験を反省によって消化し直しながら、職業とは、企業とは、そこで送られる生活とは何かを問い直した最初の収穫がこの書物です。既成のコースのなかを惰性的に生きていく自分の姿に、なかばの不安となかばのあきらめのまじりあった複雑な気持ちを感じている人々、まだ若さを失っていない人々が一人でも多く読んで下されば、たいへんうれしいと思います」

改めて感謝はしなかったが、久野の言葉がヒントになって、私が〝斬人斬書〟をした例は少なくない。たとえば、関西財界のドン、日向方斎批判もそうだった。

ある時、久野が、日向は小倉正恒が自分の先生だなどと言っているが、小倉とはまったく違う、と怒ったのである。それで私なりに小倉のことを調べ、日向を斬った。小倉について久野は『久野収集』第五巻で、こう語っている。

「小倉氏は住友財閥の首脳だったが、戦後、追放に遭い、隠棲していましたが、自分たちはむしろ引きずられた方なのに、引きずった方の軍人や新興財閥にはずいぶん〝目コボシ〟がある。これは一方的に厳しす

ぎやしないか、という考え方だったようです」

たしか、久野は隠棲中の小倉に会っている。前回紹介した佐橋滋のように、その場その場で奮闘する人を久野はそれなりに評価していた。

久野から重要なヒントをもらって、一九八二年夏に『東京タイムス』に書いた次のコラムは、住友金属工業の人間がわざわざ抗議文を持って私の東京の事務所を訪ねてくるという〝反響〟を呼んだ。題して「〝老害〟日向方斎を叱る」。

〈「日本が中国あたりで成功しなかったのは、みな日本のことを先に考えて、相手のことを考えなかったからです。中国のことを先に考えるべきです。向こうを中心にして考えなければなりません。向こうは明敏だから、よくわかりますよ」

これは住友の総理事だった小倉正恒の言葉である。昭和三十七年に日月社から出た神山誠の伝記『小倉正恒』を読みながら、小倉を尊敬するという日向方斎住友金属工業会長は小倉の精神がまったくわかっていないな、と思わざるをえなかった。日向は、住友に入ったとき、歓迎会で小倉から、

「みんなはこれから財界に入るのだが、財界というところは、ただ金をもうけるだけではいかん。まず人間として立派でなくちゃ駄目だ」

と言われ、感激したと何度も語っているが、最近の日向の言動を知ったら、小倉は、

「俺を尊敬するなどと言うな」

と一喝するだろう。

日向は、まず、小倉の平和主義に反している。防衛力の増強などと言っている日向は、小倉の次のような

平和論を都合よく忘れたのだろうか。

もし、そうだとしたら、モーロクは相当に進んでいると言わなければならない。

小倉は、昭和三十年四月、八十歳になった記念に『小倉正恒談叢』をまとめたが、そのころズバリと言っている。

「今日の日本を見ていると、なんとなくアメリカのために再軍備しなければならぬようなことになりそうでもある。しかしながら、もしも日本がアメリカと一緒になって軍備を拡張して戦乱をうながすようなことになっては、日本の文化も台なしになるし、なんとも情けないことである。国防は警察とか自衛隊の程度に止めておいて、日本人はもっと大きな考えを持っていることを、広く世界に知らしめ、日本はどこまでも平和的の意図を持っている。それは世界の人類のために貢献したいからである、という立場を深く認識せしめるようにありたいと思う」

「現在のような武器の発達では、必ず人類の破滅になる。それでは困る。そこで日本はどこまでもガンジーの無抵抗主義の精神を基に、ほんとうの人類愛をもって、道義国家として立っていかなければならない。これが私の考えの眼目である」

明治八年、石川県金沢市に生まれ、住友本社総理事を経て、近衛内閣の大蔵大臣を務めた小倉は（このときの蔵相秘書官が日向である）、ナチス的統制経済に反対し、引き続き、東条英機から蔵相就任を要請されたが、これを断った。

しかし、戦後はやはり公職追放となり、昭和二十六年に解除となったが、退くことを知っている小倉は表舞台には復帰しなかった。

そして、郭沫若文庫建設や、アジア文化図書館理事長、アジア・アフリカ語学院理事長として、アジアの隣人との友好に心を砕いた。

共産主義の中国との友好など論外のことだった昭和三十年に、郭沫若文庫の建設に力を尽くした小倉について、中国学者の貝塚茂樹は深甚の感謝を寄せている。

十二年間も社長を務め、その後も会長、そして関西経済連合会会長として、退くことを忘れた日向は、その点でも、小倉の教えに反して老害をさらしていると言わなければならない。

「社長っていうのは大変な仕事ですよ。現実に仕事が多すぎて大変というわけでもないんだが、とにかく重荷がかかった状態、死んじゃうんじゃないかと思う時がありますよ。副社長が一番いい。こんな社長を、十年も、二十年も続けている人がいるんですから、びっくりしますよ」とは、住友金属工業社長の熊谷典文の言葉だが、皮肉にも痛烈な日向批判となっている。

それにしても日向は、改めて小倉の教えを噛みしめてみたらどうか。

小倉は、池田勇人の「所得倍増論」について、

「貧富の懸隔をますます甚しくして、却って国を紊《みだ》ることになる。政治の要諦は貧富の懸隔を出来るだけ少なくするところにある」

と喝破したという〉

その人が敬慕したり、持ち上げている人の言葉で、その人を批判する。そういう、いわば内在的批判の重要性を久野は説いた。外からの超越的批判よりはそれが効果的なのだと強調したのである。

たしかに、私の日向批判は日向には響いたらしい。わざわざ、大阪から住友金属工業広報部の人間が、取

締役支配人の河上喜市名の次の抗議文を持って、東京の事務所に押しかけて来た。

「日向会長は小倉正恒氏の正統な伝承者であり、その精神及び所説はすべて小倉氏のそれと何ら変わらない事は広く万人の認めているところである」

こんな独り善がりの抗議文を受け取って、私は苦笑した。そして、これをこのまま引用しつつ、同じコラムで次のように追撃したのである。最後の部分だけ引こう。

〈しかし、ガンジーの無抵抗主義に賛同し、「独立国の要件は三つある。兵備、富、道義だ。このうち第一にいらないものは兵備だ。つぎは富、道義さえ行われれば、国は貧しくとも平和が保てる」と言い切るほどの平和主義者だった小倉の「精神及び所説」と、（防衛力増強発言を繰り返す）日向のそれは果たして「何ら変わらない」ものだろうか。

この判断を読者にゆだねたいと思う。

私には、自らもバカバカしい戦争を体験し、その体験に基づいて非武装平和を主張する佐橋滋（元通産次官）の方が、小倉の精神の正統な伝承者のように思える。日向を見ていて思い出すのは村上鬼城の「老鷹のむさぼり食へる生餌かな」という句である〉

天皇制批判に対する脅迫状はじめ、久野は自らのところに来る威圧的な手紙をまとめて一冊の本をつくる計画をもっていた。残念ながら、その企画は実現しなかったが、それはやはり、どちらが説得的か、最終的な判断を読者にゆだねるということだろう。私はまた、陰湿な誹謗の投げ文は陽の光に当てるという意味で、自らの原稿の中にそのまま引用することにしている。

〝ホメ殺し〟とは違うが、それを読むことによって、読者が違う印象をもつことを期待するという点では

似ている。そのことについて久野とは次のような話をしたが、これもまた、意識せざる師の影響かもしれない。

佐高　学生時代に、マキャベリの話を先生から聴きましたが、絶対専制君主のメディチ家をホメ殺すわけですね。

久野　『フィレンツェ史』のなかに出てきますね。「かのメディチの雄弁を聞け」といった語り口ですね。羽仁五郎氏は感銘して、『明治維新』を書くわけです。明治維新を誉めることによって、明治維新の限界を明らかにしようとしたんです。

佐高　レトリックとしてのホメ殺しですね。

久野　そういうことです。

佐高　ホメ殺しというのは、凄い戦術ですね。

久野　ヨーロッパの伝統であるレトリックの術のなかのとくに凄いジャンルですね。

久野、佐高の師弟対談『市民の精神』(ダイヤモンド社)の中の一節だが、そのころ、皇民党が竹下登にやった〝ホメ殺し〟など、まだ、問題になってはいなかった。

ついでに言えば、そこではこんな話もしている。

佐高　先生のお話が他の先生の話と違うのは、例えば、法学者の田中耕太郎がプロテスタントからカソ

リックに変わるという、ゴシップ的な話を含めてされることですね。学問が現実のものとして、歴史を切り裂いていきます。

久野　田中教授は、内村鑑三の影響を受けたプロテスタントから、戦後の政府の第一回憲法草案をつくった松本烝治の娘さんと恋愛してカソリックに変わった。そして義父の大学ポストの後も継いだ。それは、だれでも知っている事実で、本人も言っています。だから、プロテスタント信仰に懐疑を抱いて、機が熟してカソリックに転向したということではないらしいんです。

佐高　結婚して変わった、というのはいいですね。

久野　まったくいいですね。学生が多過ぎるせいもあるけれど、学問を教えるだけの先生が多くなって、人間ぐるみつきあう先生がわりに少なくなりましたね。書斎の中で終始勉強している学者や教授とぼくが合わないのは、「もう少し人間を見る必要がある」ということなんです。教員室で学生についての話をしていても、「語学ができる」とか「答案をすっきり書く」とかという話をすることが多い。

私は吉本隆明に「教条的市民主義者・久野収の小型版」と書かれたが、久野が亡くなる前年に、一緒に伊豆高原の久野宅を訪ねた城山三郎は師弟の関わりを次のように描いてくれた。城山と私の対談『男たちの流儀』（光文社）の「終わりに」にである。

〈佐高さん自身がその著『師弟物語』（現代教養文庫）で紹介するように、久野先生は佐高さんがあえて選んだ師であり、佐高さんもまた、久野先生があえて許した弟子であった。

かつて佐高さんは在学中の慶応大学の講義だけでは飽き足らず、これはと思う学者の講義を各大学から選

び、「私の大学」として聴講した。

その越境聴講を久野先生は発見したが、その積極性を評価して、コンパにも招いてくれた、という。こうして久野先生は佐高さんに最も影響を与え、佐高さんが心酔する人となった。俳人永田耕衣は、「人間、出会いは絶景」と言うが、二人の出会いは、まさしく絶景。互いに選び、選ばれたまたとない師弟の誕生となった。

そして、佐高さんの痛快さ、軽快さ、読書力、友人関係の広がり、行動力……。そのいずれをとっても、佐高さんは弟子として最優等生ではないだろうか。

話の合間、先生はときどき佐高さんをからかわれたが、頭を掻いたり言い返したりする佐高さんも、いかにも楽しそうであった。

先生と佐高さんの間は、三十五年ほど、父子といってよい年齢の開きがある。私はその中間、中途半端な年齢で落ち着かない。それでも、本書の対談では、ときには佐高さんをからかうようなことも口にした。「辛口評論家」なのに、そうしたことを許すものが、佐高さんにはある。師匠に鍛えられたか、師匠譲りなのか。私などにはうらやましい能力というか、素質であり、そのおかげで刊行にいたったとも言えよう〉

面映いばかりだが、城山は「久野先生のお話は、痛快であり、融通無碍《ゆうずうむげ》。話題も学界、文壇、政財界から音楽の世界にわたって千変万化し、その斬り口は鋭いが、軽妙な語りでもあり、時間の経つのを忘れさせた」とも書いている。

5　江藤淳との対決

久野収は絶対値だけで人を見なかった。それにプラス、マイナスの符号をつけて評価したのである。ただ、逆に、符号だけでも見ない人だった。革新陣営に属する人を大きく抱えようとしたが、保守の側の人でも評価すべきは評価した。

絶対値と符号を、江藤淳流に「サブスタンス」と「ロール」と言ってもいい。

久野に、唯一と言っていいほど、ほめられた対談がある。江藤とのそれである。

「そこのところがおそらく久野収さんとお話ししても問題になるところでしょうね」などと、江藤にかわされながらも、かなりのところまで江藤を追いつめた。その手ごたえを感じていただけに、

「おもしろかったよ」

と久野に言われて私は嬉しかった。

この対談は『サンサーラ』という雑誌の一九九三年七月号に掲載され、現在は『佐高信の反対尋問』（徳間文庫）に収録されている。『夏目漱石』をはじめ、『奴隷の思想を排す』など、学生時代から私は江藤の書くものを愛読し、とくに『奴隷の思想を排す』はその大部分をノートに書き写したりもしたのだが、そのノートを持って対談に臨んだ。最初にそれを見せると、さすがに江藤は顔をほころばせた。「対談後記」に私はこんなことを書いている。

「いわゆる『護憲』と『改憲』といった立場の違いもあって私はずいぶん緊張して会場に入って行ったのだが、江藤さんもかなり緊張していたらしい。

ただ、私はその文章の艶も含めて江藤さんが嫌いではなかった。たとえば、石原慎太郎という人は、立場も違うし、嫌いな人である。しかし、私にとって江藤さんは、立場は違うけれども嫌いになれない人でありつづけてきた。気になる人として、かなり丹念に書かれるものを読みつづけてきたのである。

大江健三郎という人は逆に、立場は同じだけれども、あまり好きになれない感じがある。対談前夜、その違いはどこから来るのだろうと考えて、太宰治に突き当たった。この作家を無視できない人、太宰に惹かれる人が私の好きな人で、多分、江藤さんも太宰が好きだろうと見当をつけて、それで、対談はうまくいくかもしれない、と思った」

久野も、立場の違う中曾根康弘などと対談をしている。無意識にその骨法を学んだかどうかはわからないが、私はまず江藤に、私の人斬りの方法は江藤と竹中労から盗んでいると迫った。両者とも、俗語を非常にうまく使うからである。

そう言うと、江藤は、

「困っちゃうな。佐高さんにそういうことを言われると〝ホメ殺し〟にあっているみたいで、何にもできなくなってしまう」

と笑い、私は、

「今日はその気持ちで来たんです」

と追撃した。

これが序盤で、小林秀雄のことなどを語り、江藤の先祖が「玄界灘のフグの毒」をもつ佐賀であることに触れたところで、私は本題に入った。そのヤリトリを次に引こう。

佐高　今日は、江藤さんにとんでもない質問ばかりしますけれども……。

江藤　（笑い）なんでもどうぞ、お引き回し下さい。

佐高　三島由紀夫と太宰治の二人について言いますと、どちらかと言うと江藤さんは、太宰に親近感を感ずるんじゃないかという気がするのですが……。

江藤　うーん……そうかもしれないな。そこのところは、実は、自己分析を徹底して〝佐賀的〟にやったことがないんですよ。それは、おっしゃるとおりかもしれない。（中略）

僕は生意気だったから、湘南中学の頃から太宰治の『斜陽』や『人間失格』を読んでいました。読んで、それなりに〝ある気分〟に魅かれていたんですけれども、そこで太宰治が死んだということになると、「この世界に耽溺していたら、自分はこれ以上生きていけない」という感じがしはじめた。

一方、その頃まだ大蔵省の官吏だった三島由紀夫が、『仮面の告白』などで出てきた。しかし当時僕は、三島由紀夫を全然読まなかったんです。

佐高　ああ、そうなんですか。

江藤　僕は、三島由紀夫は文芸批評を開業して職業的に読み始めたんです。昭和三十年の秋頃、僕は『三田文学』に「夏目漱石」論を書いて文芸批評の道に入り、その後『奴隷の思想を排す』などの本を出していたのですが、その頃は、三島由紀夫を論じなければ文芸批評はできませんから、当然読まなければならない。（中略）それで三島を読んだ。しかし、僕は、三島さんの熱心な読者ではなくて、イカレたことは一度もなかったです。

佐高　そうでしょうね。江藤さんのお書きになったものを読ませていただいても「三島は違う」という感じがしました。私も三島のいい読者ではなくて全然読めないんですが、太宰については、魅かれてはいけないと思いつつ魅かれるところがあるんです。

江藤のこの告白は、次に進むための、予想以上の収穫だった。多分、久野も、「面々授受」の成果と思ってくれただろう、江藤の追跡場面を次に掲げたい。

佐高　ところで、江藤さんが大江健三郎を批判したときに、ロール（役割）とサブスタンス（実質）ということを言われて、「大江はロールだけで書いているじゃないか」という批判をされたことを、私は鮮明に覚えているのですが、それをそのまま極端化すると、三島由紀夫に当てはまるんじゃないかと思うんです。

江藤　そうね。それは、ある時期の三島さんには当てはまりますね。ただ、三島さんにサブスタンスはなかったかというと、やっぱりあって、むしろサブスタンスを隠す芸が三島さんの芸だったんです。僕は、プロの批評家になって、三島さんのものを後《おく》れ馳せながら全部読みました。『金閣寺』以後くらいから読み始めて前に返り、『花ざかりの森』から読み直すということをやってみると、三島さんの戦後は〝隠す時代〟だな、と思いました。戦前持っていたものを隠して、それを無に見せるんです。無に見せるために、きらびやかな鎧を織り上げていくんですね。

佐高　「角を矯める」みたいに。

江藤　そうです。それは三島さんの場合、非常に徹底していて、大江君のやっている単なるロールテイキ

ングとは違うんです。戦後生き延びるために、第二の皮膚を自分で作っていくわけです。そういうように文体を作っていくことを、世間では〝三島美学〟と言っていた。

もちろん私は大江健三郎が「単なるロールテイキング」で書いているとは思わない。のちにテレビ番組で一緒になって、それまでの印象とは違い、大江に好感をもったが、ここは大江の弁護をする場所ではなかった。江藤の三島論を聞きつつ、私は江藤自身に迫った。

佐高　私は、江藤さんの『奴隷の思想を排す』を書き写したり、あるいは『アメリカと私』を読ませてもらったりしてきましたが、それは、江藤さんのサブスタンスに着目して読ませてもらってきたわけです。しかし、最近の江藤さんが書かれたものを見ると、ロールに非常に規制されていて、そちらのものについては読者ではない、ということがあるんです。もちろん、江藤さんご自身はありあまるほどのサブスタンスがあるわけですけれども、読者としての私には、「憲法問題」などで無理にロールテイキングをやっているように見えるのですが？

江藤　そういう見方があるのは承知をしているんですが、自分で理解しているのはちょっと違います。つまり、憲法ということになると、憲法があるからサブスタンスが見えなくなっているという気がするんです。だから、サブスタンスをちゃんと見るというか、取り戻すためには、憲法を金科玉条にしているような価値観では駄目だと思うのですね。自分の意思に関わりなく、ロールテイキングのほうにみんな行ってしまって、現実の無制限な受容になってしまう。それを批評したいという気持ちがあるわけなんです。

佐高　そこの場面では、ある種自分のロールテイキングを引き受けようということですか？

江藤　「そうである」ということを、ある証拠をもって言うとすれば、その限りのロールテイキングはしなければならないですね。

佐高　それは、江藤さんが大江さんを批判されたような文脈において言えば、ロールがサブスタンスに勝っているということですか？

江藤　そこがどうも分かりにくいのかもしれないけれど、僕の憲法批判というのは、文芸批評の延長にあるんですよ。文芸批評の延長にあるということは、大江健三郎のみならず、どうしてこうサブスタンスのない小説ばかり出てくるのか、という疑問から出てきているんです。

三島由紀夫はやはり大したものだと思ったのは、文芸批評家として批評してみると、好きか嫌いかは別として、三島のやっていることは物凄く意識的な行為であるということです。しかもサブスタンスを隠し、ある意味では無化して、ロールテイキングをしていることについては十二分に意識が行き届いているということです。もし、悪だとしても、三島由紀夫は悪をちゃんと知った上で引き受けている。

大江君の場合はこれに反して、あたかも悪が存在しないかのように、「自分のやっていることは全て文学でありかつ正義である」という役割意識で押し渡っている。これはちょっとおかしい。文学でありかつ正義であるようなものが成り立っていく世の中というのは、よほどおかしな世の中じゃないか、というのが僕の問題意識なんです。そう思って見ると、〝小大江〟は、文壇に掃いて捨てるほどウジャウジャいる。

もちろん、この江藤の主張を肯定したわけではないが、私はあくまでも憲法にこだわって江藤を攻めた。

佐高　私の考えでは、憲法はロール中のロールであって、そのロール中のロールに、江藤さんはサブスタンスを求めようとしている、と映ってしまう。ロール中のロールにサブスタンスを求めるのは、徒労なんじゃないかと思うのです。

憲法というものを大江さん的にみんなが受け止めているわけではないし、例えば、女性にとっては、ロールとしての解放をもたらした、ということもあると思いますが。

江藤　そういうようなこともあるかもしれません。あるかもしれませんが、今の日本の憲法の成立の根本に知的・精神的虚偽があると思うのです。その虚偽に目をつぶって、女性が解放された、女性の地位が高まったと言ってみても始まらないと思っています。

それから江藤は、その「虚偽」に苛立っているかのように、こう続けた。

江藤　なんでも言ってしまいますけれど（笑）、女性の地位が高まったつもりで女性がテレビに出てニュースキャスターをやったり、キャリアウーマンが国際会議でファイルを抱えていかにも有能らしく動いたりしていますが、これは全部虚偽だという気がするんです。サブスタンスがないイリュージョンですね。そのイリュージョンをサブスタンスと見間違えて、空気のように受け入れさせられている状況は、耐えられないという気持ちがあるんです。

佐高　どっちが年齢を逆転したのか分からないんですけれども（笑）、イリュージョンを含んでの現実です

よね。

江藤　もちろん、それはそうですね。

佐高　全てイリュージョンを排されるというのは……。イリュージョンの住むべきところというのはあるんじゃないですかね。

この私の発言の後に、「そこのところがおそらく久野収さんとお話ししても」と江藤が言ったのである。ロール、つまり社会的役割を極端なまでに江藤が嫌うようになったのは、多分、彼の転向後だろう。サブスタンスだけで判断するのは保守の特徴であり、久野は「心」グループ批判でそれを分析している。ロールに絡めてのサブスタンスでなければならないし、サブスタンスに絡めてのロールでなければならないことについて、久野は『権威主義国家の中で』（筑摩書房）で、こう指摘する。

「世話役の身分が幹部として固定することをとめるのが民主主義というものである。民主主義団体と称しても、幹部がきまるとなかなか交代しない。ひっくり返る時にしか交代しない。これも一種の天皇制といえないことはない。古いのがえらい、長い間つづいていることがえらいという結果になってしまう。これがあるかぎり僕はだめだと思う。それに対する全共闘の運動は反逆だったのだが、これはだれが世話役だかわからないことになって、東大では山本義隆君たちに、日大では秋田明大君たちというふうな人々に過重の負担がかかってしまった。世話役が親切な引継ぎをしてたえず交代していくようにならなければ、そういう組織が下でできなければ、民主主義といっても、実際は上の方では、ボス民主主義、下の方からは〝お願いします〟の食客《いそうろう》民主主義になってしまう」

久野自身、ボス的世話役になることを神経質なまでに警戒していた。それで私は蒼白になるほどに怒られたことがある。

私が『思想の科学』の一九八〇年二月号に書いた一文を、久野は、自分を批判したと受けとめ、「絶交しようと思った」と、のちに述懐したのである。「いまいちばん言いたいこと」と問われて、私は「何を肯定し、何を否定するか」という題で、こう書き出した。

〈「昔の名前で出ています」という流行歌がある。それを歌う自分は好きではないが、何やら甘美な気持になって、つい、口ずさんでしまう。

そうした演歌特有のなつかしさのともなったイヤらしさを、ある月の『第三文明』誌を手にとって思い出した。

日高六郎、小田実、津村喬――世代別にピックアップしたが、みんなみんな「昔の名前で出ています」ではないか〉

当時私は三五歳。若さに任せてジュータン爆撃のような文章を書いていた。それでいて津村に、「体制内批判」の枠を越えることはない、などと全否定的批判をするな、と注文をつけているのだから始末におえない。

七十歳を目前にした久野にとって、自らを含めて日高も小田も、みんな、出たがって出ているわけではないのに、と腹立たしい思いだったろう。もちろん、私としては、久野は「昔の名前」では歌わない歌い手であり、批判の念頭にはまったくなかった。それにしても、書かずもがなの若書きだったことはまちがいない。

読み返すだけで汗が出てくるが、多分、久野は次のような指摘には頷いてくれたのだろう。ただ、久野が

「昔の名前」で出ることを身ぶるいするほどに嫌い、そうした批判に過剰反応することに気がつかなかった。いまとなっては後悔先に立たずだが、「頷いてくれた」と勝手に思うところを二、三引く。

〈たとえ「体制内批判」だとしても、清水一行の『動脈列島』は痛烈な近代化批判だし、現役商社員の守誠の『華麗なる窓際族』などは、少なくとも津村の粗雑な批判よりは遥かに効果のある批判である。また、「体制」の内外を問題にするなら、田原総一朗の『原子力戦争』や堀江邦夫の『原発ジプシー』は「体制内批判」なのか「体制外批判」なのか〉

〈大丸の社員で、大丸をモデルにした小説を書くたびに降格させられている渡辺一雄は「経済小説ブームは虐げられた中高年サラリーマンの怨念によって支えられていると思う」と言っているが、大学教授や作家、そしてフリーのライターといった〝宮仕え〟の経験のない自由業者には、ビジネスマンの屈辱感は理解できないだろう。私はあるとき、背広にネクタイ姿で革新自由連合の事務所を訪ね、そこにいたラフな姿の知人に「窮屈な恰好をしているな」とヒヤかされたことがあるが、多くのビジネスマンは窮屈な恰好をしたくてしているのではないということを理解しない限り、ラフな人たちを中心とした運動は拡がらないだろう。ラフな姿をして〝食える〟人たちこそ、むしろエリートだと言えるのである〉

私の勝手な思いこみかもしれないが、久野は江藤淳をそれほど嫌ってはいなかった。そのサブスタンスは認めながら、ロールは困ったものだと思っていたようだった。それで私は『声なき声』の追悼特集号に寄せた「久野先生の視角」をこう結んでしまった。

〈ちょっと横道にそれるが、先生は、江藤淳に対して、あまり悪い感じはもっていなかった。子どもがいないという点で、ある種の親近感を抱いていた。それは五木（寛之）さんに対しても同様である。ただ、こ

うしたことをバラしていいのかどうか、先生のカミナリを意識して、一瞬も二瞬も、すくんでしまう〉

前記の対談で、私は江藤に「歴代総理の指南番」とかいわれた安岡正篤のことを尋ねた。江藤も安岡を囲む勉強会に加わっていたと聞いたからである。しかし「あの人はやっぱり、ロールテイキングの人だったんじゃないですか」と、その反応は冷やかだった。

「僕も好奇心があって、下調べまでして（勉強会に）一度参加したんですが、気の抜けたようなものだったですね。その時に来ていたのが、牛尾治朗や黒川紀章といった若手や、官僚、大学の教師でしたね。僕は一度出てやめてしまった」

こう述懐する江藤は、産経新聞の記者から佐藤栄作首相の秘書官になった楠田実に誘われたのだという。

歴代首相の中で、石橋湛山や田中角栄、そして三木武夫などの党人派は遠かったが、官僚出身者はほとんど安岡詣でをした。それについて江藤は、利害打算があってそうしたのだと思うと言い、「安岡先生の弟子だ」と一言言うと右翼が狙わないらしい、と語った。楠田からそう聞いたのだが、これは大きなポイントだと思う、と江藤は指摘していた。

6 人間に光あれ

一九二三（大正十二）年、奈良県磯城郡都村付近で「水国事件」が起こった。久野収が十三歳の時である。現場は青年時代まで奈良で育った久野が、「自転車の尻に乗って走りまわった」所であり、その大衝突を久野少年は目の当たりにしている。

その前年に部落解放を掲げる全国水平社が結成され、それを国粋会は目の敵にしていた。国粋会というのは、政府の肝いりで、天皇制国体護持のためにつくられた右翼団体の全国組織である。地方の侠客や土建屋のボスがその中心メンバーだった。

この事件は、ある被差別部落へ運ばれていく嫁入り道具が、村の街道を通っていた時、村の老人が指四本を出して差別表示したのが発端だといわれる。これに対する糾弾闘争から国粋会との激突にまで至った。

これについて久野は、東日本同和会中央機関紙『あけぼの』の一九八五年四月号で、こう回想している。

「被差別部落の人たちの目ざめというか、差別・抑圧に対する抗議は、幕末からあっちこっちに起っているが、この水平社と国粋会の衝突というのは、その規模からも、質からも、社会をおどろかせた事件だった。県知事は、所轄警察署だけで制圧できないので、大阪府警にも応援を出してもらい、奈良連隊まで出動を要請したらしい。これは後からの調べだが、警察が国粋会を間接に応援して水平社側の部落を包囲攻撃した。国粋会の方は全国からヤクザを総動員した。ヤクザは日本刀などを公然と腰にぶちこみ、鉄砲をたずさえて現場にかけつけた。水平社側は全員、女性や子供をふくめて部落にこもって、竹槍を主力にして闘った」

それぞれ数千人を集めて、衝突、乱闘を繰り返した「水国事件」は双方にかなりの負傷者を出し、最終的には警察によって制圧される。

「子供のぼくなどはただただ肝をつぶしただけだった」という久野にとって、むしろ、この事件の後の「事件」の方が印象深い。

久野が五条中学の生徒だった時、校内で差別事件が起こり、差別問題に理解の深かった校長が水平社の委員を呼んで講演させることで事態の収拾を図った。それでやって来たのが「水平社創立宣言」を書いた西光《さいこう》

万吉だったのである。

久野は、当然、西光が差別糾弾の激しい話をすると思った。ところが西光は、差別問題については直接触れず、

「諸君は日本の古代史をしっかり勉強し直しなさい」

と言って、古代史の史実といわれるもののあいまいさや、『古事記』や『日本書紀』の含む問題点をわかりやすく指摘したのである。

それも、断定的に非難するのではなく、大変あいまいな史実が多いと、実例を挙げた。

当時は皇国史観の国定教科書万能の世の中で、国民はさまざまな法律でガンジガラメに縛られていたから、西光の話は久野にとって衝撃だった。ある意味でこの講演が久野少年の眼を開かせる契機となったのである。

戦後になって久野は、講和問題や平和運動で西光からしばしば手紙をもらうことになるが、往時を思って感無量だったという。

「あとで考えると、本当は、西光万吉は部落差別を糾弾したかったに違いない。しかし、何も知らない中学生のぼくらに直接糾弾してもかえって逆効果を起こしかねない。それでおだやかに間接的に部落差別の歴史を考えさせようとして、古代史までさかのぼり、それを勉強しなさいといったに違いない」

これが、そのインタビューでの久野の推測である。西光は久野の十五歳年上になる。それではここで、西光が二十七歳の時に起草した「宣言」の全文を掲げよう。


全国に散在する我が特殊部落民よ団結せよ。

長い間虐められて来た兄弟よ、

過去半世紀間に種々《いろいろ》なる方法と、多くの人々とによつてなされた我等の為の運動が、何等の有難い効果を齎《もた》らさなかつた事実は、夫等《それら》のすべてが我々によつて又他の人々に依つて毎《つね》に人間を冒瀆《ぼうとく》されてゐた罰であつたのだ。そして、これ等の人間を勦《いたわ》るかの如き運動は、かへつて多くの兄弟を堕落させた事を想へば、此際我等の中より人間を尊敬する事によつて自ら解放せんとする者の集団運動を起せるは寧《むし》ろ必然である。

兄弟よ。

我々の祖先は自由、平等の渇仰者であり、実行者であつた。陋劣なる階級政策の犠牲者であり、男らしき産業的殉教者であつたのだ。ケモノの皮剥ぐ報酬として、生々しき人間の皮を剥取られ、ケモノの心臓を裂く代価として、暖かい人間の心臓を引裂かれ、そこへクダラナイ嘲笑の唾《つば》まで吐きかけられた呪はれの夜の悪夢のうちにも、なほ誇り得る人間の血は、涸れづにあつた。そうだ、そうして我々は、この血を享けて人間が神にかはらうとする時代にあうたのだ。犠牲者がその烙印《らくいん》を投げ返す時が来たのだ。殉教者が、その荊《けい》冠《かん》を祝福される時が来たのだ。

我々がエタである事を誇り得る時が来たのだ。

我々は、かならず卑屈なる言葉と怯懦《きょうだ》なる行為によつて、祖先を辱しめ人間を冒瀆してはならぬ。そうして人の世の冷たさが、何《ど》んなに冷たいか、人間を勦はる事が何んであるかをよく知つてゐる吾々は、心から人世の熱と光を願求《がんぐ》礼讃するものである。

水平社はかくして生れた。

人の世に熱あれ、人間に光あれ。

大正十一年三月三日　全国水平社

格調高く、熱のこもったこの「宣言」の執筆者、西光万吉には、当時の新思想だったトルストイ主義、釈迦、キリスト、親鸞などの宗教思想、ロマン・ロランの革命的ロマンチシズム、そして、社会主義思想がいりまじって入っていた。それらを彼は阪本清一郎らとともに「つばめ会」という研究会をつくって育んでいたのである。

久野によれば、彼らの運動は最初、ヒューマニズムの人間平等主義の立場に立っていたが、社会主義者の佐野学が発表した「特殊部落解放論」（『改造』一九二一年七月号掲載）によって大きく変わる。ここから解放運動は、どちらかというと人道的な改良、改善運動から、差別社会という制度への正面からの闘争運動になるのである。

上野の美術学校に学んで画家を志したこともある西光について、久野はこう語っている。

「この人は、自分がお寺の出身であったせいもあって、自分自身の思想をもって解放運動に参加した人でしょう。

差別問題の歴史は、人種差別、民族差別、階級差別、性差別、部落差別のすべてを通じて、書かれた歴史以前からの古さをもっている。自覚的解放運動の歴史は、近々数百年の年月をもつにすぎない。それで、人間の無意識の奥底にどっかりと根を下ろしている。

だから、部落解放運動も、他の差別解放運動と手をつないで行かなければいけないし、幼児からの相互教

育と同和活動を通じる〝人間性の改造〟運動だ、という自覚がなければならない。

晩年、西光さんはその点に気づいていたんではないですか。

もっとも、戦争中、西光さんは、アジア民族を解放すると称して、実際は、差別し、抑圧する戦争に協力し、支持した。それで、そのことについて痛切な反省もあったと思いますがね」

久野に「ぼくは部落差別のことは忘れたことがない」と言わせる体験はもう一つあった。

前掲の五条中学に通っていた頃、道を通っていて、かわいい子どもたちが遊んでいたので、その一人の頭をなでた。

ところが、それを遠くで見ていた部落の青年がいて、久野がその子を殴ったと勘違いし、何人か出て来て、久野に石を投げつけた。川を渡って何とか逃げおおせたが、忘れられない体験だという。

差別は正義にも平等にも反するが、残念ながらそれは人間社会とともに続いてきている。そして、これが不当であり、人間性に反すると自覚されたのは、この二〜三百年来に過ぎない。

ヨーロッパでもルネッサンス以降、もっとはっきり言えば、フランス革命の「人権宣言」からである。

こう指摘した久野は、それをなくす方法を次のように説く。

「人間のさまざまな差別は、宿業のようなものだが、人類は過去一万年以上もの年月、主として支配層の秩序維持のため人間が人間を支配する関係をつくりだして生きてきた。それは人間の無意識の考え方、行動様式にまで喰いこんでいる。差別意識の根絶は大切だが、無意識的差別をなくするには別の方法、意識に訴える方法ではない方法が必要でしょう。

さまざまな差別は、それほど深く根ざしている。だから、人間はみんな偏見のカタマリです。生甲斐とか、

世界観とかむずかしい言葉で語られるものまでを含め、その偏見が差別意識となり、人為的につくられた差別制度を自然のものとして支えている。この偏見のカタマリは妄想でありながら、本人たちは妄想と思ってはいない。現実的根拠があると思いこんでいる。

このような無意識的差別を、同和人権運動家の団体が、一代やってこられて、すぐ直そうとするのは、大変、性急にすぎるのではないか。まして、糾弾することで、差別した者を公正な、正義の場に立たせることはむずかしい。その周囲の世間の人々を回心させるのは一層むつかしい。差別言葉や差別の行ないを封殺することはできるかもしれないが、心から納得させることはなかなかむつかしい。

差別を否定する立場がいま正義の金看板をもっているからといって、その立場の人たちが、自己の内省なしに、周囲の反応を無視して突っ走れば、反対に、差別した側に、うっ屈したやりきれなさの滓《おり》が沈殿する」

久野のインタビューには「いま、〝糾弾闘争〟の意味を考える」というタイトルがついている。その点、現在とは少し状況が違っているが、変わらないのは組織や運動の内部の問題である。それについて久野はこう語る。

「ぼくは、部落解放同盟の運動を支持するが、支持するからといって、特定の党派だけを支持することではない。

解放団体同士が、内部で解放すべき問題を、党派と結びついて外側に持ち出してなぐりあっている。外側に応援を頼んで勝った、負けたといっているかぎり、いつまでたっても、外側の世間の人々は納得しないし、とても賛成はしない。外側がどう見ているかを気にかけなければ、運動は決して成功しない。

団体同士、ケンカはやりなさい。しかし、あくまで仲間うちのケンカは、仲間うちの内側の流儀で解決しなさい。自分の理論と実践にゴマ化しがなく、内省があれば、必ず解決できる筈です。実際は、簡単にいかんでしょうが、そういう方法で努力する以外に希望はないですね」

西光万吉の「痛切な反省」について、ユニークな弁護をするのは住井すゑである。久野より八歳上の住井は、久野が住んでいた奈良の近所の町の出身で、かなりの名家の生まれだという。もちろん、久野とも親交があった。

その住井と永六輔の『人間宣言《じんかん》』(光文社)から、住井と西光の交わりぶりを引こう。学生時代に新国劇の歴史に興味をもった永は、そのころのことをよく知っている人として西光を紹介された。そして、「水平社宣言」を書いた西光と知らずに、和歌山の奥まで彼を訪ねて行く。当時は電話もなく、永が何時何分のバスに乗りますと葉書を出すと、西光は停留所まで迎えに来てくれたという。

後で西光のことを知ってびっくりし、

「ごめんなさい。何も知らないで通っていたんです」

と永が謝ったら、西光はひどくはにかんだとか。

「私がいちばん好きな男は西光万吉。西光さんとは昔からおつき合いがあって、枕を並べて寝ながら朝まで話をしたこともある」

住井は永にそう語ったというが、その布団を敷くのが西光夫人で、夫人は、

「本当に住井さんと西光は仲がよかったんです」

と言っていた。戦争中に西光は、いわゆる「転向」をしている。ところが、それは住井にとって問題では

なかった。

「男は妥協しながら生きていくもんなんだ。転向したからどうこうっていうのは間違い。男というのは生きていくうえで自分の主義を変えなきゃいけないときもある」

これが住井が永に語った男論である。人間は差別しないが男は差別する住井に永は、しばしば、

「永さんも惜しいね、男で」

と言われた。住井流に言えば、つまりはこうなる。

「人間の命をつくっていく女こそ人間の主流、人間の本道であって、男は無理もする、男は主義も変える。いいの、それは。でも水平社宣言の重さというものは西光万吉さんがどうなったって変わりゃしない。西光万吉さんが、その戦争中のことも含めて考え方が変わったっていいじゃない。男なんだから」

この住井の発言を久野がどう思うか。尋ねたことがないからわからないが、多分、苦笑するだけだったろう。

戦争中の右翼的な運動の中で、西光は穂積五一と知り合う。そして終生の友となるが、アジア民衆の独立運動などに共感し、戦後はアジアの留学生から父親のように慕われた穂積について、その評伝を書こうと思っていると、あるとき、久野に話したら、

「他にもっと書くべき人がいるだろう」

と言われた。

たとえ良質であったとしても、天皇を礼讃する人を顕彰する必要はない。久野はそう言いたかったのだ、と私は思った。

前掲のインタビューを、久野は人間的誇りの問題で結ぶ。

「ぼくはいつも考えていたんだが、被害者意識で、こんなに差別された、こうも侮辱された、と憤慨するばかりでは、積極的な成功はなかなかかちとれない。

それでは、自分が経済的に優位に立って、威張れれば、ウラミが晴れて、それでよいのか。

ぼくは、差別されている側の人間的誇りを引き出す視点が弱かった、と思う。

今度、五木寛之君が『風の王国』（新潮社）というたいへん面白い作品を書いているが、あの長編小説の主人公の山窩《さんか》と蔑称される人びとは、明治維新後も、定住せず、戸籍をもたず、徴兵に応ぜず、税金を払わず、米を食わず、誇りをもって自立して生活していた。差別されているものの人間的誇り、という意識ですね。その意識を五木君はみごとな小説に結晶させている。

大体、明治政府が被差別部落の住人を『新平民』として戸籍に編入したのも、兵隊にとり、税金をとるためだった。

その時、部落の人びとに誇りがあれば、『せっかくですが、ご免こうむります。それより、もっと、わしらの待遇や暮しをちゃんと出来るようにしてからにしてください』というべきだった」

久野は戦争中の抵抗運動の中で、最後には被差別部落に入らなければと思っていたという。そこには、国家権力から自立する最も強い団結があり、警察も遠慮して踏み込めなかったからである。

「最後の味方は部落の人びとだ」と思い、部落の人たちにある尊敬の念をもちながら、久野は精一杯の抵抗運動を続けていたのだった。

「ぼくらの仲間でも『官』のメシを食い、無意識的特権の椅子に坐している人々は、みんな困った存在に

なる。私立大学に籍をおく学者でも同じようなものです。自分が権威とあおがれるのをおだやかにことわらないから、運動に善意の理解がある人々でも、市民運動の中に入ると、民衆の権威主義の上に居座って、リーダーシップをとってしまう。かれらは、市民の一員として加わらない」

この久野の戒めには、耳の痛い人も多いだろう。

「男たちは、どこかに支配欲を隠し持っているんですね。たとえ国の支配者になれなくても、一家の支配者にでもなろうというぐらいのね」

と喝破する住井の『わが生涯』(岩波書店)に、久野が舌を巻くような話がある。住井の息子が召集を受けた時の話である。

騎兵になって馬の世話をする息子は、馬を洗うたびに靴下を濡らしてしまう、と手紙をよこした。それで住井は靴下を編んで送る。もう物資不足で新しい糸もないので、ハンモックをほぐして編んでである。ところが、それは私物だとして取り上げられただけでなく、私物を使っていたと罰をくらわされたという。

その手紙を受け取って、住井は怒り、すぐに連隊長に手紙を書いた。

「はきかえの靴下の予備も出せないような軍隊じゃ、戦争は負けだ、戦争を早くやめろ、いつまで戦争をやっているんだ。負けいくさをいつまでもやっているということは、国民にとっても迷惑だ。敗戦だという私が国賊だというなら軍事裁判を開け、わたしはその席で明らかに敗戦だということを証言する。そして国賊として処刑しろ。そのかわり、この戦争が負けたときには、天皇はじめ陸海軍将校みんな腹切るという一札と交換条件だ。それを各新聞に発表して、わたしは軍事裁判を受けて死刑になりましょう」

そういった意味の文面に連隊長から返事が来た。そこには、

「お母さんのおっしゃるとおりです」

と書いてあった。

それから半年足らずで息子が下士官に昇進すると、軍刀をつくらなければならないという。当時のカネで三百円もする軍刀は各個人の家で準備したのだった。

それも日本刀を短く切って軍刀にするのである。どうして、そんなムダなことをするのか、また、敗戦がわかっているのに、軍刀など必要なのか、そう思って住井は再び連隊長に手紙を出した。

怖いもの知らずのそれに驚いたのか、返事には、

「お母さんのおっしゃるとおりです」

とあった。住井は二度も連隊長にカブトを脱がせたのである。

7 思想の根おろし

久野収ほど、兄貴格の人間に信頼された人はいない。三木清、中井正一、羽仁五郎、林達夫といった人たちの著作集を編む時、久野を逸することはできなかった。それぞれの関わりを詳述しなければならないが、ここでは、中井正一とのそれを見てみよう。『世界文化』や『土曜日』を発行し、反ファッショの運動を共にになった中井について、久野は「中井正一論」（『久野収集』第三巻所収）で、こう回想している。

「私は、これらの論文が具体化しつつあった中井哲学の〝疾風怒濤〟時代の一時期、一九三三年から三四年にかけて、中井氏と一つの家に起居し、文字どおり寝食をともにし、中井氏を中心とするソクラテス的討

論やワルプルギスの夜やアウエルバッハのあなぐらにもっとも身近かにくわわるめぐりあわせをもった。この時期の中井氏を私生活までふくめてものがたるとすれば、どれだけ余白があってもたりない思いがする。中野重治氏は久保栄をしのんで、『私は何かの折りに、何かろくでもない厄介にぶつかって、つくづく思いが屈したといったときに、生前なつかしく思ったことなんかないこの人を、心が（いくらか）焦げるような思いでなつかしく思う』と告白したことがある。私は中井氏の死後はもちろん、生前の時期でも、困難な問題におしつめられ、視力に自信がなくなるたびに、中井氏に会うことができればと焦げるような思いにかられることがしばしばである。同じ思いにかられる人々がきっとたくさんいられるにちがいないと思う。それほど中井氏はたよりになる人物であった」

もちろん、そうなのだろうが、中井たちにとっても久野の存在が挫折を防ぐ礎石となっていたのではないか。

林達夫と久野の対話『思想のドラマトゥルギー』（平凡社）は、林や中井と久野の関係が相互依存だったことを雄弁に物語っている。「後輩の眼」というのは、ある意味で「先行者の眼」より厳しいものだからである。

久野の『私の読書、私の書評』（三一新書）に、中井の一生を簡潔にたどった一文がある。久野が中井のどういう生き方を評価していたか、ここにはそれが鮮明に示されている。

「明治三三年広島で、日本最初の帝王切開術によって生まれ、全盛時代の京大哲学科で、深田康算、西田幾多郎、九鬼周造に愛されつつ、自分の生育した浄土真宗的原理にたって、新カント派、現象学、実存主義、マルクス主義を深くくぐり、三木清、戸坂潤らと青春の勉強をきそった後、アカデミーでのポストを自らた

ちきってまで、日本自身のファシズム化にたちはだかり、文化雑誌『世界文化』、文化新聞『土曜日』を主宰しつつ、投獄されるまで抵抗をやめなかった中井正一。

この運動過程で、組織論、文化論、芸術学を思想の次元でみごとに先どりし、戦後、この思想にたって、ほとんど無資力で第一回知事公選に出馬して惜敗するまで、広島県の民主戦線を大きく組織したのち、転じて国会図書館副館長として、日本の記録情報中枢のみごとな青写真をつくりあげ、この仕事に全力をつくしきってたおれた、かれの生涯を語る本書（鈴木正『日本の合理論』現代思潮社）の部分は、いままで断片的にしか整理されていなかったかれの、全体的イメージを形成する試みとして、たかく評価されてよい」

この章はしかし、中井と久野の交流をとりあげるのが目的ではない。それも含むが中井の影響を多大にうけた山代巴と久野の関わりに焦点を当てたいと思う。

『荷車の歌』（角川書店）の作者の山代は、久野より二歳年下だが、ある時期、石神井公園にあった久野の家に寄寓していた。病いを得た後の回復を待ってである。多分、山代と久野をつないだのは中井だろう。久野は山代の『民話を生む人々』（岩波新書）の書評を『図書』の一九五八年十月号に寄せ、「親しい友人のことを語るのは、かえってむつかしく、あまりうまい紹介ではないが」としつつ、次のように書いている。久野にとっては、中井と同等に、あるいはそれ以上に、思想の根おろしをする山代の存在が大切だった。

「山代さんは、戦争中、農村から都会へでてきた労働者の若い男女たちと一緒に学習し、一緒に社会をかえる道を切りひらいた最初の仲間の一人であった。その活動のため、戦時の労働者に外側から破壊思想を宣伝するものというかいいがかりで、長い間獄中生活をやむなくされた。働く人々と一緒に生き、一緒に死にたいという気持ちはそれ以来彼女の深い念願となった。

その山代さんが戦後、故郷広島の農村へ帰って、私たちのもっとも信頼するパイオニア、後に国会図書館副館長の激務に命をちぢめてしまった中井正一氏らとともに、新しく生れでた独立自営の農民や農家のすすむべき道を農民と一緒にさがしだし農村をかえる地味な運動をはじめたのである。それから十三年、彼女の胸の中には、多くの体験がどんどんたまりつづけた。彼女のお母さんは、農家の主婦たちがほんねをはける空気をつくるためには、つくろうとするものがまず人の秘密を守れるふところにならねばならない、人々の秘密がうったえられて、その人の胸の中で発酵し、立派な酒になれば、その酒は自然と人をすいよせる言葉になって外にでてくるだろう。必要なのは、人々の大きく、深いうちぶところになる覚悟だといって、彼女をはげました」

ここにその『民話を生む人々』を含む山代の『連帯の探求』(未来社)がある。一九七三年に再刊されたものである。

山代巴の夫、吉宗は共産党員だった。そして戦争への抵抗運動をして捕われ、獄中で、なぜ自分たちは敗れたかを考える。そんな吉宗が巴たちのやっていたささやかな勉強会に顔を出し、後でこう言った。

「あんたのはおしつけだね」

巴が驚いて、

「ではどうすればおしつけでなく教えられるの」

と尋ねると、吉宗は答えた。

「刑務所のなかで俺が勉強してきたのは、自分の考えを人におしつけることは絶対にいけないということだった。相手の質問に答えるというような方法でなかったら、人を説得することはできないし、誰の役にも

立ちはしない。まずその人々から質問のでる空気をつくることが大事なんだ。あんたのやり方を見ていると、質問の出る空気ではなくて、あんたの考えを一生懸命に押し売りしている。それはきっと行きづまるよ」

私もしばしば久野に同じようなことを言われた。久野も「刑務所のなかで」山代吉宗と同じようなことを考えていたのだろう。

いまも、運動をする者の中には堕落した幹部、いわゆるダラ幹や、何とかイズムの引きまわしのせいにする「純粋な人」がいる。それに対して、吉宗はこう批判した。

「ダラ幹の裏切りや福本イズムのせいにしただけでは、後に続く者の役には立たんよ。指導の位置に立たされた者は、自分から敗因の責めを負うて、その克服のために身をさらさねばならんと思うよ。身をさらして後から来る者の踏み台になるから闘ったかいがあるので、それができなかったらダラ幹と大して違わんよ」

巴や巴と同じく「純粋な人」がダラ幹の裏取引きを糾弾すると、吉宗は笑みを浮かべながら、

「いくらこちらの純粋を振りかざしても、ダラ幹は追放できんよ。純粋を振りかざすのも一種の押し売りだからな。押し売りでは人の心は変わらんよ」

と、いなし、さらに、

「ダラ幹もいやな奴らだが、純粋を振りかざす奴もキザな奴等に違いないね」

とダメを押した。

そして吉宗は敗戦の年の早春に獄死し、戦後になって巴は中井正一とめぐりあって、文化活動に新しい活路を見出す。

ている。

『連帯の探求』の第三章「苦難の時期をささえたもの」の冒頭に巴は、一九四六年春の講演のことを書いている。

敗戦のころは尾道市立図書館長をしていた中井に講演を頼み、それが終わった懇談の席で、特攻隊員だった若者が中井に尋ねた。

「先生！　天皇制に反対した人達は、生死もわからぬようなときにどういう歌をうたって自分に勇気をつけたんですか。海ゆかばみづく屍の反対の歌を教えて下さい」

そう問われて困惑した中井は、そばにいた巴に聞いた。

「そうだね、日本にはフランス人が労働者も農民もインテリも共に合唱するラ・マルセイエーズのような歌がまだない。インターナショナルも赤旗の歌も日本人自らの闘いで生まれたものではない。君は刑務所の寒さと飢えに何をうたって耐えて来た？」

それで巴は、

「歌ではないけれど、羽仁五郎さんの『ミケルアンヂェロ』（一九三九年三月岩波新書として刊行）の冒頭の言葉、〝ミケルアンヂェロは、いま、生きている。うたがうひとは、『ダヴィデ』を見よ〟あのひとくさりの言葉が、繰返しのどを突いて出て来ました」

と答えた。すると中井は、さっと握手の手を出し、

「僕もそうだ、あれは待つこと久しくしてあらわれた本だったね」

と共鳴したという。

山代巴は戦後すぐに日本共産党に入り、中井や久野は入らなかったが、信頼関係は変わらなかった。

巴によれば、中井の講演のおはこは、日本人のあきらめ根性、みてくれ根性、ぬけがけ根性が侵略戦争を起こしたというものだった。

耳にタコができるほどの繰返しで、あるとき彼女が、

「先生はどうして一つところを何度も復習するんですか」

と尋ねると、中井はこう答えた。

「君らは天皇制打倒ということをどう考えているのか、天皇制は敗戦という形で倒れはしたが、それは日本人民の自由解放の闘いが倒したのではないから、天皇制によってつちかわれた日本人の意識はそのまま残っているのだ。それは民主主義の知識をどれだけ多く吸収したからといって、ぬぐい去れるものではないのだ。お互いの中に巣くう天皇制の病根に気づき、これを退治する実践をやり、実践の中でぼろが出て、あやまちを犯し、あやまちを踏みしめてまた闘う。またあやまちを犯し、あやまちを踏みしめて前へ進む。そうしてこそ天皇制の意識はぬぐい去れるのだ。日本人にいま最も必要なのはこの意識革命なのだ。意識革命のともなわない民主主義はあてにならない。状況しだいでいつでも元へ戻ってしまう」

久野がかつて愛読したというのを聞きながら、いまだに手に取っていない本がある。フレイザーの『金枝篇』(岩波文庫)である。そうした民俗学的視点からも、久野は山代巴の『民話を生む人々』に着目したのだろう。問題意識を同じくした先達、中井正一が手引きした山代の仕事をさらに発展させるといった意味合いもあったと思われる。バトンタッチの思想である。

『民話を生む人々』に〝広島人は河原の砂よ〟という節がある。

団結心の強かった毛利の家風を恐れ、徳川家は、錐蛙《きりがえる》、笊《ざる》どじょう、樽蛇《たるへび》という三つの法を用いて、バラ

バラにした。

錐蛙とは何の比喩か。

水の中も泳げ、土の上も飛べるし、木にさえ登れる蛙も、頭の上へちょっと錐を当てられると、身動きがとれなくなる。

次に笊どじょうとは？

笊にどじょうを入れておくと、どじょうは上になり下になり、うじゃうじゃと動いて、一番大きくて強いのが上になる。強いものがちで、底には小さくて弱いのが集まるので、逆に、上からすくえば食べるには都合がよい。

では、樽蛇とは何か。

一つ穴をあけた樽に蛇を十匹ほど入れておくと、一匹も出てこれない。一番強いのが穴へ首を近づけると、他の蛇が寄ってたかって巻きついたり、締めつけたりし、結局、出られなくしてしまう。また、次の蛇も同じような目に遭って、一匹も出てこられないのである。

中井の言う、あきらめ根性、みてくれ根性、ぬけがけ根性の醜さを、山代はこれらの比喩で話した。

「秘密の内ぶところ」になるというのと、権力に対してウソをつく話は「純粋な人たち」には簡単には受け入れられないかもしれない。『民話を生む人々』の中の「比婆の女たちの作った話」はいつ読んでもクスリとさせられるが、その一節をそのまま引こう。

ある家へ役人が五、六人はいって来て、

「婆さんや、こっちにゃあ酒を造っとるか」

といいました。婆さんはていねいに、

「はい、造っております」

と返事をしました。役人達は横柄に、

「どこへ造っとるか」

「あんの山の奥の、炭焼がまのところへ造っております」

「そんならそこへ案内せい」

「はい、御案内いたします」

と婆さんはそういいながらも、ゆっくりと米を五合ばかりはかってとぎ出します。

「婆さん早う案内せんか」

役人はせき立てます。けれど婆さんは、

「御飯を一つ炊いておきませんとなー、息子が腹をへらしてもどりますから」

と、落ちつきはらって御飯を炊きます。役人はしかたなしに煙草に火をつけて、婆さんを待ちました。やがて婆さんは、

「さあ、御飯が炊けましたけえ、これから御案内いたしますよ」

と先に立って家を出ましたが、

「へーじゃが、ちょっと待ってつかあさいよ、留守を頼んで置きませんと、近頃は物騒でござんすからのう」

と、隣りへ寄りました。普通ならとてものことで、隣りへなど行かせる筈のない役人を、うまく安心させて抜け出した婆さんは、

「やれ、今、うちへは役人が来た。近所へ様子を知らして、早うみんな酒の処置をせい。わしはこれから役人《あれ》らをつれて二里ほど奥の炭焼がまのところまで行くけえ、その間に、うちの戸棚の酒も片づけてくれ」

と、息せき切っていいました。けれど役人のところへもどって来ると、落ちつきはらって、たどたどしい足つきをよそおいました。役人はもどかしくなって、

「婆さん早う歩かんか」

「はい、私は年をとりましてなー、足がもつれて歩けませんので」

それで、婆さんが、

「ここがうちの炭焼がまでござんす」

というところまで、辿りついた時には、もう日が沈みかけていました。役人達はいくら探しても酒がみつかりません。

「婆さん酒はどこにあるんか、ないではないか」

「役人さん、見えませんかいのう、あの高いところのが、うちの竹でござんす」

そういって婆さんは竹藪を指さしました。

「竹じゃあない、酒じゃあないか」

婆さんは自分の耳をさして、

「私はこれが遠いもんでござんすけえ、竹じゃと聞いたもんでござんすけー。そりゃあすみませんでした

のう。酒は造っちゃあおらんのでござんす」

役人は腹を立てたけれども、もう駄目です。婆さんはとぼけて、

「役人さん、帰りは負うていんでつかあさい、わしはもうよう歩きません」

と、坐りついてしまいます。しかたなしに、役人達は代る代る婆さんを負うて帰って来ましたが、

「やれやれ、またとあの部落へ行くもんじゃあない、あの婆にようだまされてしもうた」

といって、もう酒の摘発に来なくなったという話。


これに続けて山代は「紙面が許さないので書けませんが、比婆のおばさん達の作った話の中には、密告制度を退治するために、部落中が揃って、嘘の投書をして、投書をまにうけて来た、税務所の役人達を、牛小屋の中へとりこにしてあやまらせた話もあります。役人達にそっと、酒を造っている家はないか、と聞かれて、いかにも知っているらしくよそおって、山の裾の酒の醸造元までつれて行って、ここが酒を造っている家でござんすといった話もあります」と書いている。

したたかな民衆の知恵というべきだろう。山代の「苦難の時期をささえたもの」は、久野の盟友、武谷三男の『文化論』の解説として書かれているが、「秘密を守るふところがなければ民主主義は育たない」という立場から、山代は武谷の「うそをついてはいけないか」という論に共感し、それを要約する形で、こう指摘している。

「権力者は昔からうそをついてきた。人民には『うそをつくな』という教育をすれば、人民は『人はうそをつかないものだ』と思いこみ、どんなうそでも信じることになる。そして人民は権力者に対してうそをつ

かないことになるから、まことに支配しよくなるのは当然だ。『うそをつくな』という教育は支配者にのみ都合のよい教育だ。これに対して被支配者のための教育は『うそを見破れ』という教育だということになる。これは科学的精神とか、合理的精神とか、独立心とかいうものである。このような人々の間ではだました方が損をし、相手にされないのでかえってうそが少なくなる……と」

現在は、永六輔が「比婆の女たちの話」のような知恵を書きとめているのだろう。

久野は、少年期、『レ・ミゼラブル』に出てくるパリーのガマン（浮浪児）ガヴローシュの行動と思想が理想像であった、と告白している。自分をおさえこんでいた家父長的〝権威〟に彼のように対したいと思ったからである。山代巴の対したのも、また、封建的それであった。

8　腹が立ってボケられん

「僕はもう今年七十九歳。いやいや、こないだも俊輔君（鶴見俊輔）が大笑いして、『桑原武夫さんが、久野ちゅうおっさんは、しんどなってきたら元気出すおっさんやから、大切にせなあかんでって言っとりましたよ』って言うとったけどな。年いくとね、命が惜しくなるようでないと長生きできない。だから僕に言わせれば、年いって毎日お迎えにくるのを待ってるって、あれは全部ウソなんだ。やっぱりね、命は惜しいよ。ますます惜しいよ。青春っていうものは命をかけることができる。それが青春の特色だ。だけどもね、嫁はんもらってだな、子どもでもできたら、もうあかんようになる。あの全共闘だった連中でも転向しよる理由です。僕は転向するものに悪口言ってるわけじゃないよ。しかし、いったん事を決した以上はだな、そう簡

単に軽々とひっくり返ってもらっては困るんだ、やっぱりなあ。それはいろんな事情があるかもしれんが、志だけは持続してやってもらわんと困りまんがな。それは青春の、一時の若気のいたりであぁいうことするというのではね」

久野の魅力は語りにある。後藤繁雄編著『独特老人』（筑摩書房）所収のこれはそれをかなり生かして伝えている。亡くなる九年ほど前のこのインタビューで久野は次のようにも語る。

「二十六歳ぐらいで手錠はめられた時にね、俺は無実の罪なんだから、こんなことしやがる国家権力に対してね、俺は絶対協力しないって決めたんだ。俺の知性はそういう奴らの支配のためには協力しないってね。自分というのをたえず振り返りながら、自己を形成するわけよ。僕のまわりの連中でも、左翼から転向する時に、もう自分抜きで転向してるわけよ。自分はどう生きたらいいかとかはもう判断停止。社会学者のジンメルがね、晩年に書いた本の中で、結局は自分を自分のモデルにするということだといっていた。イデーというか、理念をよそからもらうんじゃなしに、自分の生活の中からイデーを生み出す。僕の思想の秘密といったらそれなんだ」

天皇制ファシズムへの抵抗を治安維持法に違反するとされて、二十六歳の久野は投獄された。以来、久野は国家権力への怒りを忘れたことがない。

「腹が立ってボケられん」はその久野の名言である。先年も、〝第二の治安維持法〟ともいうべき個人情報保護法（実は権力者疑惑隠し法）に鬼気迫る感じで反対する城山三郎に、自民党代議士の村上誠一郎が、

「ボケているから反対している」

などと中傷したので、城山に電話をかけ、久野のこの言葉を伝えた。

すると城山は、

「本当にそうだね。腹が立つことが多くてボケている暇なんかないよ」

と勇気づけられた感じだった。

埴谷雄高や鶴見俊輔も登場する『独特老人』で、久野はこんなエピソードを披露している。

久野が松田道雄や小田実とともに桑原武夫と会った日は、桑原の文化勲章受章が決定した日だった。しかし、その価値を認めない久野と松田は、三時間ほど話していても、一言もそれに触れない。ズーッと若い小田だけが最後に、久野の表現を借りれば「ちょっと情なさそうな顔をして」言った。

「今回もらわれて良かったですなー」

久野は「小田君がいかに人がええか」と苦笑いする感じで、この話を披露している。以下の久野の語りを再び引こう。

「桑原のおっさんは僕と松田君が怒っとりはせんが、こんなこと問題にしとらんの知ってるから、僕の顔見ながら言うには、天皇のところへ行ってやる挨拶の文例は全部宮内庁が書いて送ってくるんだって。そして代表して天皇の前で読めって言うんだ、バカにしてるんじゃないかと、たしか交通費もよこさんといっていたな。文化勲章ってのは主として、言葉とか文化によってもらうんだろ。それなのに、雛形がちゃんとあるんだよ。それを読まされるんだよ。桑原氏は、これは久野さん、書かんといて下さいって言うんだが驚いた話だね」

久野はアメリカのプラグマティズムに深く学んだが、その影響が感じられる語りをもう一箇所だけ引いておこう。

「昔から僕は広い意味では社会主義なんだが、決定論というものには非常に懐疑を持っていた。だからむしろ、サルトルなんかに近いわけよ。体制というものは、それが制度だから、我々の習慣を形成してしまう。たとえば我々がタバコをやめる場合、習慣を変える行動に出た場合にはじめて変えうるわけ。だけど日本の左翼はそれをやらないわけね。自分の習慣、たとえばインテリならインテリで、庶民を軽蔑するような習慣みたいなものを資質としてもっとるわけよ。それをどのようにして消すか。どういうふうにしてやめていくかということを日夜修練する」

一九七〇年六月二十四日付の『毎日新聞』に「ていねいに扱え」という見出しでこんな記事が載っている。

〈人殺しにしか役に立たない基地への「拒否」を示して、無言ですわる。もろもろのうらみ、つらみを丸ごとかかえてすわる。これは、はじまりだ——午後三時から横田基地次第一ゲート前にすわり込んだ安保拒否百人委の二十五人。哲学者の久野収氏（六〇）は「私は戦争の生残り。不服従が私のつとめ」とひとこと。口をきっと結び四人の警官に運び去られた。福生署長、部下に「ていねいに扱え」、警官たち「歩きなさいよ。ねぇ」

元同志社大教授、鶴見俊輔氏（四七）は、へそを丸出しにかつぎ出され、黒人少年たちが、ハウスの窓からその姿に、Vサイン。「ピース（平和）なら賛成だもの」。警察の意表をついて三十分間のすわり込みに成功。警官たちも、立ち去る参加者に「また出直しておいでよ。投石よりいいや」〉

この「日本人として初めて米軍横田基地の正門前で座りこみをした」一件について、久野は「自由人権とナショナリズム」（『久野収集』第二巻所収）で、こう語っている。

一九六〇年の日米安保条約改定のただ一つだけのとりえは、十年経てば、日米のどちらかが一年前に通告

すれば安保を解消できるという条項が設けられたことだった。それで久野たちはそれを求めて横田基地正門前に座りこむ。米軍のMPが出てきたら、非暴力で対抗するつもりだった。

久野が脇門に近い右端に、鶴見が逆側の左端に座りこんだのだが、久野は、

「とにかく脇門から向こう側がでてきて、ぼくを門内に引きずりこんだら、みんなもいっしょに入るか、あるいは外側で騒ぐか、とにかくそれは鶴見君にまかせるから、いちばん年寄りのぼくがつかまる」

と言って座りこみを始めた。

ところが、MPはもちろん、日本の警官も、どこかへ連絡している気配はあるが、門の外へは出てこない。しかし、シュプレッヒコールを続けていたら、横田基地を管轄する福生署の署長が現われて、いよいよ久野たちを捕まえる行動に出始めた。

「(すると) まわりを取り囲んでいた人びとや新聞記者たちの中から、まったくぼくの知らない、サンダルをつっかけたジーパン姿の若い娘さんが二人飛び出してきて、ぼくの右側にすわりこんで、しっかり肩を組んで、こんな年寄りだけをつかまえさせせんぞ、と機動隊とにらみあった。市民運動をしている人間がいちばん感動を受ける瞬間ですね。結局、機動隊にかなり丁重にあつかわれて、正門以外のどの場所へ座りこんでも、四人がかりでかかえあげられて、みんなほうりだされた。最後はニワトリの群を追うように福生駅まで追いたてられた。その二人のマドモアゼルにはその後、会ったこともありません。たぶん、二人ともぼくの名前も何も知らなかったのではないかと思います」

久野は七十七歳の時、往時を振り返って、こう述懐している。

「ていねいに扱え」は、久野や鶴見のような「なみの市民の非暴力主義者」までを痛めつけたら、逆効果

になると、時の警視総監の秦野章が判断したからだろうと久野は推測しているが、それはわからない。

八十八歳で亡くなるまで久野の怒りは現役だった。そのエネルギーには三まわり近く下の私もしばしば驚倒させられたが、『諸君！』の一九七七年十二月号でインタビューした田原総一朗もまた、仰天している。

テーマは「いま保守とは何か革新とは何か」で、当時久野は六十七歳だった。

「なにしろ、ぼくは、伊豆に引っ込んで、現役を引退したんだからな。社会党がどうした、共産党がどうした、といわれても、勝手にやってくれ、という以外にない」

渋々出て来た東京で、久野はまず田原にこう言ったという。

「もうかんべんしてくれや」

テープレコーダーがまわる前に、コーヒーを飲みながら、いかにも疲れた、うんざりだといった調子で、久野は繰り返しそう言ったのだが……。その後は、田原の驚きをそのまま引こう。

「ところが、いざ、インタビューをはじめると、久野さんの弁舌はしだいに熱を帯びてきて、何と四時間以上、ついに一人で喋りっぱなしだった。

速射砲——。

わたしは、合の手を入れるのがやっとで、六十七歳の久野さんのおそるべきエネルギーにひたすら驚き、たまげ、真夜中近くに、やっとインタビューならぬ、久野さんの独演が終ったときには疲労困憊だった。

いやあ、本当にすさまじいのである」

途中で田原はこうも書いている。

「久野さんは、しだいに熱弁になってきた。おそるべき熱弁である。熱弁になるにしたがって、しばしば

脱線する。脱線から軌道修正するのではなく、さらに脱線する。インタビュアーは、すでに、加速のついた久野エンジンをとめることも、軌道修正することも出来なくて、ただのうなずき屋でしかなかった」

のちに「朝まで生テレビ」で並みいる論客たちを思いのままに仕切り、〝猛獣使い〟と呼ばれることになる田原も久野をコントロールすることはできなかった。

たいてい、久野は対談の前夜はテーマにそって調べものをして徹夜になると言っていた。必ずメモを持って現われたが、最初、久野が「いかにも疲れた、うんざりだといった調子で」田原に対したのはやはり、徹夜をしたからだろう。それでいて、その後、四時間の独演を展開したのである。エネルギーとなったのは、尽きることのない怒りの火だった。

五木寛之は『久野収集』第二巻の月報で、久野の語りについて、また、別の見方をしている。戦前・深刻な体験をしたはずの久野が、どうして、「快活な知者」の印象を保ち続けてくることができたのか、五木には謎だった。

日本人は若い世代ですら、なかなか喋らない。そう前提して五木は久野の喋りをこう推理する。

「港の酒場のホットな議論から海員組合がうまれ、イギリスの保険会社が誕生する挿話を語ったりする久野さんにしても、さぞかしまだるっこしいことだろう。久野さんの猛烈なお喋りは、いまだに『昏寒し秋の風』式の世界にとどまっているこの国の人びとの分まで、かわって喋ってやろうという決意に支えられたものなのかもしれない」

そして、その喋りに次のように感謝しているのである。

「どんな場所でも、どんな話題でも、仲間のように軽やかに語り聞かせてくれる久野収さんは、じつにえ

がたい大先輩であった。古い映画や芝居の話から情況に対する批評、市民運動への発言まで、久野さんはほとんどボーダレスな好奇心を示して、とどまるところがない。その言葉のシャワーのなかに身をおいていると、こちらの感性がしだいにもみしだかれて、硬化した意識がマッサージを受けたようにやわらいでくるのが感じられてくるのである」

最後まで現役の怒りを保ったことについては、久野はラッセルを意識していたのではないか、と私は思う。自ら語っているように、思想的にはサルトルに共感していたとしても、行動的にはラッセルと共通するものがあった。

久野の『読書のなかの思想』(三一新書)に、みすず書房刊の『バートランド・ラッセル著作集』月報に寄せた「市民ラッセルの戦争への抵抗」という一文がある。

一九七〇年に九十七歳で亡くなるまでラッセルはベトナム戦争に反対し、原水爆禁止運動をリードするなど、やはり、怒りを忘れなかった。

久野のラッセル論はこう始まる。

「ラッセルが第一次大戦に反対し、ケムブリッジ大学の教職をうばわれ、六カ月の刑の宣告をうけて投獄されたことはよく知られている。ラッセルはその間のいきさつを、たとえば『自伝的回想』の〝ある平和主義者の第一次大戦の経験〟〝論理学から政治学へ〟といった文章の中で、感情をおさえながら、散文的に回想している。彼の異常とも見られる〝戦争体験〟を語る態度は、いかにもラッセルらしく平静であり、理性的であって、この態度はただ年月のへだたりだけのせいにするわけにはいかないだろう」

そして久野は、ラッセルと並んで戦争に非協力的だったイギリスのインテリたちは、ラッセルの左側にい

た行動派的CO（良心的戦争反対者）と、右側にいた書斎派的COに分類されるとし、前者に属する〝徴兵反対友の会〟（NCF）グループにもラッセルは協力を惜しまなかったと指摘する。そして、ラッセルの最初の受難の〝アーネスト・エバレット事件〟に触れるのである。

COのエバレットは、軍隊に入れられ、命令に従わなかったとして重労働二年の刑を受けたが、前記の〝友の会〟は抗議のリーフレットを発行し、それを配布中に六人の会員が逮捕された。するとラッセルは〝タイムズ〟に手紙を出し、このリーフレットを書いたのは自分なのだから、自分が責任者なのだと宣言した。

それで陛下の軍隊の徴募と士気に悪影響を与えるとしてラッセルは起訴され、一九一六年六月、百ポンドの罰金という有罪判決を受ける。そのとき〝友の会〟は裁判の進行状況とラッセルの弁論をレポートとして出そうとしたが、政府はその影響の大なるを恐れて禁圧した。

彼が反戦の意志を表明してから、ケムブリッジ大では昼食の時も誰一人、ラッセルに近づかなかったという。

久野はラッセルを政府が脅威とみなした理由をこう書く。

「政府が本当に恐れたのは、ラッセルの演説が軍需産業の労働者に感化を及ぼし、彼らがストライキに立ち上りはしないかという恐怖であった。実際彼の策略と演説は、NCFの仲間から〝メフィスト〟と仇名されるほどすばらしいものであったから、政府がのぼせあがるのも、まったく見当ちがいだといいきることも出来なかったのである」

そして〝友の会〟の週刊紙『トリビュナール』の一九一八年一月三日号に書いた論文によってラッセルは

起訴され、投獄されることになる。

〝平和が早く来なければ全ヨーロッパを飢餓がおそいまわり、……人々は生きてゆくだけの必要物を手にいれるため、相互に殺しあうだろう〟

久野によれば、これに続く次の指摘が当局の急所を突いた。久野の要約を借りる。

「その時までにイギリスとフランスに進駐するはずのアメリカ駐屯軍がストライキに出ようとする労働者を威嚇する力を持つであろうし、彼らは本国でこうした仕事に慣らされているのだ、と論じ、自分は政府がそんな底意を持っているなどといっているのではない、政府の連中はおよそいかなる思想であれ、底意などといえる思想を持っていそうな証拠は何一つない、彼らは無知とセンチメンタルな駄弁で自らを慰めながら、手から口へのその日暮らしにあけくれているのだ、と結論した」

そして久野はこう結ぶ。

「〝常識〟の哲学者といわれるラッセルの〝常識〟は、眼の前の情況にふりまわされる常識ではなく、眼の前の情況と緊張関係に立つのをいとわない常識、現実に対して緊張した態度で、場合によっては戦うことを辞さない常識であるということである。このような常識は、われわれ日本人の連想する常識とは、言葉は同じでも、内容は全然ちがっているということである」

久野は「二つの平和主義」（『久野収集』第二巻所収）で、内村鑑三が日露戦争に加えた次の批判を引いている。

「もし日本とロシアとが衝突するに至るならば、それは日本にあつて平和をとなへる吾人と、ロシアにあつて同一の平和をとなへる文豪トルストイ、美術家フェレスチャギンらとが衝突するのではない、それは日本の海軍大臣山本権兵衛氏と、露国の極東総督アレキシーフ大将とが衝突するのである。また日本の陸軍大

臣寺内中将と、露国の陸軍大臣クロパトキンとが衝突するのである。また日本の児玉文部大臣と、ロシアの教務大臣ポベドノステフが衝突するのである、すなはち日本にあつて剣を帯ぶる者が、露国にあつて剣を帯ぶる者と衝突するのである、また日本にあつて忠君愛国道徳と世界併呑主義をとなふる者と、露国にあつて同一の主義道徳をとなふる者とが衝突するのである。すなはち名は日露の衝突であれ、実は両国の帝国主義の衝突である、さうしてこの衝突のために最も多く迷惑を感ずる者は平和を追求してやまざる両国の良民である」

つまり、市民は国境を越える、のである。そうしなければ平和は求め得ないとラッセル、そして久野は説いた。

9 アタンション、アタンション

一九八一年の夏から半年間、久野収はパリに暮らした。相棒と呼ぶ芳子夫人と共にである。

パリを選んだのは、前年に一〇〇年を迎えたパリ・コンミューンがどういう影響を残しているか、その自治都市的側面を調べたいと思ったのと、戦争中のパリ市民のレジスタンスを調べたいと思ったからだった。

「ふだん着のパリ遊記」という副題の『日本遠近』（朝日新聞社）はその滞在記だが、そこで久野は国際都市のパリで暮らした経験を端的にこう語っている。

「国際都市という意味は、誰でもがそこへ入って一月とか半年とか一年、別に差別感を持たずに、言葉の通じにくさに基づく不便さはあってもですね、ほとんどふだん着で楽にすごせる街ということですね」

久野夫妻が住んだのは、パリの文字通りの下町だった。もちろん、なかなかフランス語がわからないといったことに困りはしても、久野は持ち前の好奇心いっぱいにその半年間を過ごしたのだろう。それは市場で大好物のカキにぶつかった場面などに象徴的に表れている。

最初、久野は殻付きのカキの割り方がわからず、食べたいけれども、どうしようかと思っていた。それで魚屋の兄さんに一フランを出して、「すまんが割ってくれるか」というと、「ウイ、ウイ」とやってくれ、大きなボール紙の古箱を出してきて、そこへ開けたカキを殻のまま並べ、「アタンション、アタンション」と言う。つまり〝気をつけて、気をつけて〟持って帰れというわけである。久野は「箱をささげ持って下宿まで、汁をポタポタ落としながら帰ってきた」とか。途中ですれ違うフランス人が、本当に優しい目つきで、ニコニコ笑いながら、しっかり持って帰れと、目で合図する。俺もカキが好きだが、お前さんも好きらしいなという顔でである。

こんな日常の中で、久野はこう思った。パリの商人には、日本ではせわしさから亡び去った下町の専門魚屋や八百屋が持っていた応対の仕方がまだ生きている、と。八百屋のムッシュウなど、顔見知りになった久野が、相棒のあとを買物袋をさげて歩いていくと、〝ムッシュウ・トレビアン〟（ダンナ、いいぞ）と言ってからかった。

パリはあらゆる人びとを歓迎するが、そのためにはある程度のフランス語を話してもらわなければならないと思っている。だから、久野夫人が、久野によれば「かなり上手に買い、上手に料理の仕方を注文する」と、彼らは相好を崩し、「ヴォートル・マダム、エル・パルル・フランセ・トレビアン」（奥さん、フランス語上手に話せるよ）と肩を抱かんばかりにして喜んだ。「少しフランス語を話せれば、彼らの態度は一変とまで

はいわないまでも、大変な愛情を示す」のである。

久野は読み書きは少しできるが、ほとんど聞きとれない。若い時にピアノをやっていた夫人は耳が確かで、わかりにくい向こうの言葉を何とか聞きわける。それで、六カ月の滞在中、「ほとんど相棒のたどたどしいフランス語にもたれかかって暮らす結果になってしまった」という。そうした生活を通して、久野は次のように考える。

「プラトンがはるか昔に指摘したように、ヨーロッパ文明、とりわけパリ人の話し合いを特色づけるのは、その平等的相互性にある。コミュニケーションの通路、あるいは様式は、『話す』と『聴く』、『書く』と『読む』、『描く』と『見る』の三つになる。『話す』と『書く』――それに『描く』を加えて――はソシュールの意見によれば、能動的だし、聴く、読む、見るは受動的だという。果たしてそうか、問題があると思いますが、とにかく話すほうは話す一方、聴くほうは聴く一方では本当のコミュニケーションにはならず、相互の転換がぜひ必要でしょう。話すほうが聴くほうにまわり、読むほうが書くほうにまわり、見るほうが描くほうにまわる。こういう習慣、あるいは訓練が、フランスではどうも少年少女期から行われているらしい」

中国人に似たフランス人の会話文化をこう考察した後、久野はパリの街で二人の「好きな女性」に想いを馳せる。

一人はアドリアンヌ・モニエであり、一人はその親友のシルビア・ビーチである。久野は二人のようにキリッとした女性が好きだった。女性を尊敬しこそすれ、蔑視することなど思いもよらなかった久野のしなやかさが、最後まで思考を硬直させなかった一つの要因だろう。

久野によれば、モニエは、パリ左岸のオデオン通り七番で第一次大戦中から第二次大戦をこえて、実に三十六年間も会員に自分の好きな本を貸したり、売ったり、読ませたりする〝本を愛する友の家〟を独力で経営し、ヴァレリーやジッドやクローデルに愛されて、彼らの詩の相互朗読会や自著を読み聴く会を開きつづけた。

また、ビーチは、アメリカとフランスの現代文化が交流する中継所となった古書店「シェイクスピア・アンド・カムパニー」を経営し、若きヘミングウェーにパリへの愛を植えつけることとなった。そして、第二次大戦中もインテリではただ一人、アメリカに帰らず、占領下のパリでレジスタンス運動に協力し、解放されたパリに一番乗りしたヘミングウェーとドラマティックな再会を果たした。しかし、ナチスによって閉鎖されたままの店を再開することなく、ビーチは店の二階で一人ひっそり息を引きとったという。

『日本遠近』で久野はこう語った後、「私のいいたいのは、モニエやビーチのようにパリを終生の恋人に選び、ついに結婚さえもせずに生涯をパリとともに終始したような女性たちをパリはたくさん持っていたということです」と付け加えている。

また、モニエが、ドイツ出身のユダヤ人であるベンヤミンが半強制的労働キャンプに送られた時、その救出に力を尽くしたことに触れ、なぜ、こうした女性が生まれたかをさぐって、彼女の自伝的メモワール『オデオン通り』をひもとく。

そして、モニエが芝居好きの母親に連れられて七、八歳ころから劇場に通い、自分も芝居を生涯を通しての娯楽とするようになり、ジャン・ビラールとジャン・ルイ・バローの芝居は欠かしたことがないと言っていることを知る。

けれども、彼女の家庭は、彼女の学歴が高等小学校だけであり、父親は鉄道郵便車の係員であったことからもわかるように、上流どころか、中流のむしろ下のほうに属していた。

そして、久野は再び、聴くことの重要性を説く。聞きとることの大切さである。

「フランス、とりわけパリの子どもたちは、早くから耳の訓練を重ねているわけで、教室ではディクテェ（口述書き取り）をやらされ、詩の朗読と注解をやらされ、家庭内でも詩の朗読、クラシックやシャンソンの独唱や二重唱を歌い、かつ聴く練習を積んでいる。一方は相手との対話が生き生きと交わされるように話しかけ、他方は、その話の筋道を聞きとり、聞きわけながら、聞きただす形で答える。話す練習と同時に、聞く練習が重ねられている。実際、会話や対話において大切なのは、話すほうだと考えられがちですが、実は聞きとるほうがそれなのです。聞きとどけられないと、話はそもそも話にならない。自民族の言葉であれ、他民族の言葉であれ、言語の練習はヒアリングの練習だということが、さまざまのパリジャンの隣で暮らしてみて痛いほどよく分かった」

フランスには、アラブ人、アフリカ人、ベトナム人等、いろいろな人種が入り込んで暮らしており、とくに下町ではフランス人の方が押され気味で差別などしていられない。

こう語っていた久野が、大統領選で極右のルペンが票を伸ばし、アルジェリア移民の子のサッカー選手、ジダンがそれに抗議の声をあげたことを知ったら、どう思うか。スポーツ好きの久野は、多分、ジダンに拍手しただろうが、『日本遠近』ではパリのアメリカ流大衆レストランで日本人の学生らしい男女に出会った時のことをこう述懐している。

「二人は別々に座って、相互に会釈もせず、もちろん私たちにも会釈もせず、かたい顔つきでお菓子を食

べ、何かノートを読んでいる。その姿に深い孤独と自閉の影を感じて大変だなと思いました。学生だけでなく、在留日本人はどうも日本人の中、自分の中だけに閉じこもりがちのように見えましたが、これは私たちのしろうと印象であることを望みます」

〝自閉の影〟は学生だけでなく、ジャーナリズムにも及んでいるのか、久野はパリでいささかショッキングな光景に出くわす。

パリでは、世界各地の新聞がその日か、翌日にキオスクで購読できる、と聞いていた。実際その通りで、オペラ大通りやモンマルトルのコーランクール通り等のキオスクや書店でそれを目のあたりにした。全ヨーロッパの新聞はもちろん、アメリカ、ソ連圏、アラブ、ベトナムの新聞に始まって、中国の『人民日報』やシンガポールの『星洲日報』まで並んでいる。しかし、日本の新聞は見当たらないのである。たしかに、日本の新聞を読んでハッと思うことは少ない。パリに住む人たちにとって、購読する価値はないのかもしれない。需要がなければ供給はなくなる道理で、日本の新聞は並ばないことになる。

それを残念がりつつ、久野はこう書く。

「パリには、自動車、電機製品、テレビ関係品、カメラ類、単車から始まって、ボールペンにいたるまで日本商品が市民のまわりにたくさんある。トヨタやヒタチやセイコーの広告も目につく。貿易額ではそれほど大きくないのかもしれないが、受ける印象からすると相当多いと感じます。パイロットのサインペンなどは向こうのより安いし、細く書けるので、文房具店でフランス人が、日本のほうを選ぶありさまです。カルチェラタンのメトロ、サン・ミシェル駅を上がった広場には、パリ大学の学生や青年の乗る単車が五〇台以上ずらりと並んで停められている。相棒と二人で調べたところ、ほとんどすべてヤマハ、ホンダ、カワサキ

その他の日本製で、フランス製は一台も見当たらない。

パリの庶民たちはこういう日本品の侵入の中で、これらの品物をつくり、売り込んで来る日本人とは何か、という問題に改めて直面させられているようです」

二十年経って状況は変わったか。トヨタやヒタチ等の日本商品については変化は見られるかもしれないが、キオスクで日本の新聞が売られていないことは変わらないのではないか。

「これだけパリを観光し、訪問し、滞在する日本人が増えているにもかかわらず、日本人とフランス人との間は、市民レベルでいえば、まさにそれゆえに、深いコミュニケーション・ギャップで隔てられている」

という久野の印象は、残念ながら、訂正する必要がないだろう。

それで久野は『日本遠近』で「少なくとも朝日、毎日、読売、共同の四つぐらいが資金を出し合い、政府の資金援助も得て、共同のデスクをつくり、現地で編集されたフランス語や英語の日本新聞を出す」ことを提案している。そしてまた、一方で、当時出されていた小さな国際雑誌『おー　ジャパン』に着目しているのである。

若き日以来、久野は世界各地の新聞や週刊誌に目を通すことを楽しみとしてきた。たとえば、ヒトラーによって投獄されながら、獄中でノーベル平和賞を受賞したオシエツキーやトウホルスキーといった反ナチのすぐれたジャーナリストたちが出していた週刊誌『ノイエ・ヴェルトビューネ』やイギリスの反ファシズム週刊誌『トリビューン』、そして、アメリカの『ネーション』『ニュー・リパブリック』、それに『モダン・マンスリー』などである。

久野がパリに滞在していた時、ヨーロッパは反核非戦の大きなうねりの中に包まれた。その起爆力となっ

たのは、イギリスの「ラッセル平和財団」がイニシアティブをとって一九八〇年春に出したアピール〝ヨーロッパに非核武装地帯をつくり出そう〟だった。それがこれまで、ほとんどそうした運動に無関心だった若者たちを揺り動かしたのである。

久野は「ラッセル平和財団」の日本連絡委員の一人を委嘱され、その理論機関誌『スポークスマン』や、ラッセルの創始したC・N・D（Campaign for Nuclear Disarmament）の機関誌『サニティ』も購読していたのだが、会費未納で三年間ほど送付中止になっていた。そのままで「パリに出向いたのですから、まことに情けなく、愚かしい話でした」と久野は告白している。この率直さが久野らしいところだろう。いささかも、ぶったりしないのである。

それはともかく、日本の大新聞、週刊誌等はこのヨーロッパの反核の大波をかなりよく報道したのだがと前提をおきつつ、久野は最初のころはそうではなかったと書く。

「たとえば八一年九月十三日のアメリカ国務長官ヘイグの西ベルリン公式訪問への抗議デモは、報道のたしかさをもって鳴る『朝日新聞』でさえ、『西ベルリンで社民党青年部をはじめとする約六十グループ、約五千人の反ヘイグ・デモが決行され、反核、反軍拡の気勢をあげた』と報道されていました。ところが五千人はたぶん、校正段階のミスで、実際は五万人であり、左翼系の新聞では約八万人とまで報道されていたのです」

この間違いを久野が知ったのは、ウィーンで発行されている『おー　ジャパン』の八一年十月号の投書欄を読んだからだった。一時帰国中に『朝日』を読み、西ベルリンに帰ってきた投書者は、『朝日』ほどの大新聞の編集部がミスに気づかないのは悲しい、と書いていた。

そんなこともあって、パリへ行く前から注目していたこの雑誌の関係者に会いたいと思っていた久野は、パリ到着後まもなく、偶然の機会を得て、同誌のパリ連絡部の責任者、小糸淳司とそのパートナー、羽生浩子と知り合い、親交を結ぶ。羽生について久野は次のように紹介しているが、それはそのまま、久野がどういう若者に期待するかを語っている。

「彼女は日本の高校を卒業したあと、両親に死別し、決心して一年フランス語を学習してから、ひとりでシベリア鉄道、モスクワ回りで、フランスに入り、ツールでしばらくフランス人の家庭のナースとして働いたあと、パリに入り、以後八年間、アルバイトで生活費と学費を工面しながら、パリ大学大学院の博士課程を勉強中です。日本政府や大学の給費留学生ではないから、大学生としての不利、不便はたいへんなものですが、苦労にめげず、初志をつらぬくために努力をつづけている。〝毎日、働き場所と学校、食料の買い物と下宿をかけめぐるためにメトロに乗り、乗りかえ、あちこち街を始終小走りで駆けているありさまで、一度思いきり公園の芝生で手足を伸ばして寝ころがってみたい〟というのが、相棒にもらした彼女の感想のようでした。パリには、こういう日本の女子学生もいて、かなり見事な語学力でフランス系学生と競争し、アジア、アフリカ系学生と親交を深め、日本と日本人を国際的に理解させる〝民際〟的交流の一役を果たしている事実を、日本人はもっと知るべきでしょう」

そして、小糸、羽生両君の報告を受けて、ウィーンから、『おー　ジャパン』の編集長、河内喜彦が久野を訪ねて来る。飛行機ならパリまで三時間余なのに、費用を節約するため、河内は夜汽車に揺られて十五時間かけてやってきた。

彼は一等通訳の資格を取り、それで生計を立てながら、ウィーン大学に学び、そして、

「たいへんな費用とエネルギーを割き、仲間たちの中心になってもう四年以上、この雑誌の発行をつづけてきた」と久野は書いている。のちに私も、私とほぼ同年輩の河内と会ったが、久野は河内のような人が現われたことを本当に喜んでいた。

河内、小糸、羽生とともにほとんど徹夜で語り合った一夜は、パリ滞在中の最も有意義な夜だった、と久野は回想している。

河内たちはその後まもなく、八月のヒロシマ・ナガサキ週間に『二度と許すな!! Nie Wieder!! No More!! Plus Jamais!!』と題するパンフレットを四カ国語で発行した。それは、被爆の事実だけでなく、過去の日本の核をめぐる状況（投下記録、忘れられた外国人被爆者、日本の軍国主義、ビキニ、原水爆禁止運動、不十分な被爆者援護、なぜ投下したか）から、現在の状況（いまの広島、長崎、憲法第九条、非核三原則、核の傘、核の「平和利用」）までを日本文の記述と精確な英独仏の三カ国語訳をつけてまとめたものだった。

「この出版を可能にしたのは、彼らのグループのすぐれた語学力であり、日本政府のやるべき仕事を、民間のささやかな市民グループが代行している姿をみるのは、彼らの努力に熱い賛意を送りたい半面、政府の原爆記録の公報活動へのなおざりに強い腹立たしさを覚えないわけにはいかない」

複雑な胸中をこう披瀝した上で久野は、『おー　ジャパン』は硬い雑誌に思われるかもしれないが、そうではなく、内容は世界各地の旅行記あり、宿泊施設の紹介あり、民俗風習のルポあり、食べものの記事から料理法の説明まで、多種多彩だと付け加えている。

河内たちの熱心な希望を受け入れて、久野はこの雑誌の顧問となった。

そして、「私は余力のかなりの部分を割いて、この雑誌の内容の向上と普及につとめたいと決心し、彼ら

と会って話しあうため、もう一度、欧米に足を向け、今度はかなり準備したうえで、この雑誌のフランス語版とドイツ語版を出せたらと願っている」と語っていたが、その機会は無念にも訪れなかった。

10 顕教と密教

わが師は泉州堺に生まれている。港町であり、商人の自治意識が強い商人町だった。私の郷里は〝東北の堺〟と呼ばれた酒田だが、この町に起こった「相馬屋事件」のことを話したら、久野は目を細めて喜んだに違いない。残念ながら、生前、久野にこの逸話を伝える機会はなかった。

その事件が起こったのは一八九三（明治二十六）年一月二十八日の夜である。酒田一の料亭、相馬屋に富商たちが集まり、〝宮中新年会〟をやったのだ。

ひそかに語り伝えられてきたこの事件を追跡した石堂秀夫の『不敬罪　天皇ごっこ』（三一書房）によれば、それで逮捕されたのは県会議員の大泉長治郎ら十七人。いずれも四年前に結成された「飽海有恒会」のメンバーだった。

有恒会は保守派の集まりであり、ラジカルな民権運動を展開する「庄内自由党」とは対立していた。石堂は有恒会を「産業の振興を計る今日の経団連のようなもの」と書いている。つまり、この事件は民権派ではなく、保守派によって惹き起こされたのである。

三年前の一八九〇（明治二十三）年十月三十日に教育勅語が発布され、同年十一月二十九日に大日本帝国憲法が施行されたが、天皇制はまだ内実を伴ってはいなかった。

この宴会は一カ月ほど前から準備され、天皇、大臣、参議の大礼服や、皇后、女官の衣裳はすべて京都や東京から取り寄せられている。

そして「宮中風の大宴会相催し候に付、大礼服着用、相馬（屋）内裏へ参朝有之度……」という案内状が出席者のところへ届けられたのが一月二十六日。料理や酒についても、事前に調べて、できるだけ、そのままをめざしたというから、念が入っている。

儀式についてはもちろんで、二十八日夕、相馬屋二階の大広間に集まった彼らは、天皇に扮した廻船問屋越後屋の主、大泉が「諸卿早速の参内大儀也」と声をかけ、君が代を演奏した後、一同敬礼の上、着席した。

この時、皇后に扮したのは美人の誉れ高かった相馬屋の姉娘で、女官たちは芸者だった。

欄間には菊の御紋を染めぬいた紫の幔幕を張り、中央には一段高く雛壇が据えられている。

もちろん、この〝天皇ごっこ〟を彼らがおおっぴらにやったわけではない。厳重に口止めされ、関係者以外はその日、会場の二階へ上がることを禁止された。さらに、一階の客はなるべく部屋から出さないようにしたのである。

しかし、話は洩れた。当夜、一階で飲んでいた民権派の新聞『庄内新報』の記者、本間定吉が、どうも様子がいつもと違うと思い、店の女たちにさぐりを入れて、二階の大広間で不敬の宴会が行われていることをつきとめた。

彼は翌日の同紙に「一大不敬事件」と見出しをつけて、この記事を書く。人の口に戸はたてられず、日を追うにつれて、さまざまなことが明らかになった。

『庄内新報』はそれを煽るようにキャンペーンをやり、一方、有恒会系の地元紙『商業新聞』は逆に、事

件を弁護する形で論陣を張って、対立は民権派と保守派の争いに発展した。騒ぎがそこまで大きくなって警察の登場となったのだが、「権力何するものぞ」という気風をもつ商都らしい事件だろう。

酒田でも長くタブー視されてきたこの「相馬屋事件」のことを知ったら、久野はきっと痛快がったに違いない。

地元のタウン誌『SPOON』の一九九八年三月号に、私は肯定的にこの事件のことを書き、大泉長治郎の孫（高校時代の私の担任の夫人だった）から長文の感謝の手紙をもらって、逆に彼女らが、何か肩身の狭い思いをしてきたことを知った。しかし、決して卑屈になるような事件ではないだろう。

押しつけなければ浸透しないようなものは伝統ではない。久野は林達夫との対話『思想のドラマトゥルギー』（平凡社）で、こう述懐している。

「天皇制と言えば、戦争中、林さんにお会いしたおり、天皇制とは何かに対する警戒と恐怖の前もってする一種の予防体制であり、その何かの方がかえって正統派なんだ、天皇制が日本の正統派であるはずがない、と言われて僕は腹の底から揺り動かされましたね」

それを受けて林は、「尊皇思想の強さのようにも見えるものが、ある意味ではその弱さ、脆さの裏返しであり、それは「思想」としては実に弱い伝統でしかないのだと説き、「天皇の政治的利用に奉仕するものが大部分」と断言している。

久野にとって天皇制の問題はライフワークともいうべきものだったが、『独特老人』（筑摩書房）では、こんな思い出話もしている。

「久野さんはなんで哲学の方にいったのって、ときどき聞かれることがあるんだけど、いや僕はね、本当

は考古学をやってね、天皇の墓を掘りたかった。僕は奈良県の畝傍《うねび》御陵の近所で育った。その陵護官ていう陵を守ってるのは華族なんだよ。植松子爵の息子と僕は小学校の同級生で、親が陵護官になって、転校して来よったわけよ。その転校生はきれいな服着とったなあ。それで近所のハナタレのせがれがみんな嫌がってね、泥を塗ったりむちゃくちゃしたんだよ。僕はハイカラ好きやから、ちょっとぐらい憧れとったわけや。だからその子を守ったった。あんまりむちゃすんなって。小学校三年ぐらいの時かな。京都から転校して来た子でね。僕らは非常に仲良くなった。僕はおそらく墓の掃除の人以外でね、天皇の土饅頭の上で遊んだ少数の一人だよ。ある日遊びに行ったら『お前ら二人乗せて行ってやる』と言ってね、天皇も行けない内堀の中まで連れていってくれた。その堀の外の鳥居の前まで来て天皇は拝礼して帰るわけや、一般人はもちろん入れない。そこに行くとね、土饅頭がふーっとあるだけでね、つくしが生えとったわけ。つくしをしこたま取って帰ったわけやね。僕はだんだん成長するにつれて、いやはや、ああいうものがそのままになってるんではね、ちょっとまずいんじゃないかと思うようになった。それで、大学の考古学に行こうと思ったら、当時考古学といったら東京大学と京都大学しかないんだ。で、考古学の講座なんてね、高等学校にはもちろんないし、専門学校にもないから、教師になったら貧乏を覚悟しなきゃいかん。金持でなければやれるわけがない。で、諦めて哲学へ来たわけや。学生時代、僕の一年上で考古学やっとったねずまさしてのがおるんだ。もう死んでしもたけど、『天皇家の歴史』を書いたおっさんで、僕の親友なんだ。彼は考古学をやった。だから僕はねずに畏敬の念を持っとったよ……」

久野と鶴見俊輔の共著『現代日本の思想』（岩波新書）の第四章は「日本の超国家主義——昭和維新の思想——」である。久野はそこで、伊藤博文が明治憲法と教育勅語を二つの柱に「天皇の国民、天皇の日本」を

つくりあげたと紹介し、「天皇は、政治的権力と精神的権威の両方をかねあわせることによって、ドイツ皇帝とローマ教皇の両資格を一身にそなえ、国民は政治的に天皇の臣民であるだけではなく、精神的に天皇の信者であるとされた。こうして天皇は、一方で法律を制定すると同時に、他方で教育に関する勅語、精神作興に関する詔書などを発布する」と指摘する。

まさに、権威と権力の二重支配という息苦しい国家の誕生だった。

そして伊藤は、現人神である天皇の下で、国民のエネルギーをどうやって発揮させるかを考える。それが天皇の大政を「翼賛する」とか、天皇の親政を「輔弼《ほひつ》する」という形で、国民の主体的活動を流入《チャナライズ》させる道だった。

「それと同時に、天皇の支配権威をシンボル化し、形式化し、失敗やまちがいの責任が、直接天皇のせいにならないで、かえって翼賛の仕方、輔弼の仕方に帰せられるようなシステムを作りあげた。

国民の活動は、公的形式面からみれば、すべて翼賛であり、輔弼であり、私的内容面からみれば、すべて立身であり、栄達であった。こうして国民という絶対的客体は、天皇への反逆者とならないかぎり、主体的活動を回復する道が講ぜられた」

久野はこのように伊藤の意図を読み破りながら、その例証として『臣民の道』を引く。

「日常我らが私生活とよぶものも、ひっきょうこれ臣民の道の実践であり、天皇を翼賛したてまつる臣民のいとなむ業として公の意義を有するのである。……かくて我らは私生活の間にも天皇に帰一し国家に奉仕するの念を忘れてはならぬ。我が国においては、官に仕えるのも、家業に従うのも、親が子を育てるのも、子が学問をするのも、すべて己れの分をつくすことであり、その身のつとめである」

一挙手一投足に天皇を意識させ、一秒たりとも臣民であることを忘れさせないという感じだが、しかし、そこには「顕教」としての天皇制と、「密教」としての天皇制があった、と久野は主張する。

「天皇の側近や周囲の輔弼機関からみれば、天皇の権威はむしろシンボル的・名目的権威であり、天皇の実質的権力は、機関の担当者がほとんど全面的に分割し、代行するシステムが作りだされた」

現実に天皇を知る者にとっては、天皇は神ではなく人間である。しかし、国民という名の臣民には現人神という存在として押しつけられた。

そのズレを久野は「顕教」と「密教」の違いにたとえたのである。

「顕教とは、天皇を無限の権威と権力を持つ絶対君主とみる解釈のシステム、密教とは、天皇の権威と権力を憲法その他によって限界づけられた制限君主とみる解釈のシステムである。はっきりいえば、国民全体には、天皇を絶対君主として信奉させ、この国民のエネルギーを国政に動員した上で、国政を運用する秘訣としては、立憲君主説、すなわち天皇国家最高機関説を採用するという仕方である」

久野によれば、天皇は、国民に対する「たてまえ」では、あくまでも絶対君主であり、支配層間の「申しあわせ」としては立憲君主だった。

しかし、膨張する軍部だけは、密教の中で顕教を墨守しつづけ、文部省をその支配下において、顕教による密教征伐を企てる。国体明徴運動がそれである。

その逆に、密教によって顕教を征伐しようとしたのが北一輝だった。獄中にあって北を研究した久野は、北のねらいは「上からの官僚的支配のシンボルとなった天皇を、下からの国民的統一のシンボルにたてなおすこと」にあったという。「天皇と国民とが公然と協力しうる体制を彼のいう社会主義のもとに実現しなけ

れば、国家の独立も、これ以上の発展も不可能だ」と北は考えたのである。

北の『日本改造法案大綱』を聖典視し、「二・二六事件」を起こして処刑された青年将校の磯部浅一は、その獄中手記にこう書いた。

「今の私は怒髪天をつくの怒にもえてゐます、私は今、陛下を御叱り申上げるところに迄、精神が高まりました。だから毎日朝から晩迄、陛下を御叱り申して居ります。

天皇陛下、何と言ふ御失政でありますか　何と言ふザマです、皇祖皇宗に御あやまりなされませ」

「国法は無力なり権力者の前には無力なり」

「全日本の窮乏国民は神に祈れ而して自ら神たれ　神となりて天命をうけよ
天命を奉じて暴動と化せ　武器は暴動なり殺人なり放火なり　戦場は金殿玉ロウの立ちならぶ特権者の住宅地なり」

北も磯部らとともに刑死したが、「かつて太陽が西より出でざるがごとく、古今革命が上層階級より起れることなし」と喝破した北は、彼の考える社会主義実現のためには軍隊が必要であるという信念をもっていた。そして、その『大綱』にこんな項目を掲げている。

「天皇は国民の総代表たり、国家の根柱たるの原理主義を明らかにす」

「天皇は親く範を示して皇室所有の土地山林株券等を国家に下附す」

「華族制を廃止し、天皇と国民とを阻隔しきたれる藩屏を撤去して、明治維新の精神を明らかにす」

「日本国民一家の所有しうべき財産限度を百万円とす」

「日本国民一家の所有しうべき私有地限度は、時価十万円とす」

「私人生産業の限度を、資本千万円とす。私人生産業限度を超過せる生産業はすべてこれを国家に集中し、国家の統一的経営となす」

天皇を「総代表」に戴く北の国家社会主義は、花田清輝が言ったように、ホームラン性の大ファールだった。

「しかし私たちは、北の発想そのものをほんとうに学びきり、克服しきったといいきれるであろうか。私たちは、問題としての北の発想を、これから北と全くちがった仕方で解かなければならないのではないか」

久野は「北一輝論」ともいうべき「日本の超国家主義」をこう結んでいる。

毒をもって毒を制すというか、危険視される思想の中にその「危険」を取り除く契機をさぐるといった発想が久野にはあった。

『久野収集』第四巻所収の松本清張との対談「北一輝の思想」では、久野はこう言っている。

「左翼の崩壊があってはじめて北が生きてくるんで、いつの場合でもファシズム的運動はそうなんであって、左翼がなぜ崩壊したかという理由をずっと追求していけば、ぼくはナショナリズムを避けて通ったからだと思うんです、最後は。それが倒れて、そこで当然ナショナリズムに復帰する方向が出る。そのナショナリズムを、北は中国の経験で、ナショナリズムに立脚しながら国家機関を倒すような革命的ナショナリズムへの道を構想したのではないか。竹内好さんが指摘しているように、日本人の筆になる革命綱領という点で、わたしは北の『法案』を評価する。むろんぼくは北をファシズムへ傾斜していると見るんですよ。ファシズムというのは、旧体制の本質を温存して、そういう革命的ナショナリズム、下から上がってくるナショナリズムを全部逆収奪してしまう運動ですから、だから北はやっぱり陸軍のファッショ勢力、統制派に利用され

たという結果になりますね。結局統制派の思うツボにはまったという結果ではないですか」

天皇制すなわちナショナリズムではないが、その問題を避けては解決の道は開けないという点で、ここで司馬遼太郎のことを思い出す。

司馬は小田実との対談『天下大乱を生きる』（風媒社）で、小田が、

「外務省が発行している日本の宣伝パンフレットには、日本を売り出す二つのものがのっていて、一つは天皇の一家団らんの写真、もう一つは日本の企業の雄々しい姿――コンビナートですね」

と言い、

「アメリカなんかへ行って、商社員の家へ行くと、天皇の団らんの写真掲げてあってびっくりするよ」

と続けたのに対し、

「ははあ、ちょっと考えられないな」

と応じている。そして小田が、

「パーティーになると、『天皇陛下万歳』て言うもん。だって天皇誕生日のパーティーやってますよ」

と紹介すると、また、

「ははあ」

と言っている。

「やってますよ。みな集まるじゃない。『天皇陛下万歳』するよ。石原慎太郎も『天皇陛下万歳』と言ったと言っていたよ（笑）。会うと、こんなアホなこと、て言うよ。だけど万歳て言うよ。結局同じことじゃない」

と小田が畳みかけるのにも、司馬は、

「同じことやな」

と頷くだけである。

後で告白しているように、そうしたことを知らなくて司馬はびっくりしたらしい。司馬は「天皇というのは尾骶骨《びていこつ》のようなもので、おれたちには関係のないものだと思って」きた。

「日本の歴史をみるときに、天皇の問題をはずすと、物事がよく見えるね。天皇という問題にこだわると、ぜんぜん歴史が見えなくなる。だから、天皇というものからきわめて鈍感に、それを無視して眺めると、幕末もよく見えるし明治も見えると思っている」

これが歴史小説で国民的人気をいまもなお博している司馬遼太郎の発言である。正直さは買うが、こうして日本の歴史が「見えた」つもりになってもらってはたまらない。最も難しい、最も厄介な問題をはずして「見えた」歴史が歴史であるはずがないだろう。

司馬のような、天皇制を支える日本の保守主義について、久野は鶴見俊輔や藤田省三とともに『戦後日本の思想』(中央公論社)で分析を加えた。小泉信三、安倍能成、天野貞祐、武者小路実篤らの集まった『心』グループを中心にである。

そこで久野は天皇制にからんで、こう批判している。

「長与善郎が、天皇機関説というのは賛成だったんだが、しかし機関説を国民全部に公然と普及してしまえば、天皇はかえって機関という役割を果たさなくなる面もあるように感じられ、微妙なものがあって、個人的にはもとより好感を持っていたんだが、あの時は動けなかったと述懐している。これは非常によく

『心』グループ全体の気持をあらわしているかと思います。政治的権威にたいする考え方が、私的場面ではどうであれ公的場面では自由主義的よりも保守主義的なのです」

文化的なリーダーを気取りながら、闘いそのものを不寛容として斥けるこうした保守主義者たちが、日本の精神的な改革を妨げてきた。

11 親子は一世、夫婦は二世

二〇〇二年八月二十五日、長野県知事選を闘う田中康夫の応援に長野に行った。事務所にカンパを届け、演説会を聞きに会場へ行くと、切り絵作家で前回の選挙の後援会長の柳沢京子から、あいさつを求められた。私は、田中が今回、県外の人たちの支援演説等を頼んでいないのを知っていたし、何よりも、ただ応援に来たのだからと、それを断った。そして中ほどの席で田中の話を聞いたのである。柳沢があいさつの中で私が来ていると話した時には、促されてその場で立ったが、以後、そこにすわりつづけたのは、少しでも、わが師を見習いたい、と思ったからだった。ある集会を終え、次の集会に顔を出すという久野について行ったことがある。そこでは久野は一参加者という立場を貫き通した。その久野の弟子が、誘われたからと言って、あいさつをしたり、最前列にすわったりしては、久野に嘆かれる。

そんな久野の姿を村上義雄が『人間 久野収』（平凡社新書）で次のように写している。一九八〇年に開かれた「反徴兵・反安保・韓国民衆に連帯する六・一五集会」でのことである。

〈誰かが大声で私の名を呼んでいる。「オーイ、オーイ」と人込みの中でなかなかよく通る声である。私は

不意をつかれて少々驚きながら振り返る。質素な手拭いを首からかけ、シャツの腕をまくりあげ、ズック靴をはいた年輩の男性が、こちらに視線を向けて手招きしている。まるで農夫が畦道を行く知人を呼び止めるような人なつこい調子だ。細面、痩身、人品卑しからぬ風貌。やさしげだが、どこか鋭い眼光。農夫というより、それはやはり古武士の面影を残す人物と呼ぶべきだろうか。

久野であった。哲学者・久野収が、東京・日比谷公園野外音楽堂の植え込みの陰にただならぬ存在感を漂わせつつたたずんでいた。その姿を認め、学生たちが会釈して前を通り過ぎる。若々しい精力的な集団に混じってひときわ異彩を放って見えた。が、決して違和感はなかった。戦前、戦中、戦後を通して反権力を貫きつづけた剛毅の人。だが、ものものしい雰囲気とはいっさい無縁の静けさである〉

この時、久野は七十歳。女生徒たちに〝干しバナナ〟と綽名をつけられたこともある久野は、重さよりは軽さを好み、集会にも飄々とした感じで参加していた。

だからその精神においてしなやかさをもつ「剛毅の人」だったのだが、村上の『人間 久野収』から私が続けて引用したいのは次の箇所である。村上は一九六〇年の安保闘争で娘の美智子を亡くした樺光子が思い出を語ったのに触れながら、当時の活動家で、現在、精神科医の島成郎とともに、久野もまた終始、「隅の人」だった、と書く。

〈主催者が何度かステージに上がってほしいと誘いに来た。しかし、笑って首を振るばかり、とうとう我を通し続けた。あの人物は、たいていの場合、衆人の目が注がれる場所に身を置くのを極力避けようとするところがあった。「私は過去の人間、晴れがましいのは苦手や」。そう言い出したら梃子でも動かなかった〉

その久野がデモでは最後まで〝完走〟し、ゴール地点で汗をぬぐいながら、ふたまわりも年下の村上に、

「君も歩き通したか。偉いもんや」

と語りかけてきたという。

もちろん、久野は引き受けなければならないものは進んで引き受けた。その一つに、「中谷康子さんを支援する会」の東京代表がある。一九八〇年の日比谷での集会の二年前、久野は、中谷が原告の裁判が開かれた山口まで出かけ、その夜に開かれた集会で講演している。

中谷の起こした自衛官合祀拒否訴訟については、田中伸尚が書いた『合祀はいやです』（樹花舎）がある。

それによれば、中谷はごく平凡な主婦だった。クリスチャンではあったが、いわゆる闘士でないことは、何の抵抗もなく自衛隊員と結婚したことで明らかであろう。ところが、事故死した夫を護国神社に祀ると言われ、それを拒否したところから、彼女の戦いは始まった。自衛隊＝国を相手取って、彼女は夫（の霊）を取り戻す闘いを始めたのである。そんな彼女に「非国民」「国賊」「亡国の輩」といった脅迫状が次々と寄せられた。

何百通にも上るうんざりするようなそれを彼女は輪ゴムでぴっちり止めて紙箱に保存している。それは、社会的なことには何の関心も持たず、「憲法も天皇も軍隊も、そして靖国神社も私にはまったく関係なかった」と述懐するかつての彼女と同じだと思うからである。

「外国に行け」とかいう手紙を送りつけてきた人たちの中には亡夫の親も含まれる。そうした現実を前に、彼女はこうも語っている。

「決して、自分の信仰にたいして私は厳密ではなかった。それが、夫の死以来、信仰に頼って生きてきたことによって初めて一つ一つ皮がはがれていった。そして、国家が私の信仰に突然侵入してきたことをみる

ことができた」

『ニッポン日記』（筑摩書房）の著書、マーク・ゲインは「神道は宗教人の発明したものの中で一番うす気味のわるい発明品である」と書いているが、宗教はあくまで個人個人のものであるはずなのに、天皇制イデオロギーにもとづく神道は「公の宗教」と称して、日本人の心に踏み込んでくる。

「天皇制というのは、私たちの日常生活の中にいっぱいあるんですね。それと闘っていくことが私の裁判の一つの意味なんです」

小学校の給食の仕事をしながら裁判を続けた中谷は、小柄で、いつもにこやかな人である。

一九八八年六月一日にこの裁判は残念ながら最高裁で「逆転敗訴」したが、中谷に伴走してこのヒューマン・ドキュメントを書いた田中らとともに、久野は彼女を支援しつづけた。

『人間の自己創造』（日本評論社）所収の前記の集会での講演「国家主義的全体主義を批判する」で、久野は裁判において中谷の態度も弁護団の論旨も「実に堂々として立派」だったと讃えた後、こう話し始める。

「私の判断では、日本人にとって一番深刻な問題がここでは焦点になっているように思われるのです。キリスト教信徒の中谷さんは殉職された夫（陸上自衛官）の護国神社への合祀を拒否されましたが、日本人は昔から村落共同体の中で、大きな流れに抗して自分の判断をはっきり表現し、まわりに波風を立てるのは、村の平和をみだすのだから、村八分にされても仕方がないという伝統に抱えこまれて生きております。新しい仲間作りの労働組合の場合でさえ、団結と統一だけが表面に出る結果、意見や路線に関する違いは、排除や分裂にもとづく新しい分派的団結しか結果しないのです。私は、日本教職員組合の教研大会を考え出したひとりですから、かつてはその大会にかなりよく出席しておりましたが、研究を発表し、意見を交換しあう研

究のための大会でさえ、ともすれば同じ結論を持たなければうまくないという雰囲気が支配してしまいます。日本人は、非常に同調性が強いのです。日本人である以上、同じ信念、同じ考えを持つのは当然で、みんなの考えに反するのはまちがっているだけでなく、道徳的にも悪いことをしているのだという通念が、どんな会議、どんな大会、どんな組織の中でも自明の道理としてまかりとおってしまう。一村一家水入らずどころか、一国一家水入らずの全体主義が伝統になっていたからこそ、あの戦争で支配者たちが〝一億一心〟〝総親和、総努力〟〝進め一億火の玉だ〟を表看板にふりかざして国民をひきずりまわすことができたのです」

具体的に中谷のところに来た手紙で、その恐さを実感してみよう。

「あなたの行為は非国民的行為である。あなたは全国民にあやまるべきだ。大東亜戦争で戦った英霊は泣いている。その遺族の方々の気持ちが解らないのか。あなたは非国民だ。全国民にあやまれ。個人は国家であると云う民主主義の基本を忘れている」

「新聞を見てこんな日本人がいるのかと思うと残念でならない。貴方はソ連か中国か共産圏の国に行ったらどうですか。貴方のような人に私達の税金を支払っていると思うと馬鹿々々しくなってくる」

「宗教の如何を問わず、護国神社に祀るのは当然である。この非国民、税金泥棒め、早く不幸が来ることを祈っている。A級戦犯は国の為に昭和七年頃から考えた末の征戦だ。日本に人口が増えすぎ、植民地を造ったのだ。中谷の不幸なることを祈る」

「夫を国民で慰め悼み崇拝するため合祀する温い日本人の心根がわからんのか。百万円持って裁判官と一緒に外国へでもとっととうせろうせろ、ばかやろう」

「少しは日本人の女らしく常識のある生活をしてみろ」

「全国三〇〇万遺族の気持ちをどう考えられますか。日本国民の殆どがあなたの行為を憎んでおります。そんなにキリスト教が好きなら、日本を去って外国へ行きなさい」

「日本人の大部分の人はあなたを非常識な非日本人的と思うでしょう。白眼視されることは当然でしょう」

手紙だけでなく、いやがらせの電話もあった。二カ月もの間、毎晩それをかけてきた人もいる。それらに中谷は耐えつづけた。

前記の講演で、久野は彼女をこう語る。

「今日の弁論をきいていて、とりわけ打たれましたのは、中谷さんが自分の信念に従って、自衛隊が集団をカサにきて何をいってこようが、ムラの集団主義が上から押しつけがましく、何をいってこようが、思想や信念の全体主義の強制はとうてい受け入れられない、それは自分の夫と自分の精神的死を意味するとされる態度、この態度の落ち着いたさわやかさでした。こういう信念のさわやかな持ち方が、もっともっとふえてこなければ、物質上のどれほどの繁栄があっても、日本の前途は決して明るくはないのです。考えてもごらんなさい。信念のさわやかな持ち方などというものは、どれほど上から押しつけても、どれほどカネを積んでも手に入れることはできないでしょう。中谷さんのこのさわやかな思想の持ち方が思想の生命であり、個人個人の思想の生命を殺す方に動いているのが自衛隊の思想、隊員や隊員の縁者への名誉や利害をもってする強制の思想である事情を、条理をつくして弁護したのが弁護団の弁論であったと思います」

そして久野は〝日本のデカルト〟と呼ばれる三浦梅園などの言葉も引きながら、弁護団も感心した〝親子は一世、夫婦は二世〟論で、その講演を結ぶ。

「自衛隊と隊友会は父親が第一遺族で、妻などは二の次の遺族にすぎぬなどと公言し、父親を法廷へ呼ん

できて、合祀賛成の証言をさせているので、だれが第一遺族かの問題にふれておきましょう。

親子の間からは子供は生まれてこないのです。私たちの血が続いていくのは、男女夫婦を通じてです。祖先崇拝も血のつづきがあって始めて可能なのですから、遺族の第一は当然、夫婦のどちらかであって、親はそのつぎの遺族ということになります。あの封建時代でさえ、〝親子は一世、夫婦は二世〟とみなされてきました。自衛隊と隊友会が親を第一の遺族とするのは、便宜上から出たコジツケにすぎません。人間という存在は他の動物と違って、ナルシシズム（自愛の感覚）をもって生まれてきます。この自愛の内部感覚は、他の動物のように自分の属する種のために生き、種のために死ぬだけではない、自分というものを気付かせるもっとも奥深い内部感覚で、ここから孤独（ローンリネス）の感覚も出てくるのです。しかし、ナルシシズムだけでは本当の愛は生じません。そのナルシシズムの外側へ人間を連れ出してくれるものは、女性の方からいえば男性であり、男性の方からみれば女性であります。自分を愛するように相手を愛し、相手もまた相手の自分を愛するように自分を愛して欲しいという相互愛によって、人間ははじめて自分を超越し、社会に出ていくことができるのです。この相互愛に比較するとき、親子の愛情はやはりどちらかといえば一方的なものです。この両性の相互愛の関係を通じて、あるいは両性の間に愛のきずなである子供が生まれる過程によって、社会は存続し、血はつながってゆきます。血が新たにつづいてゆくためには、それまで縁もゆかりもなかった他人と愛し合うことが必要なのです。そのような筋道からいえば、中谷さんこそ遺族の代表者であり、親や兄弟を呼びこんできて、それらを遺族の第一代表者に仕立てるというのは、自衛隊の愚かな家父長的信仰の表われ以外のなにものでもありますまい。

くり返し申します。人間がほんとの人間になれるのは、両性間の相互愛を通じてである以上、遺族の第一

は、後に残された両性のどちらかであります」

一九七八年九月二十一日のこの講演は『福音と世界』の七九年二月号に掲載されている。
「愛はエゴの固い殻を破る」と言ったのはラッセルだったが、久野は〝親子は一世、夫婦は二世〟という砕けた言葉を援用して、自衛隊および国に反撃した。

多くの民衆を引き寄せるワイルド・ナショナリズムであるファシズムをめぐって、久野は浅田彰と対談して（晶文社刊『展望』所収「ナショナリズム・天皇制・リクルート」）、浅田が、

「（ナショナリズムは）一方では非常にハードでワイルドな国家主義が確かにある。ただ、それを裏打ちするようなかたちで、いわばソフトな家族主義というか、国民はみんな一家だというような意識操作があって、硬軟あいまってうまく民衆の支持を吸収したというところがあると思うんです。ファシズムといっても、ナチスなんかだと、公的なネーション・ステート、公的な全体としての国家がすべてだということになるんでしょうが……」

と発言したのに対して、

「ナチスの場合は、家族とか教会というのはファシズムに抵抗する側面をもっていますね。それが日本の場合には、『家族が拡大して国家になる』というような説得が非常にものをいうかたちになっているわけです。だから、そこが決定的に違う」

と応じている。

久野は、「市民的自由をめぐって」というインタビュー（『展望』所収）で、ある編集者が竹内好に、
「戦後は終わったといわれて一〇年だが、終わった戦後のあとに何が来ると思うか」

と尋ねたら、ニヤッと笑って竹内が、

「それは当然、戦後が終われば戦前が来る」

と答えたという話を紹介し、「第二次大戦のさまざまな問題を整理せず、棚上げにして戦後を送っていけば、たしかに戦前が出てくる」と指摘している。その上で、昭和初期の「戦前」と、現在の〝戦前〟の違いを模索しているのだが、「狭い日本にゃ　住み飽きた」と大陸へ進出していく大日本主義と、「戦争はひきあわない」という小日本主義を対比して、後者の非戦論をどう拡大していくか。

久野は、自分も旧制中学当時、日本の状況にかなり絶望して、ブラジルへ脱出したいと思っていた、と告白している。

〝内国植民地〟ともいうべき農村と都会の落差は激しく、農村の子どもはみんな二本棒の青ばなをたらし、ひたすら都会へ出たいと焦っていた、と回想しているのである。

そのランニング・ノーズ（青ばなたれ）に柳田国男が着目していた。これは戦後はじめてなくなったが、その原因を医学も君のような思想史をやっている人も明らかにしていないけれども、ちゃんとつきとめなければ、と久野は柳田に言われたという。

このインタビューで久野は、ほとんど語ることのなかった家族に触れている。家が貧しかったため、みんな大学へというわけにはいかず、久野の兄は学費や生活費の要らない海軍の学校へ行った。

そして、久野が反戦運動をしたとして逮捕された時には、海軍航空隊の現場指揮者の一人になっていたので、〝アカ〟の弟をもったという理由で進退伺いを出した。しかし、その儀に及ばずと却下されたというが、「こういう家族に累を及ぼす責任の負わせ方も個人の行動を縛るしがらみとなった」と語っている。

「こうして兄は帝国軍人、弟は非戦派といった分裂家族によって支えられた国家を天皇を頂点とする官僚が、軍人専制のほうへ強制統一していた。だから、自発的統一の上に立った米英ソとは大きなちがいが戦争をめぐって出てきていたのは確かである。たとえば、独ソ開戦に際し、ソ連から国外に亡命していた、いわゆる白系ロシア人が世界の各地から祖国の急におもむくためにぞくぞく帰国していったニュースが伝えられて、ぼくは感動したのを覚えています。つまり強制的挙国一致と自発的挙国一致のちがいである。日独伊の枢軸国家群の側は、かなりの人間を追放し、投獄しなければ戦争をはじめられなかったのです」

現在のアメリカのように、イラクや北朝鮮を「悪の枢軸」呼ばわりし、「自発的挙国一致」をあおって「強制的挙国一致」の状態をつくり、イラクを爆撃せんとする国も出てきた。これはかなり厄介な、新しい問題とも言えるだろう。

ちなみに久野は、監獄から出てきた後、海軍大佐の兄に、

「万一アメリカとソ連が航空戦争をするようになったらどうなるか」

と聞いたら、

「同じような条件のもとでなら、ソ連のほうが弱らない。ちょうど日本と中国との関係と同じで、爆撃してもソ連は広くて、高度に発展していないから、神経中枢はいくつもあるので参らない。アメリカの場合は神経中枢が少数に片寄っているから、やられたら声をあげる可能性があると思う」

と言っていたと語っている。

12 等身大の目線

「ヒトラーや天皇制ファシズムや、あるいは、現在のフセイン政権のような全体主義的総力戦の立場では、人権も国際法もすべて無視して、徹底的に勝ち負けを追求する。

それに対しては、より一層大きな全体主義的暴力、すなわちハイテク軍備でやっつける以外にないという考え方と立場をブッシュはとりつづけたわけです。彼は軍人出身で、CIAの長官などをやり、経歴から言えば、ステーツマンというより、戦略専門軍人なんですね。

だから、ブッシュ的方法は超大暴力的排除であって、平和的解決でも何でもない。正義を看板にしてるけれども、裏側は泥臭い利害なんです」

これは『潮』の一九九一年四月号に載った久野の発言である。久野と私の対談となっているが、久野へのインタビューだった。のちに『市民の精神』(ダイヤモンド社)と題してまとめられたこの「師弟対談」を読み返し、ここに出てくるブッシュは父親のブッシュではなく、現在の大統領、つまり息子の方ではないかという錯覚さえ抱かせる。

それだけ、ブッシュ親子は「泥臭い利害」を共有しているし、十年余の時を経て、久野の指摘はなお新鮮さを失っていないのである。

石油資本《メジャー》の利害によって動くブッシュ親子は〝オイル・プレジデント〟と呼ばれるが、その父親についての久野節《ぶし》をいま少し引こう。

「大体、ブッシュを中心にしたアメリカのインテリたちは、フセインを、パナマのノリエガ並みに考えて

いるんではないか。あれは実にケシカラン話で、アメリカは自国の麻薬問題に悩んだ結果、その元凶はパナマだといって、いやしくも独立国家のパナマに出兵し、その元帥――どれほどのワルであろうと――をつかまえて、アメリカの裁判にかけてしまった。恐ろしいことにこれが成功したから、これでやるのが一番いいという考えに落ち込んだ。ちょっと状況は違うけれども、ニカラグアのサンディニスタ政権やチリのアジェンデ政権に対してやったヤリ口のつづきをイラクでやろうとしている。アメリカは世界文明の頂点に立ち、おれたちが文明の使徒であって、この文明の光を世界に広めるんだという大変な自惚がありますね。国民全体にそれがあって、とくに世界における経済的優位が崩れつつある今日、逆に文明的優越感は強まっているのではないかと思いますよ」

二〇〇一年九月十一日のテロによってその「自惚」の鼻は砕かれたかに見える。しかし、それは一時的なもので、いまも「文明的優越感」は持ち続けているのだろう。

「結局、開戦（湾岸戦争）によってブッシュへの支持率が八六％までハネ上がったというのも、そういう背景があるように見えますね」

と私が合いの手を入れると、久野はこう続けた。

「ヨーロッパとアメリカのアラブに対する態度の違いも、ものを言っているでしょう。ヨーロッパでは、たとえばパリのモンマルトルの丘の下はアラブ街で、アラブ人が数万人以上住んでいて、活気に満ちてる。そして、屋台で安いお好み焼きみたいなのを売っていたり、カバンやシャツを売っていたりする。傑作なのは、コソ泥やスリが横行していて持っていかれるから、カバンはみんな鎖につないでいて、買うと言うと、カギをあけて鎖をとり、「はい、これ」と渡す。服でも靴でも、オペラ通りやシャンゼリゼで売っている値

段の半値ぐらいですよ。おそらく、パリだけで少なくともアラブ系の人々が十万人以上はいるでしょう」

そして久野は、ヨーロッパ人は腹の底ではサラセン（アラブ）とモンゴルを怖がっていると語っているが、次のような指摘も、登場人物は変わっても、現在でも有効だろう。

「日本のジャーナリズムは本当に浮気症で、たとえば、改革後のイランの初代大統領だったアブドラ・ハッサン・バニサドルのことなども、もうほとんど忘れ去っているでしょう。

彼はホメイニによって大統領に任命されたけれども、パーレビのような王家的近代主義でない、下からの近代主義を実行しようとしてホメイニの原理主義と衝突し、パリに追放された。ぼくがパリに行っていた時は、毎日、彼の動静が新聞に大きく出ていましたよ。ぼくも会いに行こうと思ったくらいなんです。

彼は、アジェンデよりは穏健に、市民というか民衆に基礎をおいて近代化を図ろうとした。アメリカ側は、ホメイニの原理主義はもちろん、バニサドル的近代化までを抑えつけようとして、イランと全面的に衝突した。

だから、バニサドルに、いまのイラク問題について聞くのも面白いと思いますね。あのころは、バニサドルが下からパーレビを批判しているだけでなく、パーレビの妹までも王権復古的運動をやって、ホメイニを攻撃していた。ホメイニは最初は下からだったので、バニサドルたちと一緒だったんだけれども、いつのまにか、上から支配する一種の宗教的神権政治になってしまった。そういう南側の改革をめぐる問題が、今度の湾岸戦争の背景にあるという点も見逃してはいけませんね」

私は『久野収集』の第一巻を「ジャーナリストとして」としたが、久野は卓抜なジャーナリストだった。第一巻の解説を私はこう書き出している。

〈ジャーナリストとは、問題の本質をズバリと摘出して見せる人のことである。わが師・久野収は、たとえば、次のように、そのジャーナリスト精神を示す。

「イラン革命が起こった時、久野先生は私にこう言った。

「イギリスからの独立運動を進めたガンジーは糸車をまわした。ホメイニも、パーレビのやった近代化に抗して復古的なことを言っている。果たして、ホメイニがガンジーたりうるかだね」

いわゆる外交専門家でも、これほどクリアーカットに問題を提起することはできないだろう。もちろん、その背景には、久野先生の論理学がある〉

『朝日新聞』を受けた経験もある久野のジャーナリスト精神はどのように育まれたのか。

それを証す一つのエピソードが、「出発の感想、一つ、二つ」（第一巻所収）にある。

『週刊金曜日』の編集委員としての講演を収録したそれで、久野はマガジンハウスの前身の平凡出版を興した岩堀喜之助を取り上げ、ＮＨＫの座談会で一緒になった時、帰りの自動車を断って久野が都電に乗ったら、岩堀も乗って来た。

それで久野が、

「どうして忙しいのに、自動車で帰らないんですか」

と尋ねると、久野と同い年の岩堀は、

「久野さん、ぼくたちのように大衆と等身大の立場で、大衆の目線で編集している編集者は、自動車に乗っていたらだめなんです」

と言った。そして、

「始終乗っていると、つい読者大衆を見下ろす結果になり、等身大の立場、大衆の目線で編集している『平凡』という雑誌ではまずいんです」

と穏やかに付け加えたので、久野はえらく感動したという。

「ぼくなんか『世界』などに執筆していて、腹の底では、『ぼくは学者だ。君たちに教えてあげる』というような気持ちがなかったとはいえない。しかしそれでは雑誌はせいぜい三、四万しか売れません。ところが『平凡』という雑誌は一二〇万部売れたんです」

久野はこう反省しているが、久野は岩堀と共に都電に乗ったのであり、いつも「大衆と等身大の目線」を心がけていた。

もちろん、数がすべてではなく、売れればいいというわけではない。しかし、数を軽視していては「等身大の目線」からズレてしまうことも事実である。

久野はそこで、岩堀の他に『暮しの手帖』を創刊した花森安治を優れたジャーナリストとして挙げ、こう語っている。

「日本の左翼運動というのはだいたいにおいて……、雨に打たれたような、反モダニズム的モラリズムの姿勢で運動をつづけるわけです。それに対して花森安治たちは、まったくモダンなんです。そして、戦争を体質的に受け入れない生活態度という姿勢で終始していました。戦後、花森氏が男性でスカートをはいた第一号になったのは、そのような背景があってのことです」

そして、『週刊金曜日』は『暮しの手帖』と同じように「権力とスポンサーの圧力を気にせず、権力とスポンサーに頼らない雑誌」なのだが、『暮しの手帖』のようなセンスやスタイルをもちうるか、それが課題

だと言っている。

久野のジャーナリズム観を知る最適の資料は、第一巻に抜粋が収録されている「現代ニュー・ジャーナリズム」（栗林利彰『ニュー・ジャーナリズム』汐文社所収）という座談会である。

そこで久野は、久野たちが戦争中に出していた反ファシズムの週刊誌『土曜日』を振り返りながら、こう定義する。

「ニュー・ジャーナリズムというものが一番最初に出てきたのは、第一次大戦の終りから一九三〇年代にかけて、ファシズムが台頭してきたあの時期で、体制に対する批判として、ヨーロッパを中心に興ってきたといえるでしょう。頭の中から出てくる理論や行動による批判ではなくて、記録やドキュメントを通じて事件や歴史の本質にせまるという手法が出てきた」

つまり、「事実をして語らしめる」という手法だが、その最初で最大のものがロシア革命を描いたジョン・リードの『世界をゆるがした十日間』だという。

その流れの中に、イギリスで出されていた〝ファクト〟というシリーズがあって、神戸の『ジャパン・クロニクル』という英字新聞の主筆だったモーガン・ヤングが日本からの追放直後に書いた『日本が中国にしかけた戦争』もそのシリーズの一冊として出た。

「この本のおかげで、ぼくなんか軍部が東亜協同体だとか言っている中国攻略の本質が、実は旧満州のアヘンを軍部が独占し、中国本土へ勝手に売りさばくルートを確保するためのアヘン戦争なんだということを知らされたわけです」

こう述懐する久野は、中井正一が主幹だった『土曜日』の内容を次のように解説する。

八頁建てだから週刊誌というより新聞に近いが、第一面に伊谷賢蔵の絵を配し、紙面の中に向井潤吉や三雲祥之介のカットを入れる。そして、中井正一の呼びかけるような巻頭言。二、三面が政治批評で、四、五面が文化芸能批評。ユニークだったのは、六、七面に政治的内容の漫才や語呂あわせの風刺ことばを載せ、八面ではヴォーグ欄を設けて、流行の化粧や服装の批評をしたことだった。

当時流行し始めた喫茶店に置いたりしたこともあって、三千部でスタートしたのが、アッという間に八千部になった。京阪神地方だけでである。しかし、それが久野が捕まる原因ともなった。

「イデオロギーによって色めがねをかけて事実を見るんじゃなくて、我々の怒りとか絶望とか、疑惑とか挫折とかそういうエモーションを通じて正確な事実にせまっていくというジャーナリズムがその時生まれたんだと思います」

ファシズムはなぜ民衆をとらえたのか、単なるファシズム極悪人説ではダメだとして、久野はこう解く。

「ファシズムは、たいへんな抑圧、追放、虐殺の体制だったけれど、軍事を中心とする生産力を幾分高め、民衆を自分の方向に引きこんでいる。彼らが苛酷な抑圧を加えるのは、ファシズムを批判する政治家やインテリたちで、この人々を民衆から孤立させる手を一つ一つ打ってくる。もう一つ、ファシズムは自分から政権を降りようとは絶対しないわけだから、政権が危くなると戦争にもっていく。この二つの性質を今の韓国政権（一九七八年当時）は非常にはっきり持っているからこそ、ファシズムなんです。ところがファシズム悪者説で、民衆の大部分は塗炭の苦しみを味わっているというイメージだけもっていると、生産力が高まったというところだけ見て帰ってきて『ファシズム、ファシズムというけれど、韓国はけっこうやっているじゃないか』という印象になる。治安維持法は、ファシズムの最も象徴的な取締法であって、治安維持法がみん

なを精神的にどんなふうに縛ったかという詳細は、学者の研究だけでは再現できないから……」

そして久野は、現代の大マスコミに欠けている点を次のように衝く。

「一番必要なことは、エモーションを通じて真相にせまるということで、一歩誤ればセンセーショナリズムになったり、イエロージャーナリズムになったりしますが、センセーショナリズムやイエロージャーナリズムはジャーナリズムの堕落ではあるけれども本質なのであって、それを失ってしまって完全に脱色した無色透明な記事をつくっているから、今の大ジャーナリズムの危機があるわけですよ」

久野はまた、アメリカのさまざまなアングラのミニコミ新聞や雑誌に触れた体験から、こう推測してもいる。

「このようなアングラの広いすそ野があって、アメリカのニュー・ジャーナリズムが成り立っているんじゃないか」

久野の発言で、私が最も強くサイドラインを引いているのは次の二カ所である。

「日本の教育の一番いけないところは、インタレストの入り込む余地がなくて、教育というのはただ努力せよ、教育は勉強であり、努力だと思っている。教師から始まって学生に至るまで。しかし、どのようにしてインタレストと、エフォートを、つまり興味・関心と努力を、重ね合わせて持続させるかという問題では、やはり根本の選択のところに、インタレストが働かないといけないと思うんです」

「日本のジャーナリズムは、アカデミズムと同じで、興味のかわりに使命感のような態度で編集している。この使命感がどんなにひどい転向を示したか、ぼくは戦争中に、この眼でいやというほど見ました。使命感や正義や人道のための闘いの決意は、一度くずれると眼も当てられん惨状を呈するのは、敗戦時の皇軍が実

物教訓するとおりです」

使命感や正義感だけで行動している人間はもろいということだろう。それよりもインタレストで抵抗している人の方が崩れないということを久野は強調した。

私は「神は細部に宿る」をもじって、「神は下品に宿る」と言ったりしてきたが、下品と呼ばれることを恐れてはいけないということだと勝手に解釈して、私は、ある時、国会で〝下品な〟発言をした。久野はそれを苦笑して受けとめてくれたに違いない。

一九九七年の二月二十日、私は社民党の推薦で、衆議院予算委員会の公聴会で公述した。テリー伊藤の『お笑い大蔵省極秘情報』（飛鳥新社）で、中島義雄や田谷広明らタカリ官僚の後輩が仮名の陰に隠れて、言いたい放題、放言しているのをそのまま紹介したのである。

「（大蔵省）主計局の人間は、まず僕が知っているかぎりでは、銀座では女を抱いたりはしない。銀座で女を抱くやつって、大体主税局か理財局かそのあたり、主計はそんなことまでしない。中島さん、田谷さんというのは、一応主計の人間だから、銀座では女を抱いてない。わざわざ時間をかけて京都まで行ったんだ」

あまりにひどいので、私の著書が中傷されていることもあり、私はこの仮名大蔵官僚を訴えたのだが、版元の飛鳥新社の弁護士は、裁判の過程で、彼らは実在の官僚だとはっきり認めた。

そうしたことまで含めて、予算委員会でこのハレンチな放言をそのまま読みあげたら、自民党の代議士が二人、

「こういう席でそういうことを言っていいのか」

と私を野次った。

一人は元大蔵官僚だったが、下卑ているというのだろう。

しかし、下劣なのは仮名大蔵官僚であって、私ではない。私は下品を承知で、あえて問題提起したのである。

ところが、私の、いわば身を落としてのそれを受けとめてくれたのは、〝本命〟と願っていた『朝日新聞』や『毎日新聞』ではなく、『読売新聞』と『産経新聞』だった。

『読売』は、大蔵官僚たちが橋本龍太郎や小沢一郎を前記の本でバカにしているのを読んだのを引いて、

「佐高氏、実名で政治家やり玉」

と書き、『産経』は私が与党（当時）の社民党推薦の公述人なのに、行革もやらずに消費税を引き上げる予算案はやらずぶったくりで賛成できないと言ったことを皮肉って、

「党方針と食い違い、社民真っ青」

と見出しをつけていた。

いずれにせよ、この二紙は取りあげたのである。

『読売』と『産経』は、私が破防法反対の立場で、オウム真理教への破防法適用の弁明手続きの立会人となった時には、オウムの味方をする気か、と批判していた。それに対し、『朝日』と『毎日』は、破防法反対を主張して私たちを支持してくれていたのだが、公聴会については、無視だった。

いささかショックを受けながら、その理由を考えてみたのだが、この二紙はお上品主義の立場から、公聴会での私の発言に触れなかったのではないか。

あまりに下品・下劣であるとして、「無視」したのではないか。しかし、向こうは下品を押し出してきて

いるのである。

極端なことを言えば、あの発言を下品だとしてしりぞけるなら、それは、私を野次った自民党の代議士と同じ認識になる。簡単に「下品」を排斥するなら、ジャーナリズムはその生命力を失う。

「センセーショナリズムやイエロージャーナリズムはジャーナリズムの堕落ではあるけれども本質」なのだという久野の言葉をここで繰り返しておきたい。

13 独占批判の論理学

「牛乳の飲み手のだれが、どこのどの牛乳に適用されても、ますます批判的になるような牛乳の一般概念をもって、牛乳を飲んでいるのであろうか。われわれ消費者の牛乳概念は、〝白色の口あたりのよい液体〟以上にほとんど出ていないから、どれほど生産者の側での商品化過程で、すりかえられ、まぜものをされ、うすめられても、あばくすべはもっていないのである。かつては、わかして、表層に脂肪の膜がはりつめる牛乳がよい牛乳とされ、これは消費者大衆でもテストのできる概念基準であったが、今ではこんな牛乳は、夢の中でしかお目にかかれない。生産者の独占によって、牛乳の一般概念が変質してしまったのである」

これは一九七〇年に発表された久野の「反独占の論理学」(のちに「独占批判の論理学」と改題、『久野収集』第一巻所収)の一節である。雪印乳業の事件が起こる三十年も前に、久野はこう書いている。

『久野収集』第三巻の月報で、久野が嘱望した経済学者の岸本重陳は、これを読んで久野収という存在に「したたかにつき当たった」と告白する。私もまた、そうだった。

これは最初、三一書房の小さなPR誌『さんいち』に発表されたが、その同じ号に岸本は「自然・人間・経済」という一文を寄せているので、なおさら印象深いという。

「消費こそ、すべての生産のただ一つの目的である。生産者の利益は、消費者の利益にともなうべきであり、それも消費者の利益をたかめるのに必要である場合にかぎられる」

こう始まるアダム・スミスの『国富論』の一節を巻頭に引いて書き出された「独占批判の論理学」は、岸本や私に少なからぬ衝撃を与えた。圧倒されるような緊張感をもちながら、強くサイドラインを引いた箇所のいくつかを左に引く。

「消費者が王様だというのは、商品の品質、安全、適正価格を決定するものが、生産者ではなく、消費者だということである。生産者は、商品の品質、安全、適正価格のあくまで提案者にすぎず、消費者こそ批判者であるはずである。消費者が商品を買ったり、買わなかったりする行動によって、商品の品質はよくなり、安全度のたかい商品が勝ち、やがて価格も適正なところにおちつく。消費者による商品の選択のもたらす人為的選別は、かならず生産者の押し売りをはね返して、よい商品をのこし、悪い商品を消しさる。ここでは、良貨が悪貨を追いおとすはずである」

しかし、「はず」が現実のものとなるためには、生産者の側に、見せかけではない自由競争がおこなわれ、消費者の側が商品の審査能力をもっていなければならない。

これは共に実現されていないのだが、商品を市場に売り出すという行動を、経済学の対象としてだけでなく、商品のほんとうの概念を獲得する論理的行動として論理学の対象にもした久野の視点は新鮮だった。

「セメントでも、パンでも、調味料でも、薬品でも、何でもよい。ある商品を消費者の買うのを予想して、

市場に売りに出すという行動は、消費者の需要的要求にむかって、これはほんとうのセメント、パン、調味料、薬品であるかどうかを論理的に問いかけている行動でもある。パンを売り出すという経済行動は、このパンがパンの一般概念の基準に合格するかどうかを問いかける、つまり、パンの論理学的定義を問いかけるという意味をもっている。

もしそのパンが、人間によって附託されたパンのもたねばならない機能に適合しないなら、消費者はそのパンを買わないという行動によって、このパンを非存在の領域に追いやってしまうはずである」

残念ながら、こうしたパンは、まだ、「非存在の領域」に追いやられてはいない。それどころか、「ほんとうのパン」が非存在の領域に追いやられようとしている。

「まだはっきり明らかにされていないのは、生産者によるそれぞれの商品の一般概念の独占過程である。だから、反独占（独占批判）の経済学は、反独占（独占批判）の論理学まで伸びていかなければ、生産者の独占経済をほんとうにのりこえることはできない」

「物材の商品化はすすんで、概念の商品化をもたらし、概念の無批判化をもたらしているのである」といった指摘は、いかにも、〝街の哲学者〟である久野収らしいが、〝街の哲学者〟といっても、久野は、決して、大衆バンザイ、民衆バンザイの大衆持ち上げ主義者ではない。

日本共産党の委員長で、ほぼ同年輩だった宮本顕治との対談では、久野はこう語っている。

「ドイツの場合を調べてみると、ナチスが権力を掌握した当時、ドイツ共産党の党員もまたふえている。しかし一方で古い党員はぬけ出して行っている。追い出されるだけではなしに、絶望して出て行ったわけですね。歴史と伝統を知らない若い党員のふえた共産党はかえってナチスに喰われることになった。ナチスが

ドイツを支配したような状況はけっして起こしてはならないが、その意味でも大衆との距離の大きさをあまり過小評価してはならないと思うのです」

断るまでもなく、大衆迎合主義も「大衆との距離」を過小評価したところから出てくる。

久野はいたずらに突き放しもせず、逆に迎合もしないで、自分の中の大衆を見つめつつ、大衆との距離を保っていた。

久野に与えられた〝宿題〟は多い。大衆との距離もいまだ解けない問題だが、「独占批判の論理学」については、こう言われた。『サンサーラ』という雑誌の一九九三年五月号に掲載された「目覚めよ！　ジャーナリズム」という対談で、久野は「『土曜日』という新聞はどういう意図で発行されたのか」という私の問いにこう答えたのである。

「これは中井正一が書いたのですが、そのスローガンは『すべての読者は執筆者となって、商品主義による生産者と消費者を隔てる壁を崩そう』という主張でした。

これは大変なことです。利潤生産というのは、『不特定の多数に生産者は売るのだから買った奴の責任なのであって、変な物を買うのは買った奴の頭が悪いんだ』という生産者と、どこでどういうふうにその物が作られ、どういう経緯で店頭まできているかしらんが、『買ったら俺のもので、焼いて食おうと、煮て食おうと、俺の勝手だ』という消費者が、お互いに疎外し合っているということですよね。

佐高君が、イデオロギーによる批判者たちと違っている経済批判の特色は、企業が、必要度の高い優秀な商品やサービスを作って売ることに文句を言っているんではなしに、金儲けだけが主になって、物の質や有用を金儲けのだしにしているような企業を批判しているという視点でしょう。企業が消費者のいちばん必要

で有用な品物を環境を傷つけずに売って、それで金が大きく儲かる場合には、なにも問題はないわけです。これが、ぼくが佐高君に影響を与えたたった一つの例だけれども、左翼の批判のように、商品生産のすべてがいけないなどという主張ではない。

この批判に対して、佐高君を『辛口批評家』などと称して、何かイデオロギー批判をやっているかのように、主人持ち連中は非難するわけだが、佐高君の批判は、企業を認めたうえでの正統的批判ですね。

物とサービスの生産の場合はそれでいいんですが、金融や貨幣になった場合、経済学の根本原則として、『悪貨が良貨を駆逐する』という大変な問題が生じる。経済の素人に言わせれば、『悪貨が良貨を駆逐する』のをどうやって防ぎ改めるか、という問題があるでしょう。これをぜひ、佐高君にお聞きしたいと思っているし、今度のバブル経済もその実例だと思う。われわれもその克服の一助に独立週刊誌『金曜日』を出します」

もちろん、「独占批判の論理学」が、久野が私に影響を与えた「たった一つの例」ではない。それは無数にある。

それにしても、大変な宿題を与えられ、私は、それはこれからの課題として、と逃げた。

久野の死後、まもなく、岸本重陳も亡くなり、久野が頼みとした奥村宏や内橋克人といった私の兄貴分がその課題に挑んでいる。

ここに「左翼の批判のように」というコトバが出てくるが、久野の左翼観もユニークだった。

私が繰り返し読んだ林達夫と久野の対話『思想のドラマトゥルギー』(平凡社)に、久野が、

「日本の左翼に一番不足するところは、ファシズムから左翼へ移った人物が非常に少ないということにあ

るんじゃないか」

と発言して、林に「鋭い指摘だ」と言われる場面がある。ファシズム体験を深くくぐって、思想的左翼になった例としては、ヨーロッパではポール・ニザンがおり、ソルボンヌ時代にフランスのファッショ団体に入っていたニザンは、後に共産党に入党した。しかし、独ソ協定に憤慨して脱党し、ダンケルクで戦死する。この〝事実〟によって、戦後の共産党から背教者扱いを受けたが、サルトルは逆にニザンを弁護したという。

「フランスのあの状況の中で、ファシスト体験をくぐって政治的左翼に出てきたというところに、ニザンの偉さがある」

と久野は語る。

「彼は権力政治というものを身に引き受けて知っていて、上からの権力政治に下が操作されたらどういう結果になるかを実際に体験している。だから、そういう操作への憤激が、彼をして独ソ協定に反対させ、そして脱党させたんだと思います。ニザンのファシスト体験が重要なのであり、逆にいうと、日本の左翼にエンツェンスベルガーとかニザンのような人物がいないのは、それはプラスではないんで、マイナスだと思うんです」

コミュニズムからファシズムへ転向した人は数多くいる。しかし、その逆は日本において稀である。

「ファシズムが青年をとらえている状況があり、青年には少なくとも正義とか真理への愛情があるわけだから、その心情をファシズムでいいように操作された体験の中から左翼へ出てくる人物がいなければいかん。それがないのは、ある意味で、日本のファシズムの矮小性を示すと同時に、日本の左翼インテリの教条性をも示していると思うのです」

これでわかるように、久野の論理学、もしくは哲学はカントやヘーゲルを紙の上の学問として学ぶものではなく、現実に深くメスを入れて、それを変えようとする抵抗の論理学であり、哲学である。二重底、三重底になっている現実に、久野はしなやかさとしたたかさをもって挑む。戦争中に日本の天皇制ファシズムに抵抗する人民戦線を組んで逮捕された久野は、獄中で北一輝を読み始める。まさにそれは「ファシズムから左翼へ」の可能性をさぐる試みだった。北の、いわゆる国家社会主義は、右翼からは左翼と呼ばれ、左翼からは右翼と呼ばれる「両方向性《アンビギュイティ》」をもった思想であり、その相剋を久野は「彼の国家主義が彼の社会主義をくいつくしていく」と表現している。

久野によれば、「北的社会主義を当時の社会主義の諸流派からするどくくぎる発想の特殊動機は、彼が日本の内側の階級対立に片足をかけ、外側の国家対立に片足をかけ、この両方を克服する方向に、社会主義を構想したところにある。明治の開国以来の問題であった民権と国権の両方の経済的実現に社会主義の理想をみとめたところにある」という。

久野は北をファシストとして簡単に斥ける〝優等生〟ではない。むしろ、そうした「危険思想」にこそ、問題を解く可能性がひそんでいるのではないかと考える〝知的ならず者〟だった。

「生活者としての民衆は、習慣や信念のレベルで同じ生き方をつみかさねていく。しかしその習慣や信念がやぶれて、思想が切実に要求されてくる場合、思想のレベルで首尾一貫した生き方をしているインテリゲンチャがすくなければ、民衆は思想への不信をのこしながら、またもとの習慣や信念に惰性的に復帰していく。こうしてインテリゲンチャの目まぐるしい思想的変転と、民衆の失望をうちに秘めた頑固なまでの生活くり返し的態度が相互にみあってくる。思想がフォークロアの内側に入りこみ、フォークロアの再組織にい

つまでたっても役だたないということである」

〝優等生〟は容易に思想の衣を替えるが、仁義に生きる〝ならず者〟はそれを替えない。その敬愛する兄貴格の羽仁五郎をスケッチした一文で、久野はこう指摘し、「思想において首尾一貫したインテリゲンチャの少数の一人」として羽仁を挙げる。羽仁もまた、ジャーナリスティックに論理学を説いた人だった。羽仁や久野がフォークロアに関心を抱かざるをえないのは、戦争中に自らを牢獄に追いやった民衆がその中で生活しているからであり、それだけでなく、いわゆる「最高の精神の持主」までが天皇制に囚われていたからである。

羽仁と同じく久野が兄事した「林達夫」論の中で、久野はこう問いかける。

「真の問題は、支配者も被支配者もともに宗教信仰に酔いしれ、この信仰様式の共通ワク組みの中で、支配階級は被支配階級の積極的支持を獲得し、彼らを彼らの幸福でない運命と和解させるために、この〝阿片〟を利用するところにあるとしなければならない。この事情を理解しにくい人々は、われわれをとりこんでいるナショナリズム信仰を反省するだけで充分であろう。現代の支配階級は、自分がナショナリズムを信じないで、ナショナリズムを自分の階級的目的のためにただ利用しているだけなのであろうか。そうではないからこそ、問題は深刻なのではないか」

「イデオロギー全体は、民衆の眼をさえぎるためだけではなく、支配階級が自分自身の眼をさえぎるためのスクリーン（煙幕）として機能しているのではないか」

久野は一方的に断じることなく、読者に問いかける。ロゴスとレトリックの双方を大事と考える久野は、独裁的に断定するのではなく、説得的に問いかけるのである。久野は、深く思想的影響を受けたマハトマ・

ガンディーの呼びかけについて、こう書いている。

「彼は、雄弁ではなく、大きな声をだしたり、身ぶりをまじえたりすることは、聞き手に圧力をかける結果になるといって、生涯、けっして採用しなかった。後年、彼がヒトラーをデマゴーグだと評したのは、この見地からであり、この批評は、魯迅の同様のヒトラー評とあわせて、アジア人の雄弁家評価を語るものとして、なかなか興味ぶかいものがある」

愛国心を含めて、その概念まで独占するファシズムの、一つの極限形態がヒトラーによる支配だった。ヒトラーは『わが闘争』で次のように吠える。

「大衆の魂は、中途はんぱで、どっちつかずのものには動かされない。大衆の魂は、その感覚が抽象的理性の道理よりも、ささえ、おぎなってくれる力への、名状しにくい感情的あこがれによって定められる点で、女性と同じだ。だから弱い男性を自由にするより、むしろ強い男性に身をまかせる。……大衆は自分にくわえられる精神的テロも、彼らの人間的自由のいまいましいジュウリンにも決して気づかないし、全教義の中にひそむ虚偽などに感づきもしない。大衆は、目的のはっきりした主張の容赦ない力と押しの強さを目の前に見て、結局それに屈従するものなのだ」

久野や、久野が兄事した林達夫や羽仁五郎が生涯闘わなければならなかったのは、こうしたデマゴギーだった。ロゴスとレトリックをもってその頑なさを解きほぐす、非常に困難な試みに彼らは力を注いだ。しかし、理性は手段化し、目的そのものを問わなくなっている。

『久野収集』第三巻所収の「歴史的理性批判」は「ヨーロッパの近代史全体をつらぬくギリシャ的理性の機能化、手段化、形式化の過程」の分析だが、これについての講義を私はいまから三十五年ほど前、〝盗

聴〟に行っていた学習院大学の教室で聴いた。この緊密な論考は、そのころ、久野が展開していたものである。

「啓蒙的理性の歴史は、古典ギリシャの場合も、十八世紀の場合も、理性による呪術、迷信、神話への批判が、やがて理性概念それ自身にむけられ、思考による全体的洞察の機関としての理性が、確実に自分を清算していく結果をもたらしている」

久野はこう憂えていたが、コンピュータなどの普及は理性の手段化や腐蝕化を深めていく結果をもたらしている。闇は濃さを増すばかりである。しかし、戦争の嵐の中で、久野は羽仁の家を訪れ、書斎に掲げられた次の言葉に勇気づけられた。

われわれを汚辱の中にしばりつける鉄鎖、
この鉄鎖からわれわれはかがやく剣をきたえ出すのだ
Aus der Kette, die uns entehrt, Schmieden wir ein glänzenden Schwert

これは中世ドイツの農民たちが一揆のむしろ旗に大きく書きこんだ誓いのコトバだという。

羽仁五郎は名著『ミケルアンヂェロ』（岩波新書）に、しばしば、屈せざる希望（スペランチニ）というコトバを登場させている。久野の言うように、羽仁こそが、まさに〝屈せざる希望〟そのものだった。

14 無学歴派と「心」グループ

「ボクは安倍能成の追悼文なんか書いてないよ」

例によってピシャリとやられ、いつもならその剣幕に引き下がるところだが、私はその切りぬきをもっていたので、後日、それを持参し、

「先生、これです」

と久野に突き出した。

「ベストを尽くした生涯」と題された久野の「安倍能成先生の人柄にふれて」という追悼文が掲載されたのは一九六六年六月九日付の『東京新聞』。当時私はまだ学生で、学習院大学での久野の講義を〝盗聴〟に行っていた。盗聴といっても久野は承知のそれである。

師に対するいささかの〝抵抗〟の意志を秘めて、前期の切りぬきを持って行ったのは、多分、それから七、八年経って、久野の指揮下、中山千夏らとともに、高校の『倫理・社会』の教科書をつくっていたころである。

それについては中山が、『久野収集』第二巻所収の月報に「近くもあり、遠くもあり」と題して書いている。中山は、久野編の『検定不合格　倫理・社会』（三一書房）から、まず、久野の「企図」を引く。

「私はもう一つ、現在の『倫理・社会』の教科書が例外なく大学教授と高校教師だけによって書かれすぎる現象をかねて不満に感じていた。無学歴派で、青少年にさまざまな角度から切実な友愛をもちつづける人々がもっと、編集スタッフ、執筆グループに加わった教科書が出てくれれば、進学できない高校生の大群

の自立をはげますことができはしないだろうか。中山千夏君、矢崎泰久君といった、私の身辺の無学歴派に編集スタッフに加わってもらったのは、そのような思いからであった。この試みがもし成功すれば、私は、私の信頼する無学歴派の友人、石牟礼道子、森崎和江、井上ひさし、永六輔、寺山修司、佐藤忠男、羽仁進、太田省吾の諸君たちに、同じように私の信頼する鶴見俊輔、藤田省三、白鳥邦夫君たちと組んで教科書執筆の試みに出てくれることをすすめるつもりであった」

耐え難きを耐えという感じで、ある程度は妥協もしながら、検定を通ろうとしたこの教科書は、二年続けて不合格とされた。

それで、久野の意図した試みは成功しなかったのだが、久野のいう「無学歴派」とは学歴のない者がすなわち「無学派」ではないということだろう。

中山は、私から見ればレッキとした学歴持ちまで、久野は「無学歴派」に数えている、と言っている。

それはともかく、中山には、教科書造りの作業は、久野教授のゼミのように映った。

「久野さんの元生徒、森岡弘通、山領健二の両高校教諭が共著者だったし、もっと若い元生徒の佐高信さん（当時、経済誌編集者）などが手伝いをしていた」と回想される中山のその折りの情景描写をそのまま借りよう。

「元生徒たちが久野さんを、ものも言えないくらい畏敬している様子が、私にはとても珍しく面白かった。後に、やっぱり市民運動のなかで、大江健三郎さんが同じように中野好夫さんに接するのを見て、大学の先生・生徒関係というものは、生涯あとをひくのだなあ、と感心した。佐高さんなんか、評論では威勢がいいけれども、いまだに久野さんの前に出ると封印された魔物のようになってしまう。自分でも往生しているよ

うである。

『無学歴派』の私と矢崎さんが、先生たちの間で萎縮しないように、久野さんはたいそう気を配ってくださった。それで、いきおい会議での発言は、私と矢崎さん二、森岡さんほか先生方一、という感じになった。残る七は久野さんである。先生方はおおいに遠慮しているうえに、私が喋る気配を見せた時にうっかり発言などしようものなら、『キミは黙っとりなさい』と久野さんに制されてしまうのである。まったく、先生方には申し訳ないことであった。もちろん、元生徒もそのへんは心得たもので、久野さんが引き上げてから、存分に意見交換していたが」

大江は、ちょっと違うと言っているが、「元生徒」の一人として、私はこの描写に一言も異議をはさめない。他の「元生徒」もそうだろう。

ただ、意図せざる師への〝反撃〟として、こんなことがあった。やはり、久野門下の医大生で、当時は医者になっていた十河章に勧められて、私は、つかこうへいの「戦争で死ねなかったお父さんのために」という芝居を見に行った。これが予想外におもしろかったのである。

それを教科書の会議の合い間に中山と話していたら、久野が横から加わろうとする。しかし、私は十河から、勧めたけれども久野は見に行かなかったという話を聞いていたので、

「先生は見なかったんでしょ」

と言ってしまった。

それで久野は口をつぐむことになったのだが、不愉快だったのだろう、後で十河に、

「君はよけいなことを言いおって」

と怒りをぶつけたという。

中山は月報の一文で、「久野さんの語りに初めて接した時、いろいろな体験を何年何月何日と日記みたいにおっしゃるのには驚いた」と書き、よく覚えている例として、次の話を引く。

「○年○月の○日、○○で負けた帰りに、○○やら○○やらと○○のところをとぼとぼ歩いてねえ、夕方で夕日がさしててなんや佗しいんだよ。そしたら○○が、はあ、いろいろやってきたけれども、ボクらが勝ったのはたった一つ、警職法だけやったなあ、てしみじみ言うてね、みんなでがっくりしたもんや」

○○は中山が覚えられなかった数字や名詞だというが、それに続く次の指摘が久野収という人をよく表している。

「こんな話も久野さんがなさると、希望の匂いがするから不思議だ。そうか、負けがふつうなのか、じゃあ負けてもメゲることはないんだな、と明るくなる」

ここで、久野の安倍能成追悼文に戻る。私は久野の真骨頂は人物一筆描きにあると思ったこともあるが、その見本のような佳品だろう。

「安倍先生がなくなられた。六月一杯で学習院院長を退任し、百パーセントの私生活をたのしまれるはずであったから、何とも残念である。明治人の仲間の中で、最後の日まで公生活をつづけてなくなったのは、たぶん、先生だけであろう。せめてあと数年の私生活を、という願いをいだいていたのは、私だけではないと思う」

こう始まった一文は、安倍の本領は、「責任者の位置にたたれるより、批評者の位置にたたれる方がよく発揮された」と思うと続き、しかし、不得意の責任者の位置にたたされて、ベストを尽くすことを惜しまな

かったために、その批評家的天分は傑作『岩波茂雄伝』一巻しか残されない結果になった、と残念がる。

「文化上の自由主義と政治上の保守主義との良識的ミックス」を立場とする安倍は、戦後「平和問題談話会」の代表として、全面講和、非武装中立、軍事基地撤廃を主張しながら、途中で、この主張から下りられた。

それについて久野は「われわれの微力が、先生の経験によるフィードバックをもう一度、フィードバックさせることができなかったのである。しかし私は、先生の戦前、戦中、戦後を通じる軍国主義反対の志をただの一回も疑ったことはない」と書く。

安倍が最も嫌ったのは「人気とりと付和雷同」だった。「私の生き方や活動も、先生からみれば、人気とりとうつったかもしれない。そうであるかないかは、私のこれからがきめるのである以上、弁解してもはじまらないと私は思っていた」と前置きした上で、久野は忘れられない逸話を引く。

一九六〇年の安保反対運動の時だった。学習院大学の学生が国会に突入し、検挙された。部長の教授が心配し、その学生たちを安倍の部屋へ連れて行って、彼らは押されて入ったのであって、積極的に突っ込んだのではない、と説明した。

すると、不機嫌だった安倍は後を向いたままで、

「ほんとにそうか」

と尋ねた。それに対し、学生は、

「部長は好意をもってそう言って下さったのだと思いますが、そうではなくて、自主的に決断して入ったのです」

と答えた。途端に安倍はくるりと振り返り、

「そうでなければいかん」

と言って、何の小言もなかった。

久野は「私はこのような先生の態度をほかにもいくつか知っていて、何ともいえないなつかしさを感じる」と追悼文を結んでいる。

「態度そのものにユーモアがふくまれ、押しつけがましいところはすこしもなかった」

という安倍の人柄には共鳴しつつも、久野はその思想的立場の分析には容赦なかった。『久野収集』第一巻に収録したが、鶴見俊輔、藤田省三との共著『戦後日本の思想』（中央公論社）所収の、「日本の保守主義——『心』グループ」がそれである。

雑誌『心』に集まった和辻哲郎、田中耕太郎、谷崎潤一郎、高村光太郎、津田左右吉、長与善郎、武者小路実篤、柳田国男、小泉信三、天野貞祐、志賀直哉、斎藤茂吉、そして安倍能成らオールド・リベラリストと呼ばれる人たちの思想的特色を久野は次のように析出した。

まず、自分たちこそが学問や芸術で第一級の仕事をしたんだという自意識が強く、新しいものはまやかしではないかという思いから、新しい思想や運動に鈍感になる。学問的文化的保守主義の姿勢である。

二番目に、この人たちは一方では右の神がかり主義に対する非常な嫌悪、批判をもつと同時に左の進歩主義、革命主義に対しても同様の嫌悪と批判をもっている。それをこの人たちは自由主義だと意識しているのだが、政治的には自由主義ではなく保守主義である。

「政治上これがなぜ自由主義でないか。自由主義というものは、第一期のヨーロッパの自由主義、たとえ

ばロックに見られるように、かりに寛容なら寛容という原則を取ってみれば、寛容とはそもそも不寛容との闘争の中に成立つという考えを、ラスキの言葉でいえば、二番茶でないミリタント（戦闘的）な自由主義者はもっている。しかし、『心』のグループは、そうは考えない。むしろ闘いそのものが不寛容なんだ、闘いというものから自分は超越するという考えを取る。結局寛容からも不寛容からも超越する。だから、右翼ファシストの狂信、不寛容からも、それに対する正面的抵抗からも超越してしまう。あまり闘い、闘いというのは、大人のいうことではないと考える」

俗っぽい政治は避けて、気高い文化にこもるということだろう。

天皇を含め、政治的権威に対する考え方が、私的場面ではどうであれ、公的場面では自由主義的というより保守主義的だと久野は指摘する。

そして、その保守主義を支える足として、次の四つを挙げる。

第一に反俗的なエリート意識、第二に文化主義、第三に伝統意識、そして第四が社会科学や法則化認識を軽視する思想＝教養主義である。

第一の足について説明すれば、イギリス流ノブレス・オブリッジと「心」グループのエリート意識はどこが違うのか。貴族は社会的義務を持っているという義務の社会的意識が「心」グループには薄いのである。

「たとえばラッセルとか、ホワイトヘッド、特にホワイトヘッドの考え方、生き方は精神のノブレス・オブリッジの立場に立って、才能あるいは精神の貴族は大衆に対して、それにふさわしい義務を履行しなければならない、責任を負わなければならないという自覚から、保守党に入らずに、むしろ労働党の知能として努力している」

それに対して、「心」グループの面々は、藤田省三流に言えば、大衆を質としては見ないで、量としてしか捉えない。

大衆を代表してものを言う連中はウサン臭いと言って嫌悪する。

「大衆は、自分たちのような才能、趣味の豊かさ、業績の高さがわからずに、デマゴーグの言うことに引かれがちだ」

と思うのである。

安保反対の渦の中で亡くなった東大生、樺美智子に触れて、久野が次のように言っていることなど、大衆に媚びる典型と映るのである。

「樺君の遺書の一つ、『人知れず微笑まん』（三一新書）という遺稿集の後の方を見ると、関西でストリップ劇場に出演している女の子が、樺君のお母さんや遺族に向って〝大変、残念です。自分は樺さんほどのインテリではないけれど、岸内閣の安保改定単独強行に対して抗議して亡くなった樺さんに心から挨拶を送ります。劇場に出演している最中にも、岸内閣の不当を訴え、あなたの死を悼むことばをのべつづけています〟という手紙が掲載されていますね。

インテリの運動とか政治の運動で、渦中の一人の死が、そういう風に、ストリップ劇場に出ている女優さんにまで、深刻な影響を及ぼしたような場合は、ぼくの経験の中にはまだ見当たりません。その人が、自分のストリップの出演の最中でも、岸内閣の不当な行為に対して抗議の意志を彼女なりのことばで繰返し、繰返す度に観客たちからたくさんの拍手が起きると書いてきている。同時代に対して、樺君が与えた影響というものは、そういう意味では、民衆の心の底にまでとどいていたといえるでしょう」（「樺美智子さんを追悼

する」『久野収集』第二巻所収）

久野は、「心」グループの人たちは、「知性や感性というものを機能としてとらえないで、社会的な身分としてとらえる」と主張する。「自分たちを最高の文化層と考える」インテリ主義、一流主義、指導者意識からだが、「文化が、ある特定の社会層を越えて、むしろある一定の社会層が文化を担うんでなしに、国民全般の中に社会的機能として担われていかねばならないという、新しい文化の発想なり、知性の構想なりが、この人たちには欠けている」のである。

勲章が政治家や官僚優位であることに対する批判はあっても、勲章そのものに対する異論がこのグループから湧きあがってくることはない。そもそも、同世代の、破滅型の行動や発想をする人々や野党的グループは、この仲間に入っていないのである。久野のこの報告を受けて、鶴見が次のように発言する。

「破滅型が入らないということの指摘は、そのものズバリなんだ。つまり『心』の同人の驚くべき自己満足性ね、これがものすごい特徴だ。これはやはり明治中期以後大正に至るまでの、日本人の特徴でしょう。それ以前の人は、これほど自己満足性を持っていないですよ。だから、この『心』の同人でも、もっと古い世代の柳田国男、鈴木大拙はそれを持ってない。西田幾多郎も持っていないし、明治の生き残りの池田成彬、若槻礼次郎にもない。本当の明治人と切れていることが『心』の問題じゃないか」

これに対し、久野が、

「非常にほめられて育って来た」

と合いの手を入れると、鶴見は、

「自由主義だけれども、学習したリベラリズムなんですね。優等生だな。優等生の特徴は、自分たちだけ

がいいものを独占している、自分たちの過程を経なければいいものは生れないという確信を持っている」

と続けている。

「驚くべき自己満足性」「ほめられて育って来た」「自己批判の能力が喪失してしまっている」といった指摘を並べると、「心」グループの保守主義は、隔世遺伝のように、いま、小泉純一郎や安倍晋三など、二世もしくは三世の保守政治家に色濃く受け継がれているように思う。保守主義としての共通性かもしれないが、それ故に、この「心」グループ批判は現在も有効なのである。

「自分たちを打倒しかけるような強い反対勢力を育てることが、保守主義には本当に必要だということが、イギリス流保守主義の常識でしょう。『心』の同人たちは非常に寛容なんだけど、徹底的に批判され、打倒されそうになると、ピリッと硬直して全身反応を示すというところが、日本の保守主義にはあるんだ。吉田首相が典型的で、カメラマンに水をぶっかけた。私は吉田首相は本当にえらい人物だと思うし、好きな人物なんだけど、イギリス流の保守主義とか自由主義とは違うものですね。批判されることを憎悪する」

これもまた、自民党の二世、三世の政治家に共通する点だろう。

「民主主義があれば、革命という付帯条件は必ずついているはずなんだ。これ以上侵害されたら革命を起すというのが民主主義でしょう。日本では革命は共産主義だけに縁がある。民主主義とは縁がないと思っている」という鶴見の「心」グループ批判に、彼らは目をシロクロさせるのではないか。

「心」グループの人たちも、久野によれば、「その国のデモクラシイが成立っていくためには、原則的対立が必要だ」ということは知っているし、「相手がなければ、進歩はとまるのだ」という感覚も持っている。

しかし、彼らは、「陛下に対する反対党であってはいかん」と言う。「陛下への翼賛の中での意見の相違なら

認める」のである。そこが、反対党の影の内閣に月給を出すイギリスと決定的に違うところだろう。

「政治的民主主義は原則的に反対派を必ず必要とする。そして反対派が有力であればあるだけ、政治的民主主義は有力なんだという考えでなくて、日本型共同体は、そもそも相手方があるのは好ましくない。不二、即、一如、満場一致でなければいかん」

久野の「心」グループ批判は、つまりは日本批判だった。

15 魅力あるカミナリ

二〇〇二年十二月四日付の『東京新聞』に画家の風間完が「『学問の徒』へ送った手紙」と題して久野のことを書いている。「わが街わが友」というコラムのシリーズの中でである。

それによると、十年前ぐらいに、テレビで久野が「長くて苦しかった戦時中の思い出話」を語っていた。「大東亜戦争」の真っ只中、久野のような学問の徒は当局にとって目障りだからと逮捕され、二年間、蚤や虱、それに皮膚病にさいなまれる悲惨な獄中生活を送る。

その間、何度も、「私がまちがっております。これからは戦争に協力致します」という転向声明を出せば自宅へ帰してやると迫られ、ある日突然、何もかもが馬鹿馬鹿しくなって、「転向致します」と頭を下げ、それでようやく、獄を出ることができた。

そう語った後で久野は、

「自分はかくの如く情けない男なのです。学問研究者の風上にも置けません。にせ者です。羽仁五郎さん

たちのように最後まで『転向声明ノー』と言ってがんばり通した人もいたのですから、あの人たちは本物です」

と自分の不甲斐なさをざんげしたという。それを聞いて、風間は胸が痛くなった。久野がにせ者と言うなら、自分はどうなるか。戦争中も、曲がりなりに絵画研究を続けてはいたが、忠良なる学校教師の顔も片面に持っていて、そちらからの給料で暮していた。だから、久野より数倍もずる賢い、にせ者になる。

その思いを風間は手紙に書いた。

「テレビのご講話拝聴しました。迷いこんできた一匹の蚊は良心の呵責よりも私を不眠にする、と赤毛のアンも言っていますが、蚤や虱の獄舎に非国民と言われながら二年間もがんばった久野さんは、にせ者どころか立派な学問の徒です。傷めつけられればだれでも泣くのが普通ですが、そういう普通の人が私は好きなのです」

これに対し、久野は「ご丁寧な礼状」をよこしたという。久野はそれほど筆まめな人ではない。この時はやはり、嬉しかったのだろう。

久野は獄中から出た後、大阪女子経済専門学校（現在の大阪経済大学）で哲学を教えたことがある。芳子夫人はこの時の教え子だが、夫人と同期の高原（現姓藤沢）みほ子が、ある時、久野にこう尋ねた。

「先生は本気でこの戦争に協力していらっしゃるんですか」

高原自身が疑問を感じていたし、久野も戦争に反対のように見えたからだった。

すると久野は、

「当たり前じゃないかっ」

と一喝した。

聞いてはいけないことを聞いてしまったと彼女が心を痛めていると、久野は翌日、すまなそうな顔で、彼女を呼び、

「実はそう思ってはいないんだ」

と本心を打ち明けた。彼女にとっては忘れられない体験だった。

ところで、村上義雄著『人間 久野収』に、芳子夫人が久野を「おっさん」と呼ぶ経緯が記してある。私自身、何度もそれを聞いたが、始まりは久野が夫人を、「おばはん」と言ったからだった。

東京に移り住んでまもなく、鎌倉に住んでいた久野の母親を一緒に訪ねて行った時、久野が夫人をそう呼んだ。

そのころ、夫人はまだ二十代である。

母親が呆れて、

「すみません。こんな言い方して。堪忍して下さいよ」

と謝った。それで夫人が、

「構いません。私もおっさんて言いますから」

と答えると、母親は笑いころげ、

「そう言いなさい、言いなさい」

と夫人をけしかけた。

以来、久野は「おっさん」と呼ばれることになる。それは良くないと久野は咎めたらしいが、変わること

はなかった。
戦後、清水幾太郎の紹介で久野が学習院に移ってからの教え子に、歌人の松岡（現姓穴澤）芳江がいる。この連載を読んで、穴澤芳江歌集『響り合《な》ふ』（短歌新聞社）が送られてきた。そこに久野を悼む歌一二首が収められているからである。それをまず引かせてもらおう。

維持法の獄中に読みし書「プラグマテイズム」二十歳《はたち》の我に示し給ひき
獄窓に爪もてページに引きし線つらぬきましをわが胸にひく
特高を追ひ返したるその母を語れる時し青年の貌
頭《づ》のうへに白梅　水輪のゆらめきよ永別へひた急ぎてゆくも
祭壇を拒みて低く師の君はねむれり手折りし蠟梅の添ふ
うつしみの眼鏡かけたまふ御面《おんおもて》レンズの奥より蠟梅かをる
世を断てるきさらぎ光のなかますぐ師のみ柩にわれは寄りゆく
車座のひとりとなりて平和論を語りたまへり目線ひとしく
わが婚に「三百円の贈物」と口約束をいまも待ちゐる
「我が道を貫くために子はもたぬ」とふ師に抗したりわれ若かりき
み葬りを寒の暦にしるしゆくふとしも力こもりてゐたる
永別に馳せゆく車窓一湾の水天一碧きさらぎ十日

私より十歳ほど年長のこの人は、久野の信念や人間性が私の血肉となっているようだ、と書いてくれている。私自身、どこからが久野の言葉で、どこからが自分の言葉なのか、わからなくなることもある。それも、強烈なカミナリ付きで薫陶を受けたからだろう。

すさまじい独り芝居の独り語りともなっていくそのカミナリについて、私は本田宗一郎と対比して、次のように話したことがある。本田に鍛えられた本田技研元社長の川本信彦と、本田をよく知る経営評論家の梶原一明との座談会でだった。

本田の怒り方は尋常ではなかったと回顧する川本は八十代半ばの本田の怒り方について、こう語った。

「本質的に人間を大切にするという考え方は徹底していて、そういうことを怠った時は、相手が誰であろうと烈火の如くに怒る。昔は一週間怒りっ放しみたいなことがあったけど、やはり最近は疲れるんでしょうね。怒る、というのはウソをつけませんから。全精力を使うわけですから。長く続かなくなった、というのは、やはりお年のせいかな」

最初から久野の話をしようと私は思っていたのではない。本田の怒り方を聞いて、自然に、本田より四歳下の久野に連想が及び、私はこう告白していた。

「私の恩師で哲学者の久野収先生も八十歳を過ぎて健在なんですが、学生時代から、よく怒られました。もう絶対にこの家の敷居をまたぐかというぐらいにプライドを粉々にされた。しかし、やはり深い魅力があって、また訪ねていく。生意気を言えば、ものすごい剣幕で怒った人が、少しずつやわらかくなっていくその変化がいとおしいという感じもありましてね（笑）」

もちろん、「いとおしい」などと思えるようになったのは、ずいぶん後年である。その後、川本と私の間

で次のようなヤリトリになった。

川本　うまい表現ができないんですけど、かわいくないといかんですな。大先輩に対して失礼きわまりないけど。

佐高　上から押さえつけるように怒る、というのではないんですね。いわば横から全身で怒っている。

川本　メチャクチャに怒って、しばらく経ってまたやって来て、いままでとまったく変わらない普通の調子で「お前、あれなあ」とくる。これは許してくれたなあ、と思うわけです。使い分けるんですね、濃淡つけて、人を喜ばせたり、悲しませたり。

佐高　よくエライ先生で弟子の手柄を自分が取るという人がいるでしょう。久野先生の場合、それが絶対にない。それどころか、何とか食えるようにしてやろう、という発想をするんですね。

これを聞いていた梶原は「怒りの段階説」というのがある、と続けた。

「最初に第一次爆発がある。その第一次爆発に自分自身が興奮して第二次爆発が誘発される（笑）。さらに相手の刺激があって、たとえば逆らうとか、で第三次爆発がある」

これは、私自身、いやというほど体験したから、よくわかる。

対談や座談などは、弟子相手ではないから〝爆発〟はしていないが、しかし、怒りの爆発ではなくても、二次、三次と爆発に似た展開を繰り返しているのだろう。押したり引いたりのその呼吸の見事さは「座談の名手」といわれる面目躍如である。弟子相手では独り相撲にも見えたが、それは決して独り相撲ではなかっ

た。日高六郎との対談「われわれは何をなしうるか」（『久野収集』第四巻所収）で、「安保（条約）反対の動機をどうして深めるか」について、久野はこう語っている。

「ただ自分の信念を信念として深めるだけじゃなしに、相手方に問いを投げかけて、是認としての同意を勝ち取る過程で、深める以外に方法はないのだと思います。こうした場合にただ信念を押し出すだけでは反発されるだけだから、本当に相手が同意できるような仕方で、自分の属するさまざまの集団の性質に応じて、信念を主張として投げ出していくことを各所でやらねばならないということです。めいめいのいる場所、能力、エネルギーに応じて真剣にやる以外に方法がない」

それは、現場の校長であり、独特の教育論で知られる斎藤喜博の実践した「島小」（群馬県佐波郡）教育について語っている自己教育の大切さにも通ずる。荒正人との対談で、久野は「島小」のいいところをこう指摘する。

「子供が自分を教育する。その自己教育の過程を通じて教師も自分を教育する。そういう角度を出していることは、これは大変新しい。教育というのは、日本人は相変わらず学校教育で、教師が学生を教えるものだというばかげたことを考えているんだけれども、学園というのは、教師も自己教育をする場であるし、学生も自己教育をする場である。そういう自己教育を除いて教育はないんだ、というのがデューイの考えですから、そういうデューイの一番根本的な考え方を、『島小』は伸ばしているんじゃないですか」

久野は少年時代、野球に熱中した。

「ボクは奈良県五条中学（旧制）の野球部創立時のキャプテン、試合では必ず一本は安打した」

『久野収集』第五巻所収の「市民として哲学者として」で、久野はこう回顧し、聞き手の高畠通敏に、

「ちょっと、想像できません」

と言われている。

守備範囲の広い久野は、野球についての発言も多い。たとえば『週刊ポスト』の一九七九年五月四日号では、「江川卓・理性批判」なるものをやっている。この題は編集部がつけたのだとしても、江川の〝初登板〟を見に行って、「戦後民主主義をぶちこわした巨人と江川は免罪されてよいのか」と怒っているのである。

強引な形で江川を入団させた巨人は、予告つきで、江川を二軍戦に登板させた。その後楽園のスタンドで、久野はつぶやくように、こう話し出す。

「野球はスポーツのなかで最もデモクラチックな要素をもっている。一回ごとに攻守交替する公平さ。チームプレー……そのうえ打率、防御率など確率計算ができる。個人プレーの要素もあるが、最後に一人が勝ち残って〝一将功成って万骨枯る〟ということになる柔、剣道みたいなことはないのがいい。事実、日本の野球は、日本の民主主義と運命をともにしてきた。戦争中は弾圧されたしね」

モノローグではなく、ダイアローグを好む久野のキャッチボール精神は少年時からの野球によって育まれたのかもしれない。もちろん久野はアンチ巨人の阪神ファンである。甲子園球場で反戦運動の連絡を取り合った思い出もあるからだ、と言っていた。

ところで、私は魯迅が大好きだが、久野は、その専門家の竹内好や佐々木基一、それに武田泰淳との座談会で、ズバリと魯迅の特質を摘出する。

「自己批判の顔をうつす鏡として農民が出てくるが、自分の顔をうつすことによって、鏡としての農民の

ユガミも明らかになるという感じです。反映と批判の非常に個性的なからみあいが、魯迅の本領のような気がします」

自分は素人でわからないけれども言いながら、久野は次のように専門家顔負けの魯迅観を披露するのである。

「魯迅というのは、終生、やはりノンコンフォルミストであったという気がする。魯迅的ノンコンフォルミズムの特色は、オーソドックスにたえず反抗するだけではなく、その反抗のフォームがマンネリズムになることにもたえず反抗する点にある。旧文明の権威にたえず立ち向うのみならず、新文明を作る場合の自分のマンネリズムにもたえず立ち向う人であった」

これは、久野自身がそれをめざしたから、なしえた指摘だろう。反抗のフォームがマンネリになることを警戒するノンコンフォルミストの久野は、よく、こう言っていた。

「ボクは飲んでクダを巻く人民派は嫌いなんだ」

自身もあまり酒を飲まなかったこともあるが、ウサを晴らすように飲んで、酔っ払っては、ラチもないケンカをする「人民派」を評価はしなかった。それは自己陶酔以外のなにものでもない。

久野ほどナルシシズムから遠かった人もいないだろう。その意見が通らなくてヤケ酒を飲まなければならないくらい、説得力をもって自分は語ったのか。なかなかに自分の本は読まれないが、やはり筆力が足りないんだ、久野はそう考える人だった。

いわゆる人民派には、大衆の無知、無自覚を嘆き、さらに酒をあおるといったタイプが多いが、そもそも、自分のアピール力が弱かったのではないか、とは考えないのだろうか。

学生時代に私は、久野に、

「連帯とはそんなに薄いものなんですか」

と尋ねて、逆に、

「じゃあ、君の求めるのはケツの穴までの連帯か」

と問い返されたことがある。

すべてについて傾倒し、連帯するなどというのは気持の悪いものであり、それは市民の連帯ではない。飲んでクダを巻く人民派はケツの穴までの連帯を求め、些細な違いを見つけてはケンカをする。そんな不毛な、エネルギーの無駄遣いをいつまで続けるのか。

久野はいつもそう思っていたに違いない。全肯定や全否定ではなく、部分肯定や部分否定を、というのが久野の説いたことだった。

三つ巴の争いというコトバがあるが、現実は四つ巴、五つ巴の争いである。それゆえになおさら部分肯定や部分否定の精神が必要なのであり、部分連合は連合の基本なのだとも言われた。

しかしまた、いのちに関わるところでは、違った連帯が必要になる。個を圧殺する村八分的なものを久野は厳しく批判したが、一方で、村八分は密告者が出たら全員が殺されるような状況の中で、やむなく生まれた知恵だということも見通していた。

同い年の竹内好の通夜の席で久野が号泣した話から始めたこの本を、その竹内への久野の弔辞で結びたい。それは一九七七年五月号の『展望』に掲載されている。

「あなたと同世代でありながら、ナショナリズムを国家主義やファシズムと単純に同視し、ナショナリズ

ムにインターナショナリズムをただ対立させるだけで、反ってナショナリズムを国家主義やファシズムにとられてしまった私自身は、あなたから国家機関や国家機構を解体させ、再組織するナショナリズムの存在様式を教えられ、眼のうつばりがとれるのを感じました。インターナショナリズムにしても、そのような各々のナショナリズムのインター以外にはありえようはずはないと思います。ナショナリズムの力の論理から大同社会の連帯の論理へどう出てゆくかの問題が残されているにしても、この真理は疑えません」

久野と竹内は官を排し民を重んずる点で共通していた。弔辞はこう続く。

「中国の文化大革命についても、あなたは〝紅〟、すなわち革命的イデオロギーと、〝専〟、すなわち専門技術との対立と葛藤、この両方を統一する党、すなわち指導者の立場だけで考えるのではなく、そこに〝民〟、すなわち一般人民の立場を入れて、考えをすすめられたのではないかとおもいます。でなければ、指導者意識、指導者根性にたいする、あなたのあれほどのねばり強い批判は出て来なかったでしょう。ファシズムの中からファシズムを越え出ていく一般人民の立場を取り出し、コンミュニズムの中から、コンミュニズムを越え出ていく一般人民の立場を取り出される、あなたの情念と論理は、全国民が学びとらなければならない姿勢そのものでありました」

その後、この弔辞は、

「対人的情誼や信義を重んじながら、事柄の折り目やすじ道を正すことを忘れず、その上に人権や正義の実現を計られたという意味で、まことに人生の生き方の一つのモデルであった」

と竹内を称え、

「あなたの欠落の場所をふさぐことは、他のだれをもってしても出来ません。その意味では、あなたの逝

去をいたむ思いは、これから反って深まりさえするのではないかと思われます」

と述べ、そして、こう結ばれる。

「われわれ、同年代の同僚は、〝成熟〟とは何かを身をもって教えてもらえなくなったのにほぞを噛む思いでいます」

久野の逝去を悼む思いは年を追うごとに深まっている。しかし、それに身をゆだねていてはいられないのである。

おわりに

この本は『世界』の二〇〇二年一月号から二〇〇三年三月号まで十五回にわたって連載したものに手を加えたものである。副題の「市民・久野収の生き方」は同誌編集長の岡本厚さんがつけた。

まだまだ書き残したことは多いようにも思う。しかし、これをもって一区切りとしたい。最後に、師とともに編集委員となった『週刊金曜日』の二〇〇〇年四月二十八日号に書いた「佐高信の人物メモワール」第一回の久野収の項を引いて結びとしたい。

「ハラパ」は「チロル」に変わっていた。都下の清瀬にある喫茶店の名前である。無愛想なマスターだけれども、コーヒーのうまい「ハラパ」にわが師・久野収を案内したのはいつだっただろうか。久野が眼の治療で武谷病院に入院していた時だった。武谷病院は久野の親友で、この四月二十二日に亡くなった武谷三男《たけたにみつお》

の妻、ピニロピが院長をしている病院である。

ノーベル賞級の原子物理学者の武谷三男は、わが師とともに戦争に反対し、治安維持法違反で投獄された。ピニロピは亡命貴族のロシア人である。もちろん、国籍はない。『久野収集』（岩波書店）第五巻の「時流に抗して」によれば、「結婚までに大変な苦労をした」という。そうした時に、わが師は裏方にまわる。その語るところをそのまま引こう。

「物理学者の渡辺慧君の兄貴、大蔵省の渡辺武氏の助力を借りたり、ぼくが岩波茂雄さんに頼んで媒酌人になってもらったりして、やっと困難を切り抜けたようなありさまで、個として生きるのはなかなかしんどかったのです。一九四四年末の結婚式にも、朝永振一郎さんはじめ、東京在住の原子物理学者のほとんど全部に出席してもらった。言ってみれば、結婚式で、彼が原子物理学界でどれほど有能な学者であるかを、デモンストレートする必要があったわけですね」

捕まって出て来た後の結婚で、どの方面に「デモンストレートする必要があった」かは説明するまでもないだろう。

「その後、武谷夫人はやっと日本国籍を取得し、両親も長期滞在の許可を得られた――それでぼくは、両親から大変感謝された――のですが、武谷君が再度検挙された後、誤解を受けて居住地域の人々から、かなり意地悪をされたらしい。日本の社会が幾分、開かれたのは戦後がはじめてのことで、日本はそれまで、文化的、政治的には近代稀にみる〝閉じた社会〟だったと言えるでしょう。武谷夫人は、日本人への仲間意識から、東京の清瀬市で武谷病院を主宰し、八〇歳を過ぎたいまでも診療を続けていて、地域に大きな信頼を得ていますね」

「ダンナ」はアカで、当人は敵性外国人。そのため、戦争中はピニロピはずいぶんと迫害を受けたらしい。しかし、戦後、彼女はそれを忘れたかのように、地域に根づいて、迫害した日本人を診療してきた。

石原慎太郎東京都知事は「不法入国した外国人」を危険視する発言をしたが、武谷ピニロピも、いわゆる〝不法入国者〟である。そうした人を差別する国と、受け入れる国のどちらがまっとうな国なのか。

二〇〇〇年を迎えた現在も健在な彼女の診療を私も受けたことがある。その夫の言説で私が忘れられないのは、原子力開発で自主・民主・公開の三原則を唱えたことや、「安全性」の考え方に鋭い警鐘を鳴らしつづけたことよりも、「特権と人権」の違いを指摘したことである。私はそれを敷衍《ふえん》して、たとえばダイアナは人権を捨てて特権の世界に入ったのだから、かわいそうだなどというのはおかしい、と批判してきた。

わが師・久野収の思想の核も、まさにそこにある。人権を拡げるとともに、特権を撃つ。盟友・武谷三男と影響し合いながら、生涯、その思想を貫いた。

「片田舎のスポーツ少年」だった久野収は決して秀才ではなかったという。私もしばしばその話を聞いたが、熊本にある旧制五高に入り、成績順に並ばされたら、「ぼくはシリから二番目」だった。うしろの学生に「君は?」と聞いたら、「ぼくは補欠だ」(笑)。

それで一念発起し、何度も誘われた野球部にも入らず、「わりとよく」勉強することになる。「こんなことをしゃべるのは、一部にぼくを秀才視する向きがあるからなんですよ」と師は回想記で笑っている。いわゆる学校秀才ではなかったということだろう。亡くなって一年を過ぎ、追憶の念はますます深い。

二〇〇三年三月二十四日

佐高　信

岩波現代文庫版へのあとがき

小熊英二の『民主と愛国』(新曜社)は傑《すぐ》れた労作である。読みものとしてもおもしろい。しかし、丸山真男や鶴見俊輔の登場の割合に比して、久野収のそれが格段に少ないのはどうしたわけか。その理由を考えていて、私より若い人の作品だけに、たとえば一九六〇年の安保闘争にしても、丸山や鶴見の著作を中心に振り返って書いているからだなと思った。私は久野をプレーイング・マネージャーと規定したが、運動の中での役割は丸山や鶴見に劣るものではなかった。しかし、資料として残すことがむずかしい久野の発言や行動は消えてしまうのである。それを久野が残念に思っていたというわけではない。久野はむしろ、消えていいのだと笑っているだろう。

ただ、師事した私としては、久野の「生ける言葉」にもう少し学んでほしいと思うのである。いまでも私が及び難しと脱帽する一件がある。

井上ひさしや筑紫哲也、そして本多勝一らと共に久野が編集委員になっていた『週刊金曜日』の編集委員に加わってほしいとの申し出が本多からあり、先生ががんばっているのだから、と引き受けた。

そのとき本多に、久野さんから聞いているでしょうと言われたのだが、久野から事前に話はなかった。後で電話すると、

「ぼくが先に話すと、君は断れなくなるでしょう。君の判断で決めてもらいたいと思って連絡しなかったんですよ」

と言われた。

私なら、後輩にでも、引き受けろよ、と電話してしまう。そこまで私自身の判断を大事にしてくれる先生に、改めて頭が下がった。

それが市民的感覚というものなのだろう。その感覚をどこまで受け継げたか、私には自信がない。ただ、先生が何を考え、どう行動していたかについての素描だけは提示したつもりである。

『週刊金曜日』は久野が名づけ親だが、昨年秋から、私はそれを発行する㈱金曜日の社長となってしまった。

編集委員の一人である筑紫哲也と『俳句界』という雑誌で対談した折りに、

「筑紫さんが断ったんでしょう。だから私にお鉢がまわってきた」

と不満をぶつけたら、

「そんなことはまったくありません。久野収さんの直弟子である佐高さんが継承するのがまっとうでしょう」

と軽くかわされて、妙に納得してしまった。

久野の名前を出されると弱いのである。その人柄の魅力まで伝えることができたか心もとないが、この本を読んで久野の思想に触れてみようと思う人が一人でも多くなれば、〝不肖の弟子〟としては嬉しい限りである。

二〇〇六年十月三日

佐高　信

［**初出について**］

本稿は「面々授受」と題する『世界』の連載（二〇〇二年一月号〜二〇〇三年三月号）に手を加え、二〇〇三年五月、岩波書店より『面々授受――市民・久野収の生き方』という書名で刊行され、二〇〇六年十一月、岩波書店より岩波現代文庫として刊行された。本書は岩波現代文庫版を底本とし、タイトルを「久野収からの面々授受」に改めた。

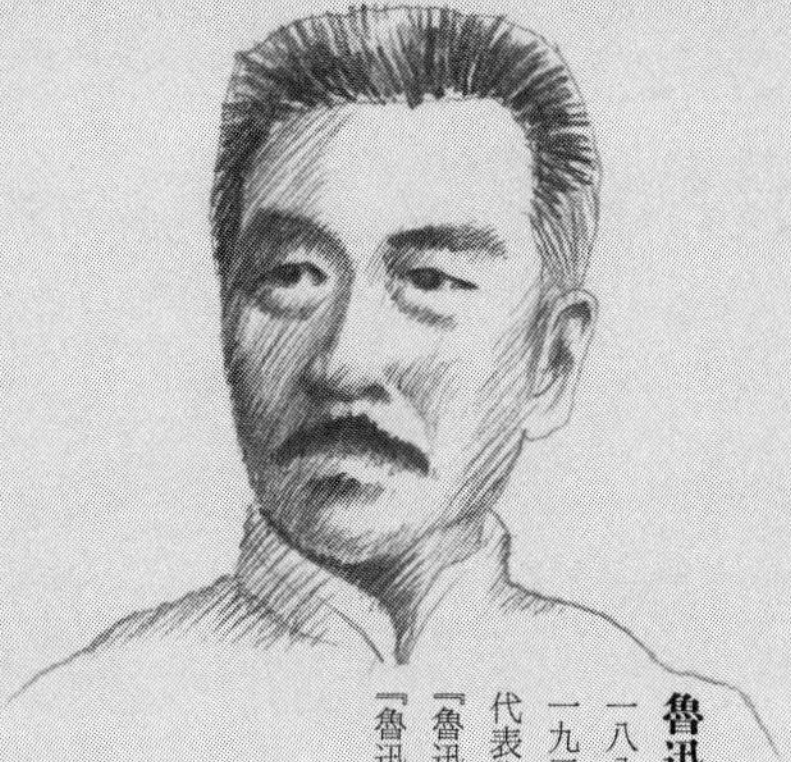

魯迅（ろじん、本名は周樹人）
一八八一年生まれ。一九〇二年、日本に留学、〇九年帰国。
一九三六年逝去。中国の小説家、翻訳家、思想家。
代表作に『狂人日記』、『阿Q正伝』などがある。
『魯迅全集』（全二十巻、学習研究社、一九八四年十一月〜八六年十二月）、
『魯迅文集』（全六巻、竹内好訳、筑摩書房、一九七六年十月〜七八年二月）。

竹内 好（たけうち・よしみ）
一九一〇年長野県南佐久郡臼田町（現佐久市）生まれ。
東京帝国大学文学部支那哲学支那文学科卒、
東京都立大学人文学部教授、一九六〇年安保条約強行採決に抗議して辞職。
中国文学者、文芸評論家、魯迅研究・翻訳者。一九七七年逝去。
『竹内好全集』（全十七巻、筑摩書房、一九八〇年九月〜八二年九月）。

むのたけじ（本名：武野武治）
一九一五年秋田県仙北郡六郷町生まれ。
東京外国語大学卒、朝日新聞記者、ジャーナリスト。
一九四八年、週刊新聞『たいまつ』創刊。二〇一六年逝去。

竹内好とむのたけじの
魯迅精神

「わたし今度、アタマのはち割れそうな人と結婚するのよ」

武田泰淳の『日本の夫婦』（朝日新聞社）によれば、竹内好夫人となる照子は、泰淳夫人の百合子にこう告白したという。

その竹内好と、「この国を地域から変えなければ」と私に郷里の教師となることを決意させたたむのたけじが、私にとっての魯迅思想の案内人だった。

彼らに導かれて私は魯迅の作品を耽読し、『魯迅烈読』（岩波現代文庫）や『いま、なぜ魯迅か』（集英社新書）を書いた。

そして、二〇一八年に魯迅の『阿Q正伝』（増田渉訳、角川文庫）が改版発行された時、求められて次のような解説をまとめたのである。そこに竹内とむのも出てくるので、まず、それを掲げよう。

反戦川柳作家の鶴彬は「修身にない孝行で淫売婦」と詠んだが、魯迅は修身こそが娘身売りを強いるのだと喝破した。

〈私は作家を、生に重心を置く人と、死に重心を置く人に分けている。私の中で前者の代表が魯迅であり、後者の代表が三島由紀夫である。

魯迅は『魯迅選集』第十二巻（松枝茂夫訳、岩波書店）所収の「死」という文章に、次のような箇条書きの遺書を残している。

一、葬式のためには、誰からも、一文たりとも受け取ってはならない。――ただし、古くからの友人のは、

この限りにあらず。

二、さっさと棺に納め、埋め、片づけてしまうこと。

三、記念に類することは、一切やってはならない。

四、私を忘れ、自分の生活のことを考えること。――さもなくば、それこそ大馬鹿者だ。

五、子供が大きくなって、才能がないようだったら、つつましい仕事を求めて世すぎをさせよ。絶対に空虚な文学者や美術家になってはならぬ。

六、他人が与えるといったものを、当てにしてはならぬ。

七、他人の歯や眼を傷つけながら、報復に反対し、寛容を主張する人間には、絶対に近づいてはならぬ。

この中の、特に三に私は博《う》たれる。「記念に類することは、一切やってはならない」である。

魯迅は死を美化してはいない。野垂れ死ぬより野垂れ生きることをさえ主張している。

たとえば、本書所収の「孤独者」で、作中人物に、

「僕はまだしばらく生きねばならない！」

と言わせ、こう呟かせる。

「以前は、まだ僕に生きてもらいたいと思ってくれる人がいたし、僕自身もまたしばらく生きたいと思ったが、その時には、生きて行けなかった。いまはもう、すっかりその必要はなくなったが、しかし生きて行こうと思う……」

三島由紀夫は太宰治を嫌悪したが、太宰の中に野垂れ生きる精神を見たからだろう。

もちろん、生を絶対化すると、どんなことをしてでも生きることがいいことだとなってしまう。そうではなくて、生に重心を置くということは日常を大切にするということである。あるいは、平凡をいつくしむ。死をキイワードにした三島に対して、魯迅は生および生活をキイワードにした。

魯迅の短文にこういうのがある。

虎に追いかけられたら、自分は木に登る。そして、虎がいなくなった後に降りてくる。虎がいつまでも待ちつづけたらどうするか。木に自分の体を縛りつけて、死骸も虎に食わせない。

これは潔くは死なないという思想である。死は決して潔いものではない。死を潔いとするのはエリートの思想であり、魯迅はそれに対して、泥まみれになっても生きてやる、と打ち返した。

ニーチェは「神は死んだ!」と叫んでキリスト教に反逆したが、魯迅は儒教に徹底的に抵抗し、その教えを引っくり返した。

たとえば、魯迅に傾倒したジャーナリストのむのたけじは、河邑厚徳著『むのたけじ 笑う101歳』(平凡社新書)の中で、魯迅に「最も惹かれたのは、論語を真っ正面から敵視したことだな。孔子を真っ正面から叩いたのが彼で、私も本当にそうだと思ったの」と告白し、「左の端にも右の端にも行くな、真ん中で行くのがいい道徳だ」という『中庸』はおかしいと続ける。そして、こう結論づける。

「私は貧乏人の子で、権力支配を受けてきて、それはとんでもないと思っていた。貧乏人が問題を突き詰めて考えて勝負してこそ、世の中を変えられる。真ん中でプラプラやっているのはごまかしだと思ってね。

だから私は孔子の論語はごまかしだと思っている」

誰もが疑わない「親孝行」でもそうである。

魯迅の「朝花夕拾」に「二十四孝図」が入っている。これは儒者が二十四人の孝行者とされる歴史上の人物を絵入りで解説した通俗本について、魯迅が否定的に書いた評論である。

その中の一つに「郭巨、児を埋む」がある。

ある子どもが母親の腕に抱かれてニコニコ笑っているが、彼の父親は、いましも彼を埋めるために穴を掘っている。その説明に言う。

「漢の郭巨、家貧し。子あり、三歳なり。母かつて食を減じて之に与う。巨、妻に謂って曰《いわ》く、貧乏にして母に供する能わず、子また母の食を分つ。盍《なん》ぞ此を埋めざる?」

「坑《あな》を掘ること二尺に及んで、黄金一釜《ふ》を得。上に云う天、郭巨に賜う、官も取ることを得ず、民も奪うことを得ず、と」

この話を引いて魯迅はこう考える。

私は最初、その子どものことが気がかりで、手に汗を握った。黄金一釜が掘り出されて、やっとホッとした。だが私はもう自分が孝子になる気がなくなったばかりでなく、父が孝子になったら大変だという気がした。そのころ私の家は左前になっていて、父母がしょっちゅう食いぶちの心配をしているのが耳に入った。それに祖母は年老いている。もし父が郭巨のまねをする気になれば、埋められるのはこの私ではないか。もし郭巨の時と同様に一釜の黄金が掘り出されれば、むろん、この上ない仕合せである。だが、そのころ私は

まだ小さくはあったが、世の中にそんなうまい話はザラにあるものではない、というくらいの智慧はあったと思う。

つまり、貧しくて母親に食を与えることができないので、自分の子どもを埋め殺してしまうのは当然であって、それが親孝行の道だと儒者は説くのだが、魯迅は、自分の父親が郭巨のような孝行息子だったならば、自分が埋められてしまう立場になるという子ども時代の恐怖を語っている。

日本でも、特に戦時中の天皇制教育は、教育勅語に象徴されるように、上から下への儒教的イデオロギーだったが、しかし、道徳は上から押しつけられた途端に腐ってしまう。それは自発的なものではなくて強制的なものになり、道徳ではなくなるのである。

魯迅は鋭くその点を告発した。

「報復の論理」も儒教的には否定されるだろう。しかし、魯迅はそれを否定しない。

〝日本の魯迅〟といわれた竹内好は、『魯迅評論集』(岩波文庫)で、魯迅についてこう書いている。

「苦しくなると、とかく救いを外に求めたがる私たちの弱い心を、彼はむち打って、自力で立ちあがるようにはげましてくれる。彼がとり組んだ困難に比べれば、今日の私たちの困難はまだまだ物の数でないのだ。これしきの困難に心くじけてはならない。ますます知恵をみがいて、運命を打開しなければならない。魯迅は何ひとつ、既成の救済策を私たちに与えてくれはしない。それを与えないことで、それを待ちのぞむ弱者に平手打ちを食わせるのだが、これ以上あたたかい激励がまたとあるだろうか」

努力すれば必ずそれは報われる、という考え方がある。「苦あれば楽あり」という因果応報的世界観だが、これは「苦あれば楽あろう」、これだけ努力すれば必ず報いられるだろうという祈りにも似た願望が短絡したものであり、〝現実〟は「苦あっても必ずしも楽あらず」である。

それではそれこそ報われない、と言う人がいるかもしれないが、見当ちがいの努力もあるだろうし、どう努力しても浮かびあがれない人もいる。たとえば、魯迅が「故郷」で描いた閏土《ルントウ》は〝努力〟しなかっただろうか。

そう前提した上で魯迅は「報復の論理」を展開する。

「花なきバラの二」は、一九二六年三月十八日、中国の時の軍閥政府によって多くの青年が虐殺された「民国以来最も暗黒の日」に書かれたものだが、

「これは一つの事件の結末ではない、一つの事件の発端だ。

墨で書かれたタワ言は、血で書かれた事実を隠しきれない。

血債は必ず同一物で償還されねばならぬ。支払いが遅れれば遅れるだけ、いっそう高い利息をつけねばならぬ！」

という激しい文字で綴られている。

報われ難い〝現実〟があるからこそ、「報復の論理」は必要なのであり、「血債は償還され」ていないから

こそ、必ず「償還されねばならぬ」のである。

「挫折」は多く、これだけ努力すれば報いられるであろうという「期待」と、「現実」をとりちがえたところから生まれる。そこには当然、無意識的にもせよ己れの力に対する過信がひそんでいる。

私が名づけた「まじめナルシシズム」の腐臭はそこからたちのぼる。

魯迅がそうした腐臭と無縁なのは、己れの力などなにほどのものでもないことをハッキリと知っているからであり、「努力」が報われ難い〝現実〟であるからこそ、「絶えず刻む」努力が必要であることを知っているからである。

「私は人をだましたい」や「フェアプレイは時期尚早」といった魯迅の刺言を読んで、私は「至誠天に通ず」式のマジメ勤勉ナルシシズムから自由になった。

マジメ主義者や「誠実」讃美者（とかくこれらの「主義者」は他人に対するマジメや誠実よりも己れに対するそれを優先させる）は、よく「真実」を他人に預けて（「告白」！）自分の重荷を軽くする。

竹内好は「日本文学にとって、魯迅は必要だと思う。しかしそれは、魯迅さえも不要にするために必要なので、そうでなければ魯迅をよむ意味はない」と喝破した。日本文学にとってだけでなく、日本人にとって魯迅が必要なのだと私は思うが、魯迅精神を体現した竹内のある日の日記の次の記述は私を仰天させた。

「ニセ札に報償金がついた。三千円以上と言う。今まで発見されただけで二百枚に近い。これでまた話題になるだろう。ただ私は、ニセ札をあつかうジャーナリズムの態度が気に入らない。ニセとは何か、本物とは何かをもっと疑わねばならぬのに、そうしていない。必要流通量以上に放出される通貨はすべてニセではないのか。お上の御威光がうすらいだ今ではニセ札感覚も変っているはずなのに、その機微をとらえようと

しない新聞記者や漫画家はみんなナマケモノだ。ニセ札事件をインフレーションと結びつけて論じる評論があらわれぬのはおかしい。ニセ札の鑑別法や図柄だけが話題になるジャーナリズムは健全でない」

たとえホンモノであっても、「必要流通量以上に放出される通貨」はニセなのだというこの指摘に私は瞠目した。

一九九八年秋に、私はＮＨＫの「課外授業　ようこそ先輩」で、郷里の小学生に、それぞれのお札をつくってもらったが、ヒントはここにあったのである。

「私は天国をきらひます。支那に於ける善人どもは私は大抵きらひなので若し将来にこんな人々と始終一所に居ると実に困ります」

魯迅はある人への手紙でこう書いている。魯迅は「いわゆる聖人君子の徒輩に少しでも多く不愉快な日を過ごさせたいために」生きた。竹内もそれは同じだった。

「秀才たちが何を言うか、私だってこの年まで生きていれば大方の見当はつく。たぶんそれは全部正しいにちがいないのだ。けれども正しいことが歴史を動かしたという経験は身にしみて私には一度もないのをいかんせんやだ」

一九六三年一月十八日付の竹内の日記である。

魯迅は、とりわけ卑屈なドレイ根性、ドレイ精神を排した。学生時代に私は友人に、日本人にはマルクスやウェーバーよりも魯迅を読むことが必要だという手紙を書いたことがあるが、残念ながら、その思いはいまも変わらない。多数に従う「いい人」ばかりになっている日本には、いまこそ、魯迅というある種の爆薬が必要なのである。〉

二〇二一年十二月十一日、竹内の故郷の長野県佐久市で竹内について語った。

竹内は、現在は佐久市に編入された臼田町の出身である。同市のユニークな市長、柳田清二に頼まれて引き受けたが、なかなかに緊張を強いられる講演だった。

郷里でも知る人は少なくなった竹内の紹介に、まず生年から入った。一九一〇年、つまりは明治四十三年生まれで、同い年に元首相の大平正芳、そして久野収がいる。その前年生まれが太宰治、土門拳、松本清張。私の父もこの年の生まれなので、竹内は父の世代の人である。

一九六〇年、当時の首相、岸信介が強行しようとした日米安全保障条約の改定に反対して大きなデモが起こったが、竹内は抗議の意思表示として東京都立大学教授をやめた。

それで、「竹内ヤメルナ、岸ヤメロ」という大合唱が起こる。

竹内に続いて、東京工業大学助教授だった鶴見俊輔もやめたが、それを知って竹内は、鶴見に次の電報を打った。

「ワガミチヲユキトモニアユミマタワカレテアユマン」

竹内は「一木一草に天皇制がある」と言った。日本人には天皇制がしみついているということだろう。そ

れを打破するために、竹内は魯迅を紹介した。中国人のドレイ根性を鋭くえぐった魯迅に、日本人をこそ批判してもらいたいと思ってだった。

年譜によると、竹内は一九四六年、三十六歳の時に「東大教授倉石武四郎から東大助教授に招請されたが受けず」とある。また、一九四九年三月七日、三十九歳で「杉照子と結婚。当日（父の命日）多磨霊園に墓参し、集まった少数の親族に杉を紹介して結婚式とした」とあるのも竹内らしい。

久野もそうだったが、竹内は対立物というか敵対者の動きに注目していた。そのため読売新聞を購読していると書いている。それに倣って私は『日刊ゲンダイ』と『夕刊フジ』を毎日買う。見事なまでに違う立場である。『夕刊フジ』は私をデビューさせてくれた媒体ということもあるのだが、現在は無残なまでに政府ヨイショ新聞となった。

講演の最後に竹内を解くキイワードとして、否定、沈黙、絶望の三つを挙げた。

優等生が嫌いな竹内は肯定ではなく否定から出発する。そして饒舌よりは沈黙を選ぶ。

黙っていても存在感がある人だった。

沈黙の重み、あるいは凄みを感じさせる人だった。

最後の絶望は言うまでもないだろう。安手の希望ばかりが求められるが、希望とはもともと希なる望みだということを竹内は徹底的に強調した。

また、学ぶとは自分の持っているイメージを変革させることだと言っている。知識などを積み上げることではなく、変えることなのである。

なるほどと思ったのは、橋川文三が一九七七年十月号の『文学』掲載の「竹内好と日本ロマン派のこと」

で紹介しているエピソードだった。

三島が自刃した翌日、橋川が竹内から中国語を教わるために「中国の会」の事務所に行くと、竹内がいきなり、

「おい、今日は祝杯をどうする?」

と言った。

中国語の勉強予定で頭がいっぱいだった橋川がケゲンな顔をすると、竹内は、

「昨日、三島が死んじゃったじゃないか」

とにこにこしている。

竹内は盟友、武田泰淳の『森と湖のまつり』完成慰労会の発起人を三島と一緒では困ると断っているから、三島を否定の対象と捉えていたのだろう。「漢語の錯綜する三島の文章を竹内は一種の人工語とみなし大変面白く思わなかった」と橋川は書いている。竹内は文学者として三島の「文学」を認めていなかった。

二〇二〇年十一月二十五日が没後五十年ということで、三島由紀夫についてのさまざまな特集が組まれた。自決の前年の一九六九年に創刊されたのが『夕刊フジ』だった。残念ながら、いまの同紙にはそのおもかげはないが、私が内橋克人の『匠の時代』の後に連載を始めたころまでは、ある種の反骨精神があった。

その権化のような馬見塚達雄が報道局長から編集局長を務めた当時を『「夕刊フジ」の挑戦——本音ジャーナリズムの誕生』(阪急コミュニケーションズ)にまとめている。

第四章が「夕刊フジの姿勢を決めた三島事件」。

サラリーマンのホンネに迫り、その怒りと喜び、あるいは悲哀をつづることで、駅の売店で売ってもらう夕刊紙を成功させた内幕を馬見塚は見事に描いているが、同紙には宅配になれきった新聞にはない新鮮さがあった。

三島事件の翌日、同紙は「その美意識はわれわれにはまったくかかわりのないものであり、個人的な観念の遊びの域を脱して、実社会に割り込まれたのではたまらない」と書いた。そして「三島は、昭和元禄といわれる世相を、怒りと憎しみをこめて批判した。だが、平和を願い、こどもを産み育て、一家の幸せを願って働く。それが国家、社会の繁栄へと発展してゆく。それがなぜ批判されなければならないのか」と続け、次のように断罪した。

「日曜に、こどもを連れて遊園地に、あるいは月賦で買ったマイカーでドライブを楽しむサラリーマン、やりくりをしてマイホームのために貯金をする妻、学習院ではなく、町の公立の小学校にこどもを通わせる家族。その家庭のあたたかさ、かなしみ、そのほんとうの味わいは三島にはわからなかったのだ。〝狂った喜劇〟でしかない」

没後三十年の二〇〇〇年に出された『新潮』十一月臨時増刊号で鈴木清剛という人が、三島が好きかと問われて、キッパリと「嫌いです」と答えている。「文章も内容も、定規を使ってカキコキと書いたような感じがするし、何よりもマッチョで一本調子な印象があるから」だという。

立松和平までが「好き」と答えているアンケートで、この明確な否定は際立っている。しかし、それから二十年余。「明確な否定」は消えかかっているように思う。

その死の二年前に三島は安岡正篤に長文の手紙を書いた。安岡は歴代総理の指南番といわれた陽明学者で

あり、中国との国交回復に反対した台湾派だった。

その手紙の中で三島は丸山真男を「左翼学者」と批判し、反面、「大衆作家の司馬遼太郎などにまじめな研究態度が見え、心強く思っております」と持ち上げている。「右翼思想家」の安岡に傾倒する「右翼作家」の三島から見れば、司馬は好ましい存在だった。やはり三島に評価された吉本隆明が否定的な丸山論を書くのも当然なのだろう。

三島について私が拍手するのはただ一点、文学座のために書き下ろした戯曲『喜びの琴』が〝思想上の理由〟で上演中止になった時、怒って書いた文学座への公開状だけである。

「諸君は今まで私を何と思っていたのか。思想的に無害な、客の入りのいい芝居だけを書く座付作者だとナメていたのか」

鬼龍院花子ではないが「ナメたらいかんぜよ」である。

三島由紀夫が死んだ時、コラムニストの青木雨彦が、

「あれは諫死《かんし》じゃなくて、情死だ」

と冗談を言ったら、

「貴様はそれでも日本人か！」と怒られたという。

「実は日本人じゃない」

と答えたら、彼らはそれで満足するのか、と青木はギラッとした骨っぽさを見せている。

「男に生まれてよかったたか」

と聞かれたら、男以外に生まれたことがないから答えようがないように、

「日本人に生まれてよかったか」

と迫られても、やはり、

「さあ?」

と首をかしげるしかないだろう。青木はこう、すかした後、軽妙に次のように付け加える。

「男が男であることを示すためには、ま、男性自身を晒《さら》せばよかろう。一旦《いったん》緩急あれば、前方に向かい、未来に向かって屹立する。言っちゃナンだが、これが男の証拠である。はばかりながら、まだまだ現役のつもりでいる」

別の方から怒られるかもしれないが、ユーモアのオブラートに包んだ青木のこうした反骨が私は好きだった。酒癖の悪さでも有名だった青木の赤ら顔が、いまはなつかしい。


さて、むのたけじだが、先日、改めて自分の中にむのの思想が深く入っているのだなと感じた。

安倍晋三の「国葬」が行われた二〇二二年九月二十七日、私は『毎日新聞』記者の榊真理子の同行取材を受けたのだが、安倍のそれを一番喜んだ統一教会の本部前で、彼女に、

「国葬後のこの国はどうなっていくのでしょうか」

と問われ、こう答えたのである。

「予想ばかりしてどうするの。『どうなるか』は『どうするか』で変わっていくわけでしょ?」

三日後の三十日夕刊に掲載された記事では私が「声を荒げた」と書かれたが、「『どうするか』を考えない

者に『どうなるか』は見えない」は、まさにむのの言葉である。

いま私は、鎌田慧や落合恵子と共に「むのたけじ地域・民衆ジャーナリズム賞」の選考委員をやっている。

竹内やむのを通して、魯迅の思想は私の中で膨らみ、浸透した。魯迅の風貌もまた好ましい。

＊本稿は書下ろしです。

［解題］

久野収に学んだこと

一九九九年二月九日に久野収が亡くなって翌十日付の『朝日新聞』に私は追悼文を書いた。こうした場合、たいてい敬称略なのだが、さすがにそれはできなかった。

わが師・久野収はさまざまな顔をもっていた。ジャーナリストとしての顔、哲学者としての顔、市民運動家としての顔等々。それを貫いていたのは、「われ、なにものにも属さず」というエラスムス流の自立精神である。

慶応の学生時代に学習院の久野先生の講義を〝盗聴〟して以来、私は先生の薫陶を受けつづけてきたが、一九九一年十一月九日付の本紙「私と先生」で、私はこう語っている。

「久野先生に教わったのは、批判的理性のありよう、ひとり立つことの大切さ。先生は何かによりかかってものを言う人じゃなかった。教え子でも、在野や浪人を舌なめずりするようにかわいがった。草の根民主主義を常に考え実践し、八十代の今なおエネルギーが枯れない。

今、企業批判をして圧力を受けても、ずっと若いオレがこんなことで萎えていられるか、と先生が支え。久野先生は、今も一番こわい。連絡しなければならない時は、一週間前から動揺して、いよいよ受話器をとると直立不動。生き方に畏怖の念を持てる先生に恥ずかしくない仕事をしていきたい」

昨年(一九九八年)、岩波書店から私の編集で『久野収集』全五巻が出たが、さすがに最近はあまり怒られることもなくなり、それが寂しいという感じもあった。

学生時代から、ほぼ三十五年間、すさまじいカミナリを落とされながらも師事してきたのは、先生が非常にクリアカットに問題を摘出して見せるからである。

たとえばイラン革命が起こった時、先生は私にこう言った。

「イギリスからの独立運動を進めたガンジーは糸車を回した。ホメイニも、パーレビのやった近代化に抗して復古的なことを言ってる。ホメイニがガンジーたりうるかだね」

(中略)

よく先生に冠せられる「哲学者」という肩書には重々しさがつきまとう。しかし、先生のフットワークはきわめて軽かった。その特質は、政治、経済はもちろん、映画、演劇、スポーツにまで及ぶ幅広い座談においてフルに発揮され、五木寛之さんがこう絶賛している。

「ぼくの好きな知識人のひとりに、哲学者の久野収さんがいる。なぜ好きかと

いうと、久野さんのお話は、最近の落語家たちの噺より倍も面白いからである。面白く喋ろうと工夫されているのではないだろうが、なんとも不思議なユーモアがあって、めっぽう面白い。お喋りを聞いている最中に、あんまり愉快なのでトイレにでも立っていって、メモしてこようか思うことが幾度もあるくらいだ」

対話を好んだということはナルシシズムからは遠いということである。思想は事実によって検証されなければならないとし、観念の遊戯を自らに禁じた。

以下略とするが、結びは「いまは無性にカミナリが恋しい」である。

ただ、もちろん叱られるばかりではなかった。一九九二年九月十五日に開かれた日韓識者交流シンポジウムに小田実に頼まれて出た時、先生と中山千夏も一緒だった。

問題提起という形で先生の隣で話したのだが、後で中山に聞いたところによると、先生は自分が話すように身を乗り出して私の話を聞き、一つ一つ頷いていたという。

亡くなった日に『東京新聞』に求められたコメントではこう言っている。

「きのうお見舞いに行く予定だったんですが……。がっくりです。先生には思想・哲学はもちろん、生き方まで教わりました。アカデミズムを市民の哲学に翻訳した人。いろいろな平和運動を進められましたが、好奇心旺盛で、ゲリラ的に

笑いやスポーツの分野にまで市民の抵抗の芽を探っておられた。改憲の生々しい動きが起こっているいま、護憲の先生が亡くなったことは何か象徴的です」

亡くなって三ヶ月ほど経って、先生が大事にしていた市民サークル『日曜クラブ』で、「久野先生に学んだこと」を話した。それが載った会報を基に、そのエキスを紹介したい。あえて語り口調で引用しよう。

〈石橋湛山の師、田中王堂は、アメリカ流プラグマティズムを紹介した人ですが、「カントやヘーゲルを学ばずして哲学者と言う勿れ」という風潮の強い時代に、「理論は大貨幣であり、実行は小貨幣であり、小貨幣にくずせない理論はニセ札にすぎぬ」主張しました。この考え方は久野先生に通じるところがあり、先生はカントやヘーゲルを学んだ上で、なおこう言ったのだと思うわけです。実際に応用できないものは理論とは言えないということで、それを現実の中に探ったのが『現代日本の思想』（鶴見俊輔との共著、岩波新書）だろうと思います〉

〈久野先生に教わったことの一つに「信念というもののもろさ」ということがあります。先生はジョン・デューイのプラグマティズムを深く学んで、"Human nature and conduct"（邦訳『人間性と行為』）という本について、「このくらいは読んどかなアカン」と、学生時代に言われ、私は無謀にも原書に挑戦しました。一生懸命読みましたが、いまだに読んだことが信じられません。それはともかく、久野先生は信念を変わり得るものとし、それを補強する習性、慣習、ハビット

の重要性を説きました。それは、自分の考え方を習慣化し、肉体化するとしたデューイに通ずるものです。

先生はよく、「憲法の生活への根おろし」と言いましたが、根をおろす時に、信念だけではなく、習慣を味方につけるということを説いたわけです。

先生は戦争中、人民戦線の運動に加わって投獄されました。そのとき、獄中で、当時流行っていた東京音頭が流れてきたのを聞き、

〽ヤットナァソレヨイヨイヨイ

これに負けたんだなあと思ったということです。以来、生活に根を張っている土着というものをこちら側に引きつけなければいけないということをずっと考え続けてきた。

岩波書店に丁稚から入った小林勇さんは、横浜事件をデッチあげられて投獄された時、他の知識人たちが拷問に屈し、次々と嘘の自白を続けていく中で、最後まで抵抗しました。いわゆるインテリではなかった小林さんには、知性というものが頭からでなく入っていたわけで、それを変えれば、自分が自分でなくなってしまうということだったんだろうと思います。そういう点で、自分は小林さんに脱帽すると、久野先生はつねづね言っていました。思想が肉体化している、生活化しているというふうになるには、習慣、習性、ハビットをどう自分の中に取り入れるか。信念は大切だとしても、それだけで抵抗運動を組織しようとしても有

効ではないと先生は考えていたように思います〉

思想が肉体化していて重みがあるという点で私は先生と同い年の竹内好を読み、そして魯迅を知って、やはり魯迅精神を体現しているむのたけじに学んだ。それも先生の導きなんだなと、今は思っている。

福沢諭吉（ふくざわ・ゆきち）

一八三五年現・大阪生まれ。慶應義塾の創立者。一九〇一年逝去。

『福澤諭吉著作集』（全十二巻、慶応義塾大学出版会、二〇〇二年五月〜〇三年十一月）。

福沢諭吉のパラドックス

福沢諭吉のパラドックス

目次

第一章　故郷、中津でのシーソーゲーム

同郷の作家・松下竜一

福沢諭吉の故郷、大分県の中津は、『豆腐屋の四季』の作家、松下竜一の故郷でもある。

松下は、そのコラムに、周防灘《すおうなだ》に面した中津を流れる山国川の上を飛び交っていたのは、カモメ、シラサギ、セグロセキレイ等と記し、新堀町という静かな通りは、青年福沢諭吉がよく往き来した頃から、少しも道幅は変わってはいまい、と書く。福沢通りと呼ばれる諭吉旧邸に行く大通りが尽きて、松下宅のある船場町の通りはにわかにせばまっているというのである。

福沢は天保五年十二月十二日（一八三五年一月十日）、大坂の中津藩蔵屋敷で生まれ、明治三十四（一九〇一）年二月三日、東京で亡くなったが、それからおよそ三十五年後の昭和十二（一九三七）年に同じ中津の福沢旧邸のごく近くに松下が生まれた。

なぜ、松下に私がそれほどこだわるか？　それは松下が、福沢のまたいとこの増田宋太郎の評伝（『疾風の人――ある草莽伝』朝日新聞社）を書いているからであり、中津での福沢と増田の興味深いシーソーゲームに言及しているからである。

「シーソーゲーム」とは評価の激変ということだが、松下自身もまた、それにさらされた人だった。

二〇〇四年に松下が亡くなった時、私は『朝日新聞』（六月二十一日付）と『熊本日日新聞』（六月十九日付）に

追悼文を書いた。その要点だけを次に引こう。

〈松下竜一は模範青年的存在として世に出た。母親の死によって大学進学をあきらめ、家業の豆腐屋を継いだ松下は「泥のごとできそこないし豆腐投げ怒れる夜のまだ明けざらん」というような歌をつくるとはいえ、まだ、社会的怒りをぶつけるような青年ではなかった。その著『豆腐屋の四季』(『松下竜一その仕事1』河出書房新社所収)は、テレビドラマ化もされ、松下が住む大分県中津市の人にとっても、安心して自慢できる〝孝行息子〟だった。それが、「環境権」という新しい法理を掲げ、仲間と共に「九州電力豊前火力発電所建設差し止め請求訴訟」を起こし、原子力発電所など要らないとする〝暗闇の思想〟を松下が主張するようになって、変わってくる。いわゆる過激派の運動に関わっていたとして、根拠のない警察のガサ入れを受けると、周囲は松下を危険人物視し始めた。模範青年が一転して要警戒の人間になったのである。

しかし、松下は何も変わっていなかった。自分の歩幅で歩いていたら、まわりが勝手に評価を上げたり下げたりしたと思っていただろう。では、松下が着目し、守ろうとしたものは何だったのか。それは人々のくらしであり、豊前の方言でいう「いのちき」だった。それから離れまいという決意が、発電所建設のために埋めたてをする予定地の明神海岸について、一千人の市民に証言させようというようなアイデアを生む〉

もともと松下は、自ら書いているように「運動なんていうことは実に大嫌いな人間」だったのだが、「いのちき」を守るために病をもつ身で立ち上がったのである。

一万円札のふるさと

あるいは、少年諭吉も春先にツバナ(チガヤ)の柔穂を口に含んだ経験があるのだろうか。中津から車で

約一時間ほど入ると、耶馬渓《やばけい》の谷間の里に着く。そこでは、ほどけたツバナの花穂を集めて帚をつくる。そして、それが蛍を捕る道具になるのである。

もちろん、少年諭吉も蛍を見たり、捕ったりしたに違いない。

その諭吉が、いまや、お札となって故郷に帰って来た。

同じ中津を故郷とする作家、松下竜一は、『ウドンゲの花』（講談社）という「日記抄」にこう書く。

諭吉旧邸の前を通りかかって、松下は思わずフフッと笑ってしまったというのである。

旧邸前に大きな案内板が立てられたのは、一九八二年の二月のこと。

右端に〈文化と歴史の薫る町　中津〉とあり、中央に市内の観光名所が図示されているのだが、左端の、松下によれば「迷文句」が塗りつぶされていた。

それを眼にした松下が唖然としたキャッチフレーズは、大きく、次のように書かれていたという。

一万円札のふる里　なかつ

見ているうちに、松下は恥ずかしくなった。いくら福沢諭吉が新一万円札の肖像になるからといって、由緒ある旧邸の前に、こんな俗っぽい案内板を立てることはないだろう。泉下の福沢はこれを喜んでいるのか。松下とともに、身をよじって恥ずかしがっているのではないか。

松下は自らが発行している『草の根通信』三月号の、予定していた表紙を変更し、この案内板の写真を載せて、こう皮肉ったのである。

「えっ、中津は一万円札のふるさとだって⁉　いや、一万円札の降る里なかつ　と読むのかな？　なんだ

か恥ずかしくなるなあ、この案内板。昨日までは〈民主主義の先覚者・福沢諭吉〉〈民主主義のふるさと中津〉だったんだけどなあ」

この表紙を見て、これはおもしろいと、『朝日』と『毎日』の九州版が写真入りの記事にしたので、一カ月余の短命で、この迷文句は消されてしまった。

松下は「さて、今度はどんな名文句が登場するか」と結んでいるが、こんな案内板を見たら、拝金宗の徒として、またいとこの福沢を暗殺しようとした増田宋太郎は、さらに意欲をかき立てられただろう。私は昨年刊行した『西郷隆盛伝説』(角川学芸出版)で、西南戦争で西郷軍に加わった中津隊隊長の増田が、西郷に殉ずる理由を部下から問われて、こう答えたと書いている。

「一日西郷に接すれば、一日の愛生ず。三日接すれば、三日の愛生ず。親愛日に加わり、今は去るべくもあらず。ただ死生をともにせんのみ」

疾風の人・増田宋太郎

はじめて福沢諭吉の故郷、中津へ行ったのは、一九九八年の十月六日だった。同じく中津を故郷とする作家、松下竜一の『その仕事』と題した全集が刊行されるのを機に、実行委員会が企画した講演をするためである。十二日後に、テレビドラマ化された『豆腐屋の四季』で松下役を演じた緒形拳がやはり中津入りして講演をすることになっていた。

羽田から大分空港に飛んだ私を松下が出迎えてくれたが、あとで福岡空港からJRで行くのが〝常道〟だったことを知った。

この前年の一九九七年十二月十六日付『朝日新聞』の「ひと」欄に松下は三度目の登場をしている。それには、近所の川べりを妻と犬たちを連れて散歩するのが日課で、冬には河口にやってくる渡り鳥にパンくずをまく、とある。読者からは「結構なご身分ですねえ」と言われるけれども、年収は二百万円前後である。しかし、読者は「松下センセが金がなくても心豊かに暮らしているのを知っている」という。

講演の翌日、その松下に案内されて、土砂降りの中津市内をまわった。まず、松下宅のすぐ裏にある福沢諭吉旧邸。記念館を含んで公園となっているが、一巡した後、松下は隣の小さな公園を指差した。福沢とはまたいとこの関係になる増田宋太郎の旧宅跡であり、記念碑が建っている。

松下によれば、太平洋戦争中、福沢は鬼畜米英の手先とされ、その旧邸には石が投げ込まれた。小学校の講堂に掲げられていた福沢自筆の「独立自尊」の額も、引きずりおろされ、倉庫に眠らされた。

その時代に、逆に華々しく顕彰されたのが増田である。

尊皇攘夷思想を奉じた増田は、西洋文明の導入者としての福沢を仇とし、暗殺しようとさえした。そして、後に自由民権運動に近づき、西南戦争に参加して西郷隆盛に殉じて死ぬ。

この増田を松下は『疾風の人』に書いたが、そこで「思えば、このまたいとこ同士の、歴史の流れの中での評価のシーソーゲームは甚しく劇的である。敗戦によって、福沢諭吉がこの国の民主主義の鼻祖として復権した時、増田宋太郎は触れてはならぬ危険人物として被われ、性急に忘れられていくことになった」と結論づけている。

いま、増田の名を記憶する人は少ないだろう。いや、ほとんどいないに違いない。一万円札の肖像にまでなった福沢と、あまりに差のある評価である。しかし、狂気の時代とはいえ、増田の方が声名高かった時代

もあった。

『疾風の人』が出たのは一九七九年秋。松下の全集刊行記念にまとめられた冊子では、松下自身がこう要約している。

「観光客で賑わう福沢旧邸の隣に、ひっそりとして寂しい増田宋太郎の邸跡の公園がある。諭吉への対抗意識を抱きながら、幕末維新を疾風のように駆け抜けた草莽の人、増田宋太郎の評伝」

官を恐れぬユーモア

『豆腐屋の四季』の作者、松下竜一の育った中津市船場町の家のすぐ裏が福沢公園だった。昭和十二（一九三七）年生まれの松下は、それで、近所の子どものリーダーとして福沢公園を遊び場とする。

まだ福沢諭吉旧邸も観光化されておらず、松下たちは古い洋館の記念館の屋上に登ったり、館内を自在に走りまわって遊んだという。

現在はおごそかに陳列ケースに納まっている『学問ノスヽメ』などの貴重な本を、旧邸管理の老人が、

「これを読んで勉強しなさい」

と言って貸してくれたというのだから、隔世の感がする。

その福沢を暗殺しようとした増田宋太郎のことを松下が書いた前掲『疾風の人』のオビには、大きく「反・福沢諭吉伝」とある。

おそらく、松下は福沢伝を書こうとは思わなかっただろう。やはり、書くなら「反・福沢」の増田伝だった。

しかし、それでも、福沢と松下には共通のものがある。それはユーモアのセンスである。生まれながらに肺に病をもつ松下にとって、反公害の運動は文字通りいのちがけの闘いだった。倒れる前に私が松下のことをコラムに書いた時、それを読んだ主治医から、松下はこう言われたという。

「あなたを入院させたいのは、いくら禁じてもあなたが動きまわるからです。この前も九電（九州電力）本社前に座り込んだでしょうが。隠したつもりでも、ニュースでちゃんと見てるんだから」

「はっきり言って、あなたの肺はやっとのことで呼吸してるんですよ」

とも念を押された松下は、それでも「動きまわる」ことをやめなかったが、私が一番好きな松下のエピソードは、「九州電力豊前火力発電所建設差し止め請求訴訟」で敗れた時、

「アハハハ……敗けた、敗けた」

という垂れ幕を掲げたことである。

市民運動につきまとう悲観論、深刻癖を吹きとばすユーモア感覚が松下にはあった。泣かれるより哄笑される方が相手は怖いということを松下は知っていたのである。

しかし、この垂れ幕が物議をかもすことになった。あまりにも不真面目ではないか、ニュースに流すべきではないという論議をしたテレビ局もあったとか。

一番怒ったのは法曹界の人だった。権威ある裁判をコケにしたということなのか、それまで陰で松下を応援していた民法学者からは絶縁状を送りつけられたりしたという。

それに対し、松下は「われわれがコケにしたのではない。裁判所がわれわれをコケにしたのだ。最終弁論さえ許さずに裁判を打ち切った不真面目な裁判所に恐れ入る必要はない」

と書き、笑い飛ばして次なる戦いへ進もうという決意があの垂れ幕だったと記している。

その官を恐れぬ精神も、私には福沢譲りに見える。

暗殺しようとした〝またいとこ〟

師の山田方谷《ほうこく》に「あの男には長岡藩は小さすぎる」と評された河井継之助を主人公に、司馬遼太郎は『峠』（新潮文庫）を書いた。

その中に福地源一郎（号、桜痴《おうち》）の紹介で、福沢諭吉と河井が会う場面がある。

町人のような服装で現れた福地は、

「侍という身分を無くしてしまわなければ日本はほろびると私は思っている。ただそれだけでこのかっこうだ。河井さんは、どう思います」

と尋ねた。すると河井は、

「賛成ですよ。薩長が勝とうが徳川が勝とうが、いずれが勝っても侍はほろびますな」

と持論を述べ、さらに、

「町人の世が来るでしょう。身分はおそらく一つになってしまうにちがいない」

と続けた。最後に福沢がまとめる。

「なにしろあなた、江戸、諸国をまぜあわせ、足軽までふくめると十人に一人が武士ですぜ。九人が、米や銭を出しあって一人を養っているのだ。十人のうち一人は、何もしない。旧弊などたくばかりならべて暮している。こういう遊民がこうもたくさん居ちゃ、それだけで西洋に負けますよ。この福沢の敵は、薩長で

も朝廷でも徳川でもない、侍というものさ。封建というものかね。こいつはこの福沢諭吉にとっちゃ親のかたきも同然です」

福沢より過激な思想家の安藤昌益は、耕さず貪《むさぼ》り食う輩《やから》を「不耕貪食の徒」と称したが、侍がその代表だということだろう。

司馬が描く福沢や河井と違って、西郷隆盛はそこまで侍を敵視していなかった。やはり、新時代の主役も侍がになうと思っていたのである。

明治十（一八七七）年に起こった西南戦争で西郷軍に投じた中津隊隊長の増田宋太郎も同じ考えだった。だから、またいとこの福沢を〝西洋かぶれ〟として激しく憎み、一時は暗殺しようとさえしたのである。増田にとっては、何よりも福沢が敵だった。

明治四（一八七一）年一月一日、黒田清隆に引率されて、旧会津藩士の山川健次郎らは横浜港を出航し、アメリカの西海岸に向かった。乗船したのは「ジャパン号」である。

外国の様子は当時ベストセラーだった福沢の『西洋旅案内』を読んで勉強した。それには梅干しと佃煮は忘れるなと書いてあったが、貧乏な山川には用意できなかった。それで船中の洋食に苦しむ。とくにカレーライスは辛くて食べられなかった。

おそらく、増田は福沢の『西洋旅案内』などは手にも取らなかったに違いない。だから福沢が「梅干しと佃煮は忘れるな」と忠告していることなど知る由もなかった。

ただ一途に、福沢はケシカランと憤っていたのである。近い縁戚であるだけに、その怒りはさらに昂まった。福沢の父、百助《ひゃくすけ》の妻であるお順と、増田の父、久行がいとこ同士なのだが、松下竜一の書いた『疾風の

人』という増田伝に拠って、その愛憎をしばらく追っていきたい。

第二章　又従弟、増田宋太郎

暗殺の意志はあったのか

福沢諭吉の母、お順と、増田宋太郎の父、久行はいとこ同士だった。その宋太郎のことを福沢は『福翁自伝』（岩波文庫）でこう語っている。

「私の再従弟《またいとこ》に増田宋太郎という男があります。この男は後に九州西南の役に賊軍に投じて城山で死に就いた一種の人物で、世間にも名を知られていますが、私が中津に行ったときはマダ年も若く、私より十三、四歳も下ですから、私はこれを子供のように思い、且つ住居の家も近所で朝夕往来して交際は前年の通り、宋さん〳〵と言って親しくしていました」

福沢が「中津に行ったとき」というのは、東京から中津へ老いた母を迎えに行き、姪も連れて帰京した明治三年ごろの話である。

当時、福沢は三十代半ば。嘉永二（一八四九）年二月二十三日生まれの増田宋太郎は二十歳そこそこだった。

この前に福沢は「その時は中津滞留も、さまで怖いとも思わず、まず安心していましたが、数年の後に至って実際の話を聞けば、恐ろしいとも何とも、実に命拾いをしたようなことです」と書いている。

それはなぜか。またいとこの増田が福沢の命をねらっていたのである。水戸学を勉強して尊皇攘夷にこりかたまっていた増田を、しかし、福沢はそんなこととは知らず、「乳臭の小児と思い、相かわらず宋さん〳〵

で待遇していた」が、増田の方は胸に一物を持ち、機をうかがっていた。

そして、いよいよという夜に、福沢の家を訪ねていた服部五郎兵衛という客と福沢の話がはずみ、深更になっても帰りそうにないので、外で待っていた増田は襲うのをやめたのだった。

これが『福翁自伝』の記述である。ただ、それは福沢の見方であり、一方的だと反論する講演が残されている。明治四十（一九〇七）年春に、増田の同志だった岡部伊三郎が史談会で語ったものである。岡部はその夜、増田と行動を共にしていた。

福沢を生かしておいては中津藩の面目にかかわるとして、岡部と増田は福沢を殺しに行ったのだが、岡部によれば、それは同志の反洋学熱を煽り、団結を強固にするための芝居で、増田に暗殺実行の意志はなかったという。

松下竜一の増田伝『疾風の人』にあるように、確かに、増田にその意志があったなら、服部ともども福沢を斬ればよい。服部は老年であり、福沢は病後の上に丸腰なのだから、一刀流相伝の腕を持つ増田には容易なことだろう。まして、血気さかんな岡部もいるのである。

踏み込まなかったこと自体が不自然だった。また、一夜だけであきらめたように見えるのも合点がいかない。

その謎を追って松下は、『疾風の人』で増田の妻、シカを登場させる。その「歯軋《はぎしり》の章」から、増田伝は始まる。

宋太郎の師、渡辺重石丸

福沢諭吉も増田宋太郎も下士に生まれた。増田家は十五石二人扶持で、福沢家は十三石二人扶持である。中津藩奥平十万石においても、上士と下士の階級差は激しく、その間で婚姻関係を結ぶということはありえなかった。下士がどんな功績をあげても、上士になることはなかったのである。

のちに福沢は『旧藩情』でそれを指弾したが、長崎に向けて中津を出る時、

「こんなところに誰がとどまるものか。一度出たら決して帰って来ないぞ」

と唾棄する思いで故郷を後にしている。福沢は二十歳をわずかに越えたばかりだった。

「そうか、諭吉さんは長崎に蘭学修業に行ったか……」

それを聞いて近くに住む増田久行はそう呟く。宋太郎の父である。久行と福沢の母、お順がいとこなので、福沢と増田は又従兄弟の間柄になる。

「格別、書物の好きな人であったな」

増田久行は、諭吉の父、百助についてこう述懐している。百助が諭吉という、当時としては変わった名をつけたのも、諭吉が生まれた日に、欲しがっていた明律《みんりつ》の『上諭条例』が手に入ったので、それにちなんでの命名だったという。

やはり書物好きな久行にとって、百助の千五百冊に及ぶ蔵書は垂涎の的だったが、諭吉が長崎に行く時、その費用に充てるため、一部を売りに出している。

それにしても蘭学とは、よく踏み出したなと久行は思ったが、そのころ、後に福沢の暗殺未遂者となる宋

太郎は、まだ六歳だった。

幼名を久米丸といった宋太郎の国学の師が母方の血につながる渡辺重石丸《いかりまる》である。その祖父の渡辺重名《しげな》の門を叩いた者には高山彦九郎などもいる。その孫の重石丸の塾に宋太郎は九歳で入門した。

渡辺重石丸は「余、平生狂を病む」と自ら言うほどに矯激だった。

文明開化の波が日本を洗っているその最中にも「時事に感ずること有れば試みに之を紙にも書す。言論奇古、殺気風生ず。意は武断に在り。文明世界に用ゆる所無し」と吠えて、はばからなかったのである。

水戸学の藤田東湖に傾倒し、その死に慟哭した渡辺重石丸だったが、明治三十四年二月三日に福沢が亡くなるや、欣喜雀躍して次のような歌をつくった。

なき臭き風ふくざはの子を逐《やら》ふと
　神も大祓《おおはらい》今日成すらしも
中津瀬にはやおり立ちて禊《みそぎ》して
　月日の神をあふげ世の人

二月三日が節分であることに掛けて、鬼を逐《お》うごとく神が遂に福沢をあの世へ旅立たせたと喜んでいるのだから、凄まじい。

七十歳近くになっても、精神の烈しさは衰えることがなかった。この重石丸に増田宋太郎は熱き薫陶を受けたのである。

容貌婦女の如き詩人

増田宋太郎の師、渡辺重石丸の矯激さは、平田篤胤《あつたね》に皇国思想を学んで、さらに先鋭となる。渡辺は、天皇中心の世の中は「腐儒者や賊法師また洋学腥羶《せいせん》の奴どもの知る所では無い」として、宋太郎こと久米丸の稚い精神に、いわば火箭《ひや》を打ち込むように、その皇国思想を伝授していった。久米丸もそれに応え、まもなく、門下生およそ百名の中で、「和魂漢才宋太郎之レガ冠タリ」と称されるほどの英才になっていく。

中津では七月下旬に祇園祭があり、京都祇園の流れを汲む山車が幾台も辻を練りまわる。明治維新にあと四年という時にも、それは変わらぬ風景だったが、それをよそに、悲憤慷慨している青年、というより少年がいた。十五歳の増田宋太郎である。この歳に増田は百篇近い詩をつくったが、その中に、たとえば、こんな詩がある。

時勢滔々トシテ誰カ俊豪ナル
丈夫寧《いずく》ンゾ此ノ心ヲシテ撓《たわ》マシメン
腥虜ヲ掃除スルハ何レノ日ゾ知ル
慷慨長ク磨ク日本刀

そのころ、白人を蛮夷と呼び、腥虜と呼んだりしていた。「容貌婦女の如し」と言われたほど優男の増田が、しかし、いずれの日か腥《なまぐさ》き白人を斬らんと願って、一心に日本刀を磨いているといった意味の詩である。

そんな増田から見れば、福沢はまさに「腥膻」の手先と映るのだった。

その福沢家に異変が起きたのは安政三（一八五六）年。諭吉の兄の三之助が亡くなり、諭吉は養子に入った中村家から福沢の家に戻って、家督を継がなければならなくなった。

しかし、緒方洪庵の適塾で蘭学に没頭している福沢に中津に戻って小役人の生活に埋もれるつもりはない。もう一度大坂に出ることを願ったが、母方の縁戚である宋太郎の父、増田久行も、その弟の大橋六助も反対だった。母のそばにいてやれというわけである。

思い余った福沢は母のお順に訴えた。

「こんな藩にいても、私は一生ウダツがあがりません。あなたは寂しいかもしれませんが、私を大坂に行かせて下さい」

それに対して母は、

「いいでしょう。おまえの兄は死んだけれども、いまさらそれを悔やんでも仕方がない。おまえもまたよそで死ぬかもしれないが、どこへでも行くがよろしい」

と答えた、と『福翁自伝』からは読みとれる。あっさりと賛成したお順の思い切りのよさがクローズアップされているのである。

しかし、前掲の増田宋太郎伝『疾風の人』には『鶯栖園遺稿』から、こんな逸話が引かれている。

大橋六助の家に来たお順が、六助の息子の仲太郎について、

「蘭学など決してさせなさんな。蘭学をさすると諭吉のような親不孝者になる」

と言ったというのである。時代も揺れていたが、人の心もまた揺れていた。

宗旨替えはあの男にこそ

下士の家に生まれたら、それに甘んじなければならない身分制度に反発して故郷を後にした福沢諭吉は二度とその土を踏まない決意だった。しかし、母を残してきたこともあり、何度か帰郷せざるを得なかった。四度目の帰郷は元治元（一八六四）年春。すでに江戸は築地の奥平中屋敷に蘭学塾を開いており、単なる下士ではなかった。

この時、福沢は塾の核となる者を郷里の青年で固めたいと思っていたのだが、中津ではまだ洋学修業などとんでもないという雰囲気である。藩校進修館の英才、小幡篤次郎《とくじろう》など逸早く姿をくらます始末だった。後年の慶応義塾塾長の小幡ですら、そうだったのだが、福沢は、江戸に行けば良い養子の口がいくらでもあるから、と言って親たちを口説く。

母のいとこの増田久行や大橋六助にも、その息子の宋太郎や仲太郎を江戸にと、声をかけた。

「どうですか、仲太郎と宋さんを私に預けてみませんか。これからは洋学の世の中ですよ」

福沢は、またいとこの増田宋太郎が俊才であることを知って、こう誘ったのだが、とてもとても、と拒否された。

福沢を敵視する渡辺重石丸の私塾、道生館で学んでいるだけに、冗談ではない、とけんもほろろだった。

「道生館ですか……重石丸殿はなかなか出来るお人なんだが、どうも宗旨替えできぬところがいけませんな」

失望も露わに福沢がこう言うと、大橋六助から後日それを聞かされた渡辺は、二歳年長の福沢に対抗意識

を剝き出しにして、

「福沢がそんなことを言いましたか。なに、宗旨替えはあの男にこそ命じたいものですよ」

と返したという。

増田は、渡辺がさらにこう続けるのをそばで聞いていた。

「福沢が最初長崎に蘭学修業に行く時には、あの男なら蘭学をやっても夷風かぶれにはなるまいと言うて、皆でよろこんで送り出したもんでしたよ。奥平伝四郎なんか、詩まで作って餞《はなむけ》にしたもんです。それが今はどうですかい。みんなからちやほやされて、まるで自分が夷人になったみたいな鼻息というじゃありませんか。きっとあの男は、自分の眼が青くないのを残念に思うちょるに違いありませんな」

福沢が増田久行にあいさつに来た時も、息子の宋太郎はむっつりとして口を開かなかった。それどころか、一年後に江戸の小幡篤次郎に宛ててこんな詩を寄せている。

汝ト襟ヲ分チテ方《まさ》ニ一歳
狡夷黠虜《かつりょ》益々藩滋
武州ハ天下繁栄ノ地
慷慨男児今幾タリ

君と別れて一年になるが、ずるがしこい白人がはびこっている。江戸は天下繁栄の地というけれども白人の跳梁を懲らす慷慨男児はいないのか、というわけである。

あなたが恋しているのは……

元治元（一八六四）年、朝敵となった長州を討てと幕府から命じられた中津藩は、江戸の福沢の塾に学んでいる小幡篤次郎らをも呼び戻そうとした。しかし、福沢は、

「大事な留学生に、わけのわからない戦争のために鉄砲をかつがせることはできない。病気といって断れ」

と一人も帰さなかった。それも、またいとこの増田宋太郎には気に入らなかっただろう。増田は何よりも天皇第一の攘夷家だったからである。

松下竜一は『疾風の人』で、増田夫人のシカにこんな述懐をさせる。

この国を西洋の僕《しもべ》にしてはならぬ。神武創業の昔にかえさなければならぬというのが増田の口癖だった。そのために幕府を倒したのだというわけである。

心の中に何か憑《つ》きものがあって、いつもそれに駆り立てられているような増田に、あるとき、シカはこう尋ねた。

「あなたが本当に恋していらっしゃるのは、その天皇様というお方なのでございましょう。わたしなどはものの数ではないのですね」

わざとすねてそう言ったのだが、増田の驚きは大きく、何も言わずに、ただただ悲しみをたたえた眼で、シカを見返した。

しかし、維新政権が発足しても、攘夷は実行されない。薩長にとって、それは倒幕の手段にすぎなかったからだが、一途に信じていた増田たちは裏切られたと感じ、苛立ちはいや増した。上京を勧められても、病

気の父を置いてはいけぬという増田に、シカはこう言ってしまった。

「福沢先生をごらんなさいな。年寄ったお順さまをお一人置き去りにして、ご自分は京よりも遠い江戸でお暮らしではありませんか」

そのころシカは増田が福沢に敵意を抱いているとは知らなかったからである。それを聞いて増田は顔色を変えた。

「ああいう男だ、福沢は。自分一身の出世のためなら、老いた親をどこにでも置き去りにできるような男なんだ」

「でも福沢先生はお順さまのことをご心配なされていますわ。よくお金など送ってこられますもの」

「そりゃあ、洋学商売でお金をもうけているからさ。あの男にとっては、何もかもが金の世の中なんだ。あの男の塾では月謝というものを取るそうだからな」

そして、福沢が帰って来たら、白分だってあの男を斃《たお》すかもしれない、と告げる。

仰天したシカが、増田が何かをするというのは福沢を討つことかと詰め寄ると、斃すということは必ずしも討つことではない、と増田は言葉を濁す。

シカにとって、福沢の母、お順は、嫁いで来て一番親しくしてもらっている親戚だった。家も近くで、気取りのないお順を慕っていただけに、増田の告白はその小さな胸に突き刺さった。

男というものは

福沢諭吉のまたいとこの増田宋太郎に嫁いだシカは、近所に住んでいた福沢の母のお順のところに行くの

をたのしみにしていた。

福沢は洋行する度《たび》に、中津の母のもとへ、便りを送って来た。それには城や石造りの家の建ち並ぶ町の様子が写されていて、夢の世界のようだった。

しかし、シカはそのことを増田には話さなかった。増田が福沢を仇敵視していたことを知っていたからである。

増田は攘夷達成まではと思いつめて、シカには触れず、ために子どもはできなかった。

「シカさん、ややこはまだできませんか」

あるとき、お順にそう尋ねられて、シカは赤面する。そして、実は、と打ち明けてしまう。それを聞いて、お順は驚き、

「そうですか。宋さんという人は、昔から一心なところがありましたからね。――あなたもつらいことですね」

と言って、シカの両手を取り、

「男というものは、天下、天下というて、厄介なものですからね」

と続けた。そして、

「福沢先生が成功なさって、おばさまはご満足でしょ」

と羨ましげに語るシカに、

「それが弱っているのですよ」

と否定し、こう述懐する。

「わたしはこの中津でのんびり暮らしたいのに、諭吉は江戸に出て来いとやかましく申しましてね。この頃はもう矢の催促ですよ。迎えに帰ろうかとまでいうてくるのですからね」

行かれたら寂しくなると思ったシカがあわてて、

「それで、おばさまはほんとうに江戸にお移りになるのですか」

と問いかけると、お順は、

「さあ……そんなわずらわしい所には行きたくないんですけどね」

と答え、笑みを浮かべて、

「実はね、わたしも諭吉の文明開化とやらは苦手なんですよ」

と言った。

『疾風の人』に描かれているこの場面は、もちろんフィクションも含んでいるだろう。しかし、福沢の母親にとっても文明開化はそう容易に受け入れられるものではなかったというのは理解できる。

私たちはいま、福沢の「江戸に出て来い」の矢の催促の末に、福沢が母を迎えに中津に帰ったことを知っている。

また、いとこの増田が、なぜ、福沢をねらったかに私がこだわるのは、それが、福沢が何と闘ったか、あるいは、何と闘わなければならなかったかを、くっきりと浮かび上がらせるからである。思想的なものだけではなく、日常の生活まで、福沢の「革新」は及んだ。それだけに、反発も激しく、そして強かった。

天皇奪還計画

桜樹街頭同ジク月ヲ賞シ
道生館裡共ニ詩ヲ吟ゼリ
今日諸朗零落シ尽シ
満園ノ春色人ヲシテ悲シマシム

増田宋太郎の師、渡辺重石丸が京都皇学所講官に任ぜられて中津を去り、ために増田たちの拠りどころだった道生館は閉じられる。栄転だから慶ばなければならなかったが、増田は取り残されて春なのに悲しみの色を深くしていた。

師を追って京都に行った親友もいる。しかし、増田は病床にある老父を置いて上京することはできなかった。

中津藩はいったい皇学の学統をどう考えているのかと、増田の憂憤は募った。

そして、明治三年、父の病没後、ついに上京する。この時、増田は岩田茂穂（作家、獅子文六の父）ら、旧道生館の同志らと、ある事を企て、血判までして上京した。

それを、刺し違えてもという覚悟で諫止《かんし》したのが、同じく道生館門の柳田清雄《すがお》である。

松下竜一の『疾風の人』という増田宋太郎伝から、ある同志の回想を引く。

「貴様等は、あの時上京して、宮御一人を迎え奉り、大いに尊王攘夷を唱えて、義挙の計画をしていたそうなが、偖々《さてさて》恐ろしき陰謀であったよな」

つまり、増田たちは、東京に遷都した天皇を京に奪還しようとしていたということである。もちろん、これは旧道生館門の者だけで考えられたことではなく、京都の尊王攘夷派の計画に加わるというものだった。遷都に先立って、明治元年に天皇が江戸城に入っている。岩倉具視《ともみ》や大久保利通ら新政府の首脳は主に関東や東北の人たちを天皇に親しませるために、この行幸を行い、そのままなしくずしに東京遷都を実現しようとしていた。これに真っ向から反対したのが国学者や神道を奉ずる者たちである。増田ら草莽の徒もそれに続いた。

彼らにとっては、京都こそが伝統の地であり、そこから天皇を遷《うつ》したくなかった。いままさに、神武創業以来の王政復古が実現し、いよいよこれからという時に、なぜ、東京に天皇を遷さなければならないのか。大久保らは、尊王攘夷を倒幕に利用しただけなのかという疑いも強くなって、尊攘派は天皇奪還を企てたのである。

そんな物情騒然たる時代に、福沢は文明開化を唱えていた。そのことを忘れてはならないだろう。

同じく中津出身で福沢をライバル視していた渡辺重石丸は、国学者が夢を託した京都皇学所の講官に任ぜられたが、皇学所自体が大久保らにとっては、攘夷派をなだめる一時的な手段でしかなかった。それで、追って大学校を設立するという〝予約〟を掲げて、わずか八カ月で閉校となる。衣冠束帯姿で『古事記』や『万葉集』を講ずる時代ではなかったのである。それだけに洋学の福沢への嫉妬まじりの反発も並のものではなかった。

福沢の母を慕った増田夫人

明治三年夏、福沢諭吉は断髪をする。すでに刀を差すことはやめて丸腰だったが、頭髪の方も文明化した。きっかけとなったのは、腸チフスを患って病床にあったのが回復したことである。そのとき病中に飲んだ牛乳を推奨する手紙を牛馬会社に宛てて書いてもいる。

同じころ、上京して文明開化の東京を見た増田宋太郎は茫然とし、こんな歌をつくった。

茜刺す君が都に来てはあれど
心のうさは和ぐ時もなし

天皇の住まいする都に来たけれども、憂憤は募るばかりだというわけである。

またいとこの福沢と増田の間はますます広がり、増田は「洋学問屋」の福沢への憎しみを深くしていく。洋夷、つまり西洋かぶれの風潮よりも、それを得々として導入している福沢の方が何倍も憎いのだった。増田はまた福沢を暗殺の対象として考え始める。

明治二年に横井小楠《しょうなん》が暗殺され、続けて大久保利通も凶刃に倒れた。その斬奸状《ざんかんじょう》には、

「専ら洋風を模擬し、神州の国体を汚し、朝憲を蔑し、浸々蛮夷の俗に変じ、万民塗炭の疾苦を醸成す。故に人心日々浮薄、廉恥地を払って空しく、外夷あるを知って、皇朝あるを知らざしむるの極なり」

とあるが、これらは増田の心を激しく揺さぶった。そして、「蛮夷の俗」を進めた福沢への敵意を昂めら

れたのである。

それに心を痛めたのは増田夫人のシカだった。増田の上京の費用の一部は、福沢の母のお順から借りたということもある。

松下竜一の増田伝『疾風の人』には、福沢が迎えに来て上京することが決まったお順に、シカが、あわてて、

「わたしはまだお金を返せそうにありませんのに」

という場面がある。それに対してお順は、

「いいのですよ。あなたにはお貸しするとでもいわなければ受け取ってもらえそうになかったから、そういったまでのこと。あれは返していただこうとは思っていませんよ」

と、なだめる。

それからまもなく、福沢がやって来て、シカに、

「あなたが宋さんのご内儀ですね。いや、母からよくうかがっていますよ。ご病気だったそうですね。わたしは腸チフスでね、ひどい目にあいましたよ。一時はおしまいかと思いました。――ほれ、まだこんな顔色でしょうが」

と気さくに語りかけた。

「宋さんは元気でしょう」

と続ける福沢に、シカは、

「はい。今は東京にまいっているようです」

と答える。

「なんだ、そんなことなら、わたしの所に顔を出してくれればいいのに」

増田がどんなに自分を憎んでいるか知らない福沢は、屈託もなくそう言った。

「お誓いくださいますか」

福沢が増田家を訪ねた翌日の晩、増田が突然帰って来る。夫人のシカは、あまりの符合に、夫は福沢を討つために後を追って来たのだと思った。

顔色を変えているシカに、増田は笑みを浮かべ、

「どうした、もう病気はいいのか」

と問いかける。

「えっ……どなたから、わたしの病気を」

と驚くシカに、増田は叔父から聞いたと告げる。

「では……福沢先生を追って帰られたんではなかったのですね」

と思わず尋ねてしまったシカに、今度は増田が表情を険しくして詰め寄った。

「福沢が帰っているのか。そなた、あの男に会ったのか」

ひとまわり以上も上の又従兄を増田は呼び捨てにし、

「会ったのか。あの男はけがもしていなかったのか」

とシカの肩を揺さぶった。

増田もいろいろ迷うのだが、福沢を討たねばという思いは、やはり頭から離れないのだろう。

頷くシカに、増田は眼光鋭く、

「無事に帰って来たか……」

と呻くように言い、シカが必死の面持ちで、

「福沢先生をお討ちになって、それであなたの願う世がまいるのでございますか」

と問いかけると、一時の放心状態から醒めた増田は、今度はシカをにらみつけ、

「――どうして、おまえはそんなに福沢をかばうのか」

と声を落とした。

「わたしは福沢先生をかばっているのではありません。わたしは先生のおかあさまのお順さまが好きなのです。あんなおやさしい方を悲しませたくないのです。それに、お順さまから憎まれたくないのです」

松下竜一は増田伝の『疾風の人』に、この時のシカの声は悲鳴のようだったかもしれない、と書く。シカは危うく、増田が上京できたのはお順の好意があったからだ、と言い出しそうだった。しかし、それをもらせば、誇り高い増田は破綻してしまう。それだけは、どうあっても口走るわけにはいかない。

「あなたは、ほんとうにわたしを妻だと思ってくださいますか」

かわりに、シカの口を突いて出たのはこの言葉だった。

「妻だと思ってくださるのでしたら、お誓いください。福沢先生を討たないとお誓いください」

病癒えぬシカが必死に問いかける。

「お誓いくださいますか。お誓いくださいますか……」
その勢いに押されて増田は言った。
「シカ、わたしは誓う。福沢を討たない」

朝吹英二も福沢をねらった

伝記作家の小島直記は、朝吹英二を数多くの福沢門下生の中で、最も異色の人物という。自分の姪と結婚させたのだから、福沢も「第一等の人物」と折り紙をつけたのだろう。

後年、財界の大立者となった朝吹について『朝吹英二君伝』という伝記を紹介しながら、森銑三《せんぞう》は『明治人物夜話』（講談社文庫）にそのユニークさを書く。

ちなみに、朝吹は犬養毅と親しく、この伝記の背文字と序文を犬養が書いている。

犬養が鋭角的だったのに対し、朝吹は開放的で円満型だった。だから、三井財閥のリーダーでありながら、三菱系の人たちとも親交があり、慶応の出身なのに早稲田出や官学出身者とも交わっていた。そして、三井の中上川《なかかみがわ》彦次郎と益田孝という両巨頭の調整役として欠かせない人物だったのである。

豊臣秀吉が好きで、徳川家康を嫌い、石田三成に同情して、専門の史家に三成伝を書かせてもいる。

なぜ、急にここで朝吹を登場させたのか。それは朝吹もまた、増田宋太郎と同じく、福沢を殺そうとしたことがあるからである。

朝吹の家は中津の奥の下毛郡宮園村の庄屋だった。日田咸宜園《かんぎえん》で学んだりしたが、中津に出て同年の増田と会い、親しくなるうちに、福沢を敵視するようになる。

明治三（一八七〇）年に福沢は母のお順を東京に迎えるべく、中津に向かった。大坂に着いたのがその年の十一月二日。主に中津藩蔵屋敷に滞在したが、何度か従兄の藤本箭山《せんざん》を訪ねて泊まった。そこに血気旺《さか》んな青年、朝吹がいた。鍼医の藤本を頼って従僕代りに住み込んでいたのである。

増田の場合と同じく、福沢は尊攘主義者となった朝吹が自分を憎んでいようとは思ってもいない。藤本もそんなこととは露知らず、ある日、朝吹に福沢のお伴を命じた。

当時、福沢の『西洋事情』がベストセラーとなっており、それにともなって偽版が横行していた。とくに福沢のいる東京ではなく、京都や大坂で出まわっている。印税によって一身の独立と塾の経営を成り立たせていこうと思っている福沢にとってはこれは大問題だった。それで書店をまわり、偽版を買い取って、その筋に訴えようと考えたのである。

その為に書店をまわるお伴を朝吹が言いつかった。

お高祖頭巾を被り、着物姿に紫の股引で丸腰の福沢の後を、大刀を差した朝吹が従いて行くのはかなり異様である。

朝吹は福沢の生活ぶりにも驚かされた。

まず牛肉。その調理を命ぜられて、朝吹は血のしたたる肉塊を、死ぬような思いで切ったが、とても食べる気にはなれなかった。

さらに、福沢に卵を買ってきてくれと言われ、二朱銀を放られた時にもびっくりした。

それは朝吹の半月分の給金に当たる額だったからである。こうしたことからも、朝吹は福沢を許せぬと思うようになる。

講談調の暗殺未遂告白

福沢のまたいとこの増田宋太郎と同年で親しかった朝吹英二は、福沢の従兄だった藤本箭山の従僕をしていて福沢と会い、福沢に対する敵意を増大させるようになる。たとえば牛肉を食う様子などを見てだが、朝吹はこう思った。

「是れは詰り西洋などへ往つて毛唐人の所作などを見て来たからで、所謂《いわゆる》見様見真似でこんな贅沢をやるので、是れでは皇国の前途も頗る《すこぶる》危い、国民が皆是れを見習ふて奢侈《しゃし》に耽らうものなら夫れこそ大変、是れは到底西洋通など振廻はさしてはならぬ、彼等は実に国家の害物だ」

時に朝吹は二十歳を出たばかり。のちに財界の重鎮となり、大阪の三田会で、自ら、福沢諭吉暗殺未遂を語った。福沢も亡くなっていた明治四十一（一九〇八）年のことである。およそ四十年後にそれを明らかにしたわけだが、『疾風の人』という増田伝を書いた松下竜一は、「いったいに朝吹という人物にはやや軽躁なところがあって、とくにこの三田会での談話には興趣を盛り上げようとして弾みのつき過ぎた講談的粉飾が感じられる」ので、「増田も福沢も亡きあとの気楽な談であることを留意して読まねばなるまい」と指摘している。

確かに陽気と軽躁は紙一重だろう。ただ、それだけに興味深い。その講談調の語りに従って、暗殺未遂の一件を追うと――

ある日、朝吹は福沢が大坂の上町にある緒方洪庵のところを訪ねるお伴を命ぜられた。話がはずんで、日中に到着したのに、夜の十時を過ぎても終らない。ようやく十一時ころになって緒方夫人などに送られて玄

関に出て来た福沢は、危いから駕籠で帰りなさいと言われても、いや、歩いて帰ります、と答えている。以下、朝吹の「講談」をそのまま引こう。

「如何にも先生に附いて居るお供が増田宋太郎から頼まれて、先生を殺して了はうとする私ですもの、天下是ほど物騒なことはありますまい。左様なこととは露御承知のない先生は、頻りと辞退を致される、夫にも構はずたつてと勧めて、駕籠屋を呼んで来たので、先生は堂島の田簔橋詰までだと、処を云ひ賃銭を聞いて請うが儘に払はれた。……私は憎しみが一倍増して、何うでも今夜此戻り道で殺して了はねばならぬと、此時愈《いよいよ》決心を固めました」

福沢も薄氷を渡って生きたのである。

では、どうやって殺すか？ 不意に飛びついて短刀一刺しにするか、そんなことを考えながら、しかし、顔には出さず、駕籠に付いて本町橋に差しかかった。このあたりでやらねばと、身構えて飛びかかろうとした、ちょうどその時、耳をつんざくばかりの太鼓の音が降って湧いた。それは寄席のハネ太鼓と後から気づいたが、この音で朝吹は拍子抜けしてしまい、福沢刺殺も思いとどまることになる。

岩田茂穂も福沢宗に

福沢に飛びかかろうとした寸前に太鼓が鳴って殺意をなくした朝吹に、福沢は大坂を出て中津に向かう時、自らの著書『西洋事情』を渡した。それが朝吹を洋学へ転向させることになる。

福沢は最初の著と見られる『唐人往来』に「其頃は所謂攘夷論の最中にして、浮浪の徒と称する輩が諸方に乱暴を逞《たくま》しうし、外国人を暗殺する者あり、洋学者を脅迫要撃する者あり、御殿山の公使館を焼き、市中の

唐物屋に乱入する等、実に物凄き世の中なりし」と記しているが、まさに自らが朝吹にねらわれたのだった。ちなみに当時は外国人のことを一般に唐人と称した。

その朝吹を、いわば〝改宗〟させた『西洋事情』は、政治に始まり、収税法、国債、紙幣、商人会社、外国交際、兵制、学校、新聞、文庫（図書館）、病院などについて、わかりやすく紹介し、解説している。

これを熱心に読んで、朝吹は仰天したのだった。そして、一気に福沢に傾倒していく。

この『西洋事情』に偽版が横行して、怒った福沢がその筋に訴えようとしたことは前述したが、福沢の最初の構想では、この本を初編、二編、それぞれ三冊ずつの六冊本とし、亜米利加合衆国、荷蘭、英国、魯西亜、仏蘭西、葡萄牙、日耳曼（ゲルマン）総論、普魯西（プロシア）の各国を紹介するつもりだった。しかし西洋の社会事情一般を説明しないと、各国の歴史や政治、財政等を解説してもわかりにくいと思い、途中から計画を変えて、現在残されているような形になったという。

これを熟読した朝吹は刀を捨て、断髪して福沢を迎えた。中津から再び上京するため大坂に立ち寄った福沢は、朝吹のこの変貌に驚く。しかも、東京に連れて行って弟子にして下さい、というのである。

同じように福沢の門下生になった者に岩田茂穂がいる。その息子が作家の獅子文六（本名、岩田豊雄）だが、岩田茂穂も、増田宋太郎から離れて福沢の下に走った。

福沢のまたいとこで福沢を暗殺しようとした増田の伝記『疾風の人』を書いた松下竜一は、作中で増田にこう言わせている。

「おれは負けた。福沢めに負けてしもうたぞ」

それに対して、友人が、中津に開かれた皇学校も盛況だし、そんなことはないとなだめると、増田は泣く

ように続けた。

「茂穂まで福沢に奪われてしもうたとあっては、おれの負けじゃ。……茂穂の奴、なして……」

増田と共に皇学校開設のために走りまわった岩田が福沢の慶応義塾に入ることになったという。福沢の『学問ノスヽメ』を読んでにわかに発心したのだった。

増田は激怒し、岩田を裏切り者と面罵したが、岩田は「西洋の学問もひとつの便宜としてやってみる必要がある」と言い張り、その決心を変えなかった。

天皇と前後して断髪

慶應義塾に入った岩田茂穂に絶交を宣言した増田宋太郎と、その岩田が並んでいる写真がある。裏に明治六年五月一七日島原とあり、東京の島原という写真館で撮ったものだとわかる。

『疾風の人』で、増田夫人のシカはこう語る。

「そうでございます。あの人は結局茂穂殿とは絶交しなかったのです。あの人の心のうちでどんなたたかいがありましたものやら、茂穂殿の洋学への転身をお認めになったのでした。写真の茂穂殿は椅子におかけになって腕を組んでいるのですが、断髪をきれいにお分けになって、とてもよくお似合いです。着衣は筒袖に軽衫《かるさん》でございましょうか、足には靴をはいておられます。かたわらに添うて立っているあの人は、袴に白帯をしめ大刀を落とし差しにしていつもの通りでございます。足には木履《ぼくげき》をはいています」

福沢がひょっこり中津に戻って来たのは、岩田が慶応義塾に入るため上京した後だった。

増田の家を訪ねて来た福沢は、応対に出たシカに、

「宋さんは皇学校の方ですか？　いやあ、宋さん達の学校もなかなか盛況のようですな」

と言い、一冊の本を出して、

「これを宋さんに読んでいただければ嬉しいのですがね。あなたから渡しておいていただけませんか」

と頼んだ。『学問ノスゝメ』だった。

岩田茂穂を一気に改宗させた本である。

「天は人の上に人を造らず、人の下に人を造らずと云へり」

冒頭の言葉を読んで、シカはその世界に引き込まれた。そして、次の箇所にぶつかって、これは夫のことを言っているのではないかと胸が痛くなったのである。

「しかるを支那人などのごとく、わが国より外に国なきごとく、外国の人を見ればひとくちに夷狄《いてき》々々と唱へ、四足にてあるく畜類のやうにこれを賤しめ、これを嫌ひ、自国の力をも計らずして、みだりに外国人を追ひ払はんとし、かへつてその夷狄に窘《くる》しめらるるなどの始末は、実に国の分限を知らず、一人の身の上にていへば、天然の自由を達せずして、我儘放蕩に陥る者といふべし」

思わず読みふけっていたところに増田が帰って来て、何を読んでいるのかと尋ねた。

驚いたシカが、どぎまぎしながら、

「福沢先生がお立寄りになって、これをあなたにと置いて行かれたのです」

と答えた。

一瞬顔色を変えた増田は、シカが心配したようにその本を叩きつけたりはせず、黙ってそれを机の上に置いた。

中津においても、福沢の指導する市学校は存続を許されたが、皇学校は隆盛なのに廃校にされた。その継続を願うべく上京する途中の下関で、増田は断髪する。明治五（一八七二）年十月のことだが、翌明治六年の三月に天皇も断髪していた。

揺れる胸中

断髪してまもなく、増田宋太郎は、自分はまちがっていたと言い、

「今日、国権を海外に拡張しようとすれば、薩摩の軍事力を借りるしかないことに、わたしはやっと気づいた。われらの討薩計画は間違いであった。この計画はなかったことにしていただきたい」

と道生館以来の同志たちに頭を下げた。しかし、この計画が発覚し、増田は謹慎処分を受ける。ここから、明治十（一八七七）年の西南戦争への参加までは、ほぼ一本道だろう。

松下竜一の増田伝『疾風の人』に、増田の母親が病み、大阪から中津に帰って医師を続けていた藤本箭山に診てもらう場面がある。

増田夫人のシカに、母親はいくつになったか尋ね、六十歳と聞いて、藤本が、

「そういうお年では、なかなか回復もはかどりませんからね。貧血には薬よりも何よりも滋養でしてね。牛乳が一番ですな」

と勧める。そして、

「ちょっとなまぐさいが、なに、薬と思って飲めばよろしい。福沢先生も牛乳で大病をなおされたそうで、市学校でも牛乳はえらい評判ですからな。――わたしもこれで、ときどき市学校の談話会を拝聴にまいるん

ですよ。新しい知識におくれてはなりませんからな」

中津の市学校は、言うまでもなく福沢の指導する学校である。

福沢と増田はまたいとこであり、ある日、福沢から増田に、福沢の母親が亡くなったことへの悔やみ状への礼状が届いた。福沢の母、お順を慕っていた増田夫人のシカがその悲しみを綴って出したのだが、福沢の返信には、お順の容態が悪化してから、ただただ中津に帰りたいとばかり言った、と書かれていた。

人力車が嫌いで一度も乗らなかったのに、最後には、人力車を呼んでおくれ、いまから中津に帰ると言って福沢を困らせたという。

その件《くだり》を読んで泣いていたシカを尻目に、

「いまさら孝行面をして――」

と吐き捨てた増田にシカはこう言い返さずにはいられなかった。

「福沢先生はほんとうにおつくしになられたのですわ。横浜からわざわざ氷を取り寄せたりまでなさっているじゃありませんか」

「それは、福沢が金を持っているからさ。諭吉は毎月十五円もの小遣をくれるが、わしは少しもうれしゅうはない、諭吉は金が余ってしょうがないからくれるだけのことじゃ、さもなければ親に小遣をくれるような奴じゃないと、そういうて嘆いたそうじゃないか、お順さんは母親だけあって、福沢の心のうちをよくお見通しだったのさ」

その言い方に増田までが賤しく思えて、シカは、

「では……あなたはどうなのでございますか。あなたは福沢先生よりも親孝行だとおっしゃるのですか、

おかあさまを、食べるものも食べられないところに追いこまれているあなたが親孝行だとでもおっしゃるんですか」

と口走ってしまい、増田に平手打ちをくらわされることになる。

第三章　福沢諭吉と増田宋太郎の交錯

「慷慨民権」をめぐって

陸羯南《くがかつなん》が喝破したように、日本の自由民権運動の主流は不平士族の「慷慨民権」だった。それに増田宋太郎は身を寄せていく。しかし、福沢諭吉はその流れに警戒的だった。福沢の『文明論之概略』にはこんな一節がある。

「今の世に人民同権の説を唱る者少なからずと雖も、其これを唱る者は大概皆学者流の人にして、即ち士族なり、国内中人以上の人なり、嘗《かつ》て特権を有したる人なり、嘗て権力なくして人に窘《くるし》められたる人に非ず、権力を握て人を窘めたる人なり。故に其同権の説を唱るの際に当て、或は隔靴の歎なきを得ず。……今仮に国内の百姓町人をして智力あらしめ、其嘗て有権者のために窘められて骨髄に徹したる憤怒の趣を語らしめ、其時の細密なる事情を聞くことあらば、始て真の同権論の切なるものを得べし」

松下竜一が増田伝の『疾風の人』に指摘する如く、福沢には秩序を紊《みだ》す者への不信感があった。それは過敏と言っていいくらいで、慶応三（一八六七）年に島津祐太郎に宛てた手紙で「近来は世上不穏、動《やや》もすれば下より上を凌《しの》ぎ、国法を恐れざるの悪風流行」と述べている。いわゆる激派の増田と違って、福沢は漸進的革命家だった。いや、革命家ならぬ改良家だったと言えようか。

松下は民権運動をめぐる福沢と増田の交錯を次のように書く。

「当代切っての啓蒙家福沢諭吉が民権運動にこのように消極的であり、逆に、いまだ尊王・国権思想を脱し切れぬ宋太郎ら道生館一統が自由民権運動に走り始めているという光景は皮肉である。事の本質が視え過ぎるがゆえに福沢は躊躇し、事の本質を解しえぬままに宋太郎らは猪突したのである」

それにしても、天賦人権の民権思想と増田のそれまでの国権思想とは矛盾することがなかったのか。増田の頭の中では、天賦の天は天皇の天だった。増田に限らず、自由民権運動に身を投じた不平士族の多くは、そう考えて自らを納得させていたのである。

ところで、「優等生はロンドン、劣等生はパリに惚れる」といわれる。イギリスは「コモン・センス」の国であり、フランスほど急進的ではないという意味にもなろう。

蘭学からスタートした福沢は、それがあまり役に立たないことを悟って、まもなく英学に転向するが、やはり、イギリスがその思想的故国である。それに対し、〝日本のルソー〟といわれた中江兆民はフランスを源流とする思想家だった。その過激さにおいてもフランス型だったのである。

その対比で言えば、増田宋太郎も福沢流の英国型ではなく、中江流の仏国型だったと言えるかもしれない。

思想の故国、イギリス

前節では、福沢を英国流の思想家とし、中江兆民を仏国流の思想家とした。ここで少し、寄り道をして、私が若き日にイギリスに行った時の印象を書いてみたい。

「ここ（日本）は現世代の人間らしく急行列車にのるぜいたくさを望む人びとのいる国ではなくて、明らかに時間というものが高価なものとは評価されていない。であるから、旅行であろうと、取り引きであろうと、

他のいかなる仕事の処理であろうと、とにかく耐えがたいほどのろのろしている」

これは、江戸時代末期に日本に駐在したイギリスの初代駐日公使、ラザフォード・オールコックの『大君の都』（山口光朔訳、岩波文庫）の一節である。福沢がイギリスを訪れた時も、その落差に驚いただろう。

しかし、一世紀余り経って、それは逆転したかのように見えた。私が行った一九七七年、ロンドンでは「to let」や「for sale」の看板がやたら目についたし、ロンドン自体が〝売り出し中〟なのではないかと錯覚したほどだった。

石油成金のアラブ人がロンドンのどこそこを買ったとかいう話を聞いたりもして、「斜陽の大英帝国」に対して、いささか優越的になっていた私は、しかし、ある光景を目の当たりにして、したたかに打ちのめされる。

それはロンドン塔の近くのタワー・ホテルに泊まった時のこと。ホテルでの夕食に少し遅れて行った私は、なかなか出てこない食事に苛立っていた。しばらく経って、ゆっくりと食事を運んできた年輩のボーイは、上がり始めた開閉橋のタワー・ブリッジを見て、笑みを浮かべながら、私たちにも見ろとジェスチュアしたのである。生活を味わう、人生をいつくしむとはこういうことなのか。数え切れないくらい見ているであろうその光景を本当に楽しそうに眺めているそのボーイの姿に私は「負けた」と思った。

ジョージ・ギッシングの『ヘンリ・ライクロフトの私記』（平井正穂訳、岩波文庫）的人生の味わい方は、決してインテリだけのものではないのである。

西欧というよりは北欧の雰囲気をもつイギリスは、ビートルズやミニ・スカートを生んでもいるが、基本的には派手さとは遠い国だ。ロンドン塔の歴史を知る時、その印象はいよいよ沈鬱なものとなる。この国は

「ジキルとハイド」の国でもあるのである。

ロンドン塔は一〇六六年にノルマンディー公ウィリアムがイギリスを征服してから、ジェームズ一世の治世が終わる一六二五年まで、国王の住居であると同時に政治犯の牢獄であり、処刑場であった。ともあれ、「コモン・センス」のイギリスほど福沢にピッタリの国はない。

フランス嫌い

在野に徹したと言っても、福沢は無政府主義に共感を寄せてはいなかった。あくまでもイギリス流の「コモン・センス」の思想家である。それに対し、ほぼ同時代の中江兆民は過激なアナーキズムをも含むフランス流の思想家だった。

「フランス人というのは、時間をきめて約束するのがとてもきらいなんだね。時間割を持たないことが自由だと思っている。ところがドイツでは解放運動の詩人エンツェンスベルガーでさえ、自分の雑誌に『時刻表』というタイトルをつける位です。言ってみればフランス人とドイツ人は時間をはさんで永遠に三角関係をくりかえしているようなものだ」

これは寺山修司の言葉だが、ドイツ人のカール・マルクスとその女婿でフランス人のポール・ラファルグの思想の違いが興味深い。マルクスにとって、この女婿はいささかならず困り者だった。

ラファルグはその著『怠ける権利』(田淵晋也訳、人文書院)の中で、労働者は「キリスト教道徳のあわれなパロディである資本家の道徳」に毒され、禁欲と労働を神聖化するブルジョア・イデオロギーにまどわされて、自分たちの「苦悩と悲惨と堕落」の震源に決して気づかず、やみくもに、「働く権利」を要求している

が、むしろ、「怠ける権利」をこそ要求すべきなのだ、と主張した。ラファルグにとって「怠けること」は「労働の長子である〈進歩〉の神」への反逆であり、また「自負と独立の意気」をそなえた「自由人」への道であり、さらには「人間の情念」の解放へつながるものであった。「怠け」と「自由」を重ね合わせて考えた上での「自由」の主張であり、「労働」と「秩序」を重ね合わせて捉えた上での、それへの反逆であったのである。

フランス・アナーキズムの伝統を受けつぐこうした考え方は「近代化」にどう抵抗するのか。アナーキーとは言っても、フランス人のそれは、のべつまくなしのそれではないのだな、ということを、いまから三十年ほど前の旅行で知らされた。ブローニュの森へ行こうと思って、ツアーから離れて地下鉄に乗ったのだが、発車してまもなく停車した。立っている人はいないというくらいの混み具合で、それから再び走り出すまでの十分間ほど、誰も騒ぎもせず待っていた。日本人なら、すぐに騒ぎだすところだろう。

それにしても福沢はフランスが嫌いだったようで、『西洋事情』では「昔日仏蘭西騒乱のときに然る可き暴行を為せし輩は、皆無学文盲放蕩無頼、良政府の下に居ては活計を営ふこと能はざる者なり」などと書いている。これはいささかならず一方的だろう。

増田宋太郎の回心

明治八（一八七五）年秋、福沢から中津の増田宋太郎のもとへ『文明論之概略』が届く。全六巻のその本は、しばらく開かれもせず、増田の机の上に置かれていた。

増田夫人のシカが『学問ノスヽメ』のように自分にも読めるものかと思って開いたが、歯が立たない。あ

わてて閉じたシカを笑って増田は、

「福沢ごときの書いた文章が、どれほど難しかろうか」

と言い、シカに読み聞かせた。

松下竜一の増田伝『疾風の人』によれば、増田はやがて机の前に膝をあらためて読み進んだ。真剣な読書が幾日も続いたのである。

「わたしは、諭吉さんと格闘しておる」

呼称も「福沢ごとき」から「諭吉さん」に変わっていた。

そして一カ月近く経った後、増田はシカに、

「わたしは慶応義塾に勉強に行こうと思う」

と告げる。

これにシカは驚かなかったが、増田の母親はびっくりして、師の渡辺重石丸に相談しなくてもいいのか、と尋ねた。

「先生には、上京してから直接お目にかかって説明いたす所存です」

『文明論之概略』と格闘した結果の決心は揺るぎようもなかった。

さすがに福沢に直接それは頼みにくかったようで、すでに慶応に入塾していた同年の朝吹英二に周旋を願う手紙を書く。

問題はおカネだった。すでに親戚をはじめ借りられるところから借りつくしている。

いまさら当てはあるのかと心配しているシカを尻目に出かけて行った増田は、ある夜、にこにこしながら

帰って来た。

「驚いたなあ、諭吉さんの功徳ときたら大したものだ」

と言った増田は、こう続けた。

「慶応義塾に勉強に行くのだというたら、あのシブちんの黒沢の叔父貴が、ぽんと金を出してくれたんだからね。やっと、あんたもその気になったか、よかったよかったというてよろこんでくれるんだ。慶応で修業すれば出世まちがいなしと踏んでるのさ。少しは出資しても、元が取れるというわけだな。……わたしもこれをはずしたら大変だから、はい、きっと出世しますという顔をしてたけどね」

そして中津を出た増田は、明治九年の正月を大阪で迎え、その年の春に慶応に入った。しかし、卒業生名簿には増田の名はない。それを松下は「多分彼は出版局を手伝うといったアルバイトをしながら聴講生の如き形をとったのではないか」と推測している。学資もなかっただろう増田を出版局に周旋したのは、またいとこの福沢だった。

外国人観の変貌

「彼も後年悔悟して、慶応義塾に入り、先生のお世話になって私との絶交も取消し、先生も大層増田をお賞めになりました」

増田宋太郎の入塾を周旋した朝吹英二はこう語っているが、朝吹自身、かつては、先生、つまり福沢を暗殺しようとした者だった。

では、あれほどに福沢を憎み、敵視してきた増田がなぜに変わったのか？　直接的には『文明論之概略』

に感化されてだが、『疾風の人』という増田伝の著者、松下竜一は「反福沢精神が次第に変貌してゆく漸進的過程があった」と考える。最初の屈折点は、明治五（一八七二）年の中津皇学校廃校である。それで増田は挫折し、現実の政治運動に向かうようになる。朝吹の慶応入塾に続く岩田茂穂の入塾もショックだった。断髪したのも、そうしたことが契機になっているだろう。

そして松下は、増田の福沢への接近に「宋太郎自身の変化とともに福沢の変化」を見る。

福沢は明治八（一八七五）年四月二十九日付の手紙で、アメリカ在住の富田鉄之助に宛てて、次のように書いている。

「外国人の乱暴も追々増長いたし、先日より強姦《ごうかん》の公事も両度なり。誰れか西洋諸国の白人を文明と云ふ。正是《まさに》人道外の白鬼なり。耶蘇の宗旨もクソデモクラへ、無用の坊主を我国へ遣していらざる人を教化するより、人間らしき公使コンシェルでも置て、泥坊と強姦の始末などする方、遥に優るべし。堂々たる英亜文明の政府にて、其人民が他国にて強姦を働き、其始末をせざるのみか、公使コンシェルは強姦者に左袒《さたん》して正に我日本を抑圧せんとせり。驚入たるワイトデヴル（白鬼）なり。右強姦、一は英人米人三名にて築地にて或る官員の細君を犯して肯《がえん》ぜず、依て之を打て大に疵《きず》付て死生未定、一は五、六日前芝山内にて同様の事ありしよし」

松下はこれを「公刊された書物ではなく、私信であるだけに露骨なまでに福沢の対白人感情がほとばしっている」と評する。そして、これを増田の文章とするなら、さもあらんと納得するだろうと指摘する。「その慷慨詩において、白人を蛮夷、寇賊、腥膻などと侮蔑して来た宋太郎であってみれば、人道外の白鬼という表現の烈しさも、いかにも彼らしいと思われやすい」というのである。

ところが、これは福沢の外国人観だった。

「試に我開港場等に在留する外人を見るに、一〇〇人に九九人は、有徳の君子と思はれず。人の話を聞けば、外国人は皆後生《ごしょう》を願ふ由なれども、余輩の鑑定にては、開港場の外国人に、極楽往生の出来べき人物は、極て稀なり。食ひにげ、飲みにげ、人力車に乗て賃銭を払はず、普請をして大工をたをし、約条の前金を取て品物を渡さず、欺策詐術至らざる所なし」

未発表のこれもそうである。

接点が又従兄弟の慶応入塾

増田ならともかく、とても福沢が書いたとは思えない「白人」批判の手紙を明治八（一八七五）年春に福沢は富田鉄之助に送った。

『学問ノスヽメ』に次のように書いた福沢も現実に「白人」が入ってくると変わったのである。

「日本とても西洋諸国とても、同じ天地の間にありて、同じ日輪に照らされ、同じ月を詠《なが》め、海を共にし、空気を共にし、情合ひ相同じき人民なれば、ここに余るものは彼に渡し、彼に余るものは我に取り、互ひに相教へ互ひに相学び、恥づることもなく誇ることもなく、互ひに便利を達し、互ひにその幸ひを祈り、天理人道に従つて互ひの交りを結び」

手放しの礼賛から要警戒へとスタンスを変える。それだけ福沢は増田に近くなった。

松下竜一は『疾風の人』でこう指摘する。

「きわめておおざっぱな軌跡で描けば、敬神（尊王）攘夷思想という右側から次第に民権運動を介して左側

へと屈折して来た宋太郎と、西洋啓蒙思想という左側から、そのゆき過ぎに気づいて右側へと屈折して来た福沢が、ちょうど出会った接点が明治九年の宋太郎の慶応入塾であったというふうにはいえまいか」

翌一〇年の西南戦争に参加して増田は亡くなってしまったから、以後の二人の交錯をたどることはできないが、松下の言うように「福沢がこののちいよいよ右側へと屈折して行ったことは歴史的事実」だった。

増田を回心させた『文明論之概略』にすでに福沢は激越な洋人批判の小幡篤次郎の一文を引いている。増田だけが変わったのではなく、福沢もまた重心をかける足を替えた。のちに慶応義塾の塾長となる小幡の「洋人批判」の一節を引こう。

「今、試《こころ》みに都下の景況を見よ、馬に騎し車に乗て意気揚々、人を避けしむる者は多くは是れ洋外の人なり。偶《たまた》ま邏卒なり行人なり或は御者車夫の徒なり之と口論を生ずることあれば、洋人は傍らに人なきが如く、手以て打ち足以て蹴るも、怯弱卑屈の人民これに応ずるの気力なく、外人如何ともす可らずとて怒を呑で訴訟の廷に往かざる者も亦少なからず。或は商売取引等の事に付き之を訴ることあるも、五港の地に行て結局彼国人の裁判に決するの勢なれば、果して其冤を伸る能はず、是を以て人々相語て云く寧ろ訴て冤を重ねんより、若かず怒を呑むの易きにとて、其状恰かも弱少の新婦が老悍の姑側に在るが如し」

それからおよそ百三十年経って「其状」は変わっているのだろうか。沖縄で米兵が少女に乱暴した事件でも「訴える」ことなく、泣き寝入りになっている。福沢が説いた「独立」は未だ実現していないのである。

増田が『田舎新聞』の編集長に

明治七(一八七四)年の民撰議院設立建白書が呼び水となって『東京日日新聞』『郵便報知新聞』、そして

『明六雑誌』などで民権運動が主張される。それを恐れ、翌年政府は讒謗律《ざんぼう》・新聞紙条例を出して言論弾圧に乗り出す。

こんな法律の下では自由に執筆ができないと福沢は『明六雑誌』の廃刊を提案し、社中の賛成を得て同誌は廃刊される。

しかし、弾圧は逆に民権派を刺激することにもなり、中津でも新聞が発行されることになった。その名も『田舎新聞』で、編集長が増田である。

創刊号が出されたのは明治九年十一月十三日。増田は師の渡辺重春にこんな手紙を送っている。

「扨《さて》、当地に於ても新聞を開きましたので、別便にて一葉差上げました。今後も続けて送りますので、御心付きの論説や異聞の聞込みなどありましたらどうぞお寄せ下さるやうお願ひします」

『疾風の人』には、この新聞について「『田舎新聞』の人脈は福沢派と増田派両派にわたっていて、これまで冷視し合って来た両派がここに初めて合流して中津での民権運動を推めようとしている事実に注目させられる。これも、宋太郎が慶応義塾に学んだという転機によって初めて可能となった交流であったろう」と指摘されている。

ほとんどなくなってしまった『田舎新聞』創刊号の一面右半分を写した写真が福沢記念館にあり、こんな記事もまじっている。

「天から玻璃《びいどろ》長崎から赤飯《こわ》とは昔の話にて其長崎から耶蘇説教師さんが過日より御出にて当市中鷹匠町にて今晩から講釈が始まりますから聴たくバ御出なされ田舎までとんだこと」

かつては激しく憎悪し、危険視した耶蘇宣教師の説教記事も載せるほどに、編集長の増田宋太郎は変化し

ていた。冷やかしつつも載せたところにそれは顕著である。変化していたからこそ、福沢派からも認められて増田は編集長に迎えられたのだった。

しかし、翌年、増田は西南戦争に参加して還らぬひととなる。時に二十九歳。満年齢で言えば二十八歳六カ月である。

それを知った福沢の驚きぶりは尋常ではなかった。

「中津から宋太郎を出したことは、灰吹のなかから竜の飛び出したようなものである」

福沢はこう言ったといわれる。

明治十（一八七七）年十一月十三日、田舎新聞社は中津の明蓮寺で増田の慰霊祭を行い、続いて起業一周年を記念する祝宴を開いた。増田夫人のシカは「あの人は夢のような人でございました」と呟いたという。

まちがってしまった太鼓判

増田と共に福沢をねらい、逆に感化されて福沢の門下生となったのが増田と同い年の朝吹英二であることは前述したが、その朝吹について、おもしろい逸話がいろいろある。

小島直記の『硬派の男』（実業之日本社）によれば、朝吹の頭は大きかった。帽子屋に行くと、ちょうどいいサイズの帽子をさがすのに苦労したという。幼時に疱瘡にかかったため、アバタ面。また、声がどでかかった。あの声なら、電話でなくとも直接向こうの人に聞こえるのではないか、とまでからかわれたらしい。

その上、無類のあわて者で、自分の家とまちがえて隣の家に入り、暑かったのですぐ裸になってしまって、出くわしたその家の夫人も仰天したという。

頭の回転が早いだけでなく、人情味もあって、のちに財界の大立者になったが、この朝吹を見込んだ福沢が自分の姪と結婚させようとした。

兄の中上川彦次郎に連れられて上京し、叔父の福沢邸に住んでお茶の水女学校に通っていた姪の澄が十六歳になった時、福沢はこの話を持ち出した。

それを聞いた澄は蒼白になり、

「他のことは何でも叔父さまの言うことを聞きますが、それだけはお許しを」

と涙まで浮かべて固辞する。

それで福沢は、

「お前さんがそう言う気持もわからないではない。朝吹君は決して美男子ではないからね」

と言った後、

「確かに朝吹君はいい男ではないが、夫として将来を託せるかどうかは、顔だけで決めてはいけない。人物本位で、将来に見込みのある男をこそ選ばなければならないのだよ」

と続けた。

しかし、澄は黙っている。不承知なのである。福沢はさらに説いた。

「その点、朝吹君こそ第一等の人物だ。それにあの顔なら、女にもてるはずがない。従って道楽の心配もなく、家庭は円満となるから、幸せこの上ないではないか。私が保証するよ」

つまり、福沢が太鼓判を捺したのである。それで遂に澄も決心し、朝吹の妻となった。

小島直記はこの逸話を引きながら、「福沢の眼光をもってしても見えないことがあった」と書く。醜男《ぶおとこ》だ

からもてる心配がないわけではないのである。朝吹は大いにもてた。

それについて小島は「福沢自身、酒こそ飲むが、遊里の巷に足をふみ入れたことのない人物だったため、女の心情については理解不十分だった」と記し、「澄はさぞ叔父の太鼓判をうらんだことだろう」と付け加えている。

西郷の抵抗を讃える

維新のやり直しをしようとした西郷隆盛に殉じて亡くなった増田宋太郎は、西郷と同じように、「天皇様の賊として」殺された。

その西郷に甚しく同情的だったのが福沢である。西郷が兵を率いて東上の途についたことを知るや、福沢は次のような趣旨の建白書を認《したた》める。

「暴徒の暴発は固《もと》より不問に附すべからずと雖も、西郷が尋問の筋ありて上京するといふのは彼にも必ず申条があるであらう。それを問はずして玉石混淆、征討令を発せらるるのは、維新第一の功臣たる西郷に対する処置として忍びないところであるから、西郷の征討令は暫く猶予せられ、其申条を確かめたる上、処置に及ばれたし」

この建白書について、『疾風の人』を書いた松下竜一は、福沢の「もっと先を読んだ保身術が潜んでいたと見るべき」として、せっかく軌道に乗せた中津の市学校などを瓦解から護るのは「増田ら一党以外の中津士族が毫も叛意を抱いていないことを政府首脳に認知させておく必要があった」と指摘する。

確かにそういう意図もあったのかもしれないが、福沢には明らかに西郷への親近感があった。それで西

南戦争が決着した直後に『丁丑公論《ていちゅう》』を書いた。だが、すぐには公表せず、それが陽の目を見るのは実に二十四年後である。しかし、松下の言うように『公論』には「一種異様なまでの文章の昂揚」感がある。

「政府の専制咎む可らずと雖も、之を放頓すれば際限あることなし。又これを防がざる可らず。今これを防ぐの術は、唯これに抵抗するの一法あるのみ。世界に専制の行はるる間は、之に対するに抵抗の精神を要す。其趣は天地の間に火のあらん限りは水の入用なるが如し」

福沢には珍しく高い調子で始まって次のように続く。

「近来日本の景況を察するに、文明の虚説に欺かれて抵抗の精神は次第に衰頽するが如し。苟《いやしく》も憂国の士は之を救ふの術を求めざる可らず。抵抗の法一様ならず。或は文を以てし、或は武を以てし、又或は金を以てする者あり。今、西郷氏は政府に抗するに武力を用ひたる者にて、余輩の考とは少しく趣を異にする所あれども、結局其精神に至ては間然すべきものなし」

かつて、『学問ノス〻メ』初篇で強訴・一揆のたぐいを「恥を知らざるとやいはん、法を恐れずとやいはん」と一蹴した福沢とは大分違っている。しかし、この後段で福沢は、「無智の小民」と「上流なる士族」をはっきりと区別している。ともあれ、西郷の抵抗の精神を熱っぽく讃えた福沢は、西郷に殉じたまたいとこの増田については追悼の文を残さなかった。

母の遺言を忘れず

幕臣でありながら新政府の要職に就いた勝海舟に福沢は痩せ我慢の必要を説いた。それに対し勝は「行蔵は我に存す、毀誉は他人の自由」と開き直ったが、福沢は西郷隆盛に対しては点数が高かった。その西郷は

福沢の『文明論之概略』を愛読していたという。

福沢がとくに礼讃したのは西郷の「抵抗の精神」である。

西南戦争に敗れるや、つい昨日までは西郷を、大をつけて呼んでいた新聞記者たちも一斉に掌を返して「賊将」扱いする中で、それに抗する論説を発表するのは容易なことではなかった。だから二十四年後に出版される。

「余は西郷氏に一面識の交もなく、又其人を庇護せんと欲するに非ずと雖も」、いまこの一冊子を記して「公論」と名づけるのは、「後世子孫をして今日の実況を知らしめ、以て日本国民抵抗の精神を保存して、其気脈を絶つことなからしめんと欲する微意のみ」と前置きした福沢は、世人は西郷を賊というけれども、彼の尊王の志は今も昔も変わっていないし、道徳品行の高いことも昔と同じである、と説く。

だから、西郷は天皇の賊でも道徳の賊でもない。彼はただ「旧政府」(幕府)に抵抗したのと同じく、「今の政府」にも抵抗しているのだ、と。

そして、その抵抗の精神こそが貴重なものであり、現政府の立場で西郷を賊というが、「政府の名義あれど事物の秩序を保護して人民の幸福を進むるの事実」なく、「有名無実のものと認むべき政府は、之を顚覆するも義に於て妨げなし」とまで主張する。

ただ、福沢は、西郷が正面から新政府の非を明らかにしないで、単に(密偵とされた者の)暗殺問題のみについて政府に尋問の筋ありと主張したのは残念だと言い、「兵を挙て政府に抗するならば、第一、薩人たる人民の権利を述べ、従て今の政府の圧制無状を咎るのみにして、暗殺の如きは之を云はずして可なり。若し之を云はゞ、他の実事を表するの証拠として持出す可きのみ。後世に至て、明治十年の内乱は暗殺の一条よ

り起こりたりと云はゞ、恰も乱の品価を賤しきものにして、世界中に対しても不外聞ならずや」と西郷を批判してもいる。

西郷に対しては熱く共感した福沢も、増田宋太郎には弔辞を献げることはなかった。

しかし、増田夫人のシカのことは気遣い、中津の蚕糸会社の末広が官営の富岡製糸場に出す実習生の監督者にどうか、と斡旋している。仲介役に来たのは増田と親しかった岩田茂穂だった。

福沢は母のお順から、シカの力になってほしいと言われたことを忘れなかったのである。

第四章　中江兆民と福沢諭吉

ルソーとヴォルテール

兆民と諭吉はちょうどひとまわり違う。兆民が十二歳下である。しかし、没年は同じ明治三十四（一九〇一）年。誕生日前の諭吉が満年齢で六十六歳。誕生日を過ぎた兆民が五十四歳だった。

ガンを患って余命一年半と宣告されても、兆民の舌鋒は鋭く、「今やわが邦中産以上の人物は、皆横着の標本なり、ヅウヅウしき小人の模範なり」と衰えを知らず、山県有朋らの元老に対しても「皆死し去ること一日早ければ、一日国家の益となるべし」と容赦がない。松永昌三の『福沢諭吉と中江兆民』（中公新書）によれば、その当時、「福沢と中江は並び称されることがあった」というが、諭吉は兆民について何も書き残していない。

それに対し兆民は遺著となった『一年有半』で近代の非凡人三十一人を選び、その一人に諭吉を挙げている。そして、諭吉の文章を「福沢文天下これより飾らざる莫《な》く、これより自在なる莫し、その文章として観るに足らざる処、正に一種の文章なり」と賞賛しているのである。

没年が同じと書いたが、諭吉が亡くなったのは二月三日、兆民は十カ月後の十二月十三日にその後を追った。

それで兆民は諭吉が亡くなった時、「福沢先生卒す」という次の弔文を献げている。

「先生は今代の偉人也、吾人先生の儀来を拝したること、終《つい》に両三度に過ぎず、而《しか》も毎々他人座に於てしたるが故に、竟《つい》に教を乞ふこと有るを得ざりし、憾《うらみ》たること実に多し、先生の薫陶を蒙むり、指画を受けて、文武の顕職に上ぼり、若くは野に在て、陶朱計然の業に従事し、身巨富を致し、大に国家に益し、若くは講説に勤めて、人材を奨むる者、前後数千百人に至る、若夫れ先生の言論行実、隠然上下に被むりて、世の秕《マヽ》益を為せしに至ては、其功たる遽《にわか》に測度し易《かわ》らざる者有り、先生の今世に於ける、古の胡瑗《こえん》、ヴォールテール、貝原篤信を鋳陶して、一人と為せる者と謂ふも、誰か比擬を失すと曰《い》はん、明治の俊傑は吾人断じて言はん西郷隆盛勝安房岩崎弥太郎而して先生を合して四人なりと、猗与《ああ》盛なり、而して今や逝けり、惜む可き哉」

一日でも早く死んだ方が国家のためだと痛罵された山県有朋らとの何という違いだろう。確かに諭吉をヴォルテールに擬し、兆民をルソーになぞらえる人もいるが、その当否についてはここでは追及しない。いずれにせよ、なかなかに皮肉家の兆民が西郷、勝、そして岩崎と並ぶ「明治の俊傑」と讃えたのだった。しかし、前掲書で松永が指摘する如く、「中江は、福沢を尊敬していたが、親愛感は抱いてはいなかった」。自分とは違う資質だと思っていた節《ふし》がある。

時事翁と中江篤介君

松永昌三は前掲の『福沢諭吉と中江兆民』で、『女学雑誌』第二四〇号（一八九〇年十一月二十二日）から、「撫象子《ぶぞうし》」による二人の比較を引いている。

題して「時事翁と中江篤介君」。『時事新報』を出している福沢を「時事翁」と言い、兆民は本名で呼ぶ。

これがなかなかにおもしろいのだが、まず、「着眼」。

時事翁は富と金、平和と満足なのに対して、兆民は道理と自由、そして革命と破壊だという。

次に翁が「不平」を抱くのは、金のなき者、実際の出来ぬ理想、官員の威張りに国民のコリ性である。対して兆民は貴族的、面倒くさき事、虚飾的、万事に道理のなき事に不平を持つ。

そして「熱心」。翁の場合は熱心ならざる熱心。石炭のふすべる如し、切迫せず。兆民は絶望的の熱心。火山の石の躰あり。

「熱心ならざる熱心」の翁に「絶望的の熱心」の兆民という対比もなぜか頷かされる。

では「真実」をどうとらえているのか。翁は方便、ポリシー。時に随て更《かわ》る。坊主の説教に似たりと捉えていると思われているのに、兆民は「ヤケ酒のみて慷慨するの状あり」とコメントされている。

「秀所」は平凡卑近、何人をも感服せしむる翁は大コモン・センスがあって巧妙。

これに対し兆民は世俗界の神韻余りあり、横に天使を飛ばしむとあるが、要するに飛んでいると思われているということか。

「欠点」は翁が義人を服する能《あた》はずなのに、兆民は実際眼の人を服する能はず。つまりは両者の「信者」が違うのである。

翁は弁の行くまま文章を綴るが、兆民は情の行くままそれを綴るという違いも、信者の違いに帰するだろう。

「措辞」は俗語霊光ありて俗語多しの翁に、俗語圭角を生ずの兆民となり、漢語多しの兆民のそれは字々穏当よく直立すとある。

「前途」はつねによろしの翁に、文趣の更に解さるると共に現れんの兆民。

そして「批評家」としてはどう見られていたか。

評家ならぬ如くして評家の翁はつねに用ひらるべく、望む所は富と人情と数だとか。

それに対して兆民は批評家らしき批評家なれど、其言到底用ひられず、望む所は自由と道理と人情となっている。

「冷嘲」という項目では、翁が算盤を以て実業家らしくと見られているのに、兆民は、書物を以て哲学家らしくと見られている。

世の中は然らずとて禅僧の如き翁に対し、兆民は愚民多しとて敗軍の将の如く見られていた。

「長崎物語」

時期はずれるが、兆民も諭吉も長崎に留学した。長崎と言えば、こんな歌を思い出す。

〽赤い花ならまんじゅしゃげ
　オランダ屋敷に雨がふる

「ぬれて泣いてるジャガタラお春」と続く「長崎物語」である。

ある時、山形県の朴沢《ほおのさわ》という僻地の小学校に太った女性校長が赴任し、村の人たちの歓迎会でこの歌を歌った。狭い村のこととて、すぐにその話は伝わり、次の日から子どもたちは盛んにこの歌を歌うようにな

る。

それで長谷川正という教師が、これを社会科の授業に取り込むことを考えた。ちょうど江戸幕府の成立と封建制度の学習にさしかかっていたところだった。

「まんじゅしゃげてどんな花」

「オランダ屋敷てどこさあったの」

「ジャガタラて何?」

「お春はなぜ泣いた」

こうした子どもたちの疑問に答える形で長谷川は島原の乱の学習を展開していく。そうして、それはキリスト教を信ずる者たちの抵抗であっただけでなく、圧政に耐えかねた百姓の一揆でもあったことを教え、踏絵や拷問、それに宗門改めのことなどを学ばせたのである。

さらに、村の瑞光寺にのこっている寛永十八(一六四二)年の宗門御改帳を写してきて、子どもたちに調べさせ、信仰の自由をゆるさぬ圧政が東北の山の中にまでのびていたことを教えた。

当時の朴沢の住民は九十三人で、男が五十八人で女が三十五人。御改帳には「右の者たちはまちがいなく私の寺の信徒でキリシタンではありません」と書いてあるが、子どもたちは、なぜ女がそんなにも少ないのか、という疑問にもぶつかった。

それで長谷川は、働き手にならない女の子が主に「間引き」されたことを教える。ちなみに、寛永十年代に、幕府はポルトガルに対する圧迫を強め、十三年にはポルトガル人の日本人妻や混血児三百人近くをマカオに追放し、海外からの文通も禁じている。

さらに寛永十六年には、オランダ、イギリス人の妻子三十名余りがジャカルタ（バタビヤ）に追放された。これが、いわゆるジャガタラ追放で、この中に、長崎の筑後町にいた十五歳の混血少女「ジャガタラお春」も入っていたのだった。お春は母親や姉と一緒にバタビヤに送られたが、のちにオランダ東インド会社のシモンセンと結婚して幸せになり、七十二歳で亡くなった。しかし、お春とは違って、平戸のオランダ商館長ナイエンローデと平戸の女性との間に生まれたコルネリヤ姉妹のように、混血故に父親の死後、生母から引き裂かれてジャカルタに送られた例もある。

中江兆民の「非開化論」

福沢諭吉が中江兆民のひとまわり上であることはすでに書いたが、諭吉と同い年が橋本左内で、一歳下が坂本龍馬である。兆民は長崎留学中に龍馬と知り合った。

諭吉の四歳上が吉田松陰で、七歳上が西郷隆盛、十歳上が大村益次郎で、勝海舟が十二歳上となる。

こう並べると、橋本左内と言い、龍馬と言い、そして松陰と言い、途中で生を終えざるをえなかった人が多いことに驚く。もちろん諭吉にも暗殺の危険はあったが、その思想があまり過激でなかったためか、それとも諭吉が用心深かったためか、維新の激動をくぐりぬけ、その思想が広がる時間をもった。

諭吉に比して、兆民は要注意人物だった。前掲『福沢諭吉と中江兆民』によれば、明治十六（一八八三）年に警視総監を辞めて海軍大輔《たいふ》になった樺山資紀《すけのり》は、後任の大迫貞清に、

「在野政治家中、最も剣呑《けんのん》で最も注意すべきものは大石正巳、星亨《ほしとおる》、中江篤介、大井憲太郎の四人だ」と語ったという。

兆民は「開化」に双手を挙げて賛成はしなかった。それどころか、ルソーの『学問芸術論』を明治十六年に翻訳し、『非開化論』として発刊している。

そして、明治新政府の主導した「文明開化」に批判的な態度を取り、そのスタートとなった岩倉使節団に対しても次のように指摘している。

「明治四年我全権大使の欧米諸国を巡回して制度風俗を採訪せらるるにあたり、敏能の官僚秀俊の髦士《ぼうし》雲の如く随伴せり。しかれどもその中には、あるいはまた知嚢《ちのう》の空虚なる者、竜馬の軽剽《けいひょう》なる者もまたこれなかりしとはいふべからずして、乃ち彼邦数百年来収穫し蓄積し来りたる文明の燦然《さんぜん》として目を奪ふに遭ひて、始は驚き次は酔ひ終は狂して、事の次序を考へ業の先後を察するの念は一時にその思慮機能の中より迸散《ほうさん》し去り、彼の希臘神代記の魔女に倣《なら》ふて、一夜の中に我日本国を変じて純然たる欧米となさんと欲せし者もまたこれなかりしといふべからず。その外形に眩してその精神を忘るることは平庸動物の持ち前なかばなり」

これに兆民は「流行の論」という題をつけている。文明開化という風潮に対し、あくまでも半身の構えを崩さなかったのである。もちろん諭吉にも開化への疑問はないわけではないが、兆民のように深く、そして重くはなかった。「外国の制度を把《にぎ》り来りて、之を我国の制度に接木し、其腐浥《ふゆう》したる萌芽の少許《すこしばかり》発生するを見て、曰く、『是れ文明』」などと騒ぐ風潮を苦々しく見ていたのである。

娼妓をめぐって

兆民は長崎留学中に同郷の後藤象二郎から多額の資金援助を得て江戸へ出たが、その時の無心の手紙がふ

るっている。

「苦学して未だ放遊を試みるのいとまあらず、旁らに書冊を引き日に頭を埋む、此の身また諸生と称せんや否や、周歳花月楼に登らず」

要するに一年間、花月楼に行かないで勉強するから留学費を出してほしいという頼みを漢詩にしたのである。花月楼とは長崎の有名な遊廓だが、フランスへ留学しても、兆民の放蕩は並みではなかった。松永昌三は『福沢諭吉と中江兆民』に兆民自身のこんな述懐を引いている。

「ナニ仏国の公娼はドンな風だと、そふさ、欧州は流石《さすが》に社会の制裁と云ふ者が強いから、女郎屋と云ふ者は、皆社会の裡面に隠くれて遣ツて居る、女郎買ひに往く客は皆コソ〳〵で往く、其巣を知らない者は誰れか案内者を頼まねば往かれない、市街の中に女郎屋が有ツても、客が之を他の人に尋ねて往くワケに参らぬから、女郎屋の門札だけは、他の普通の人の門札よりも少しく大きくして有る、ソレも其道の通人でなければ分からない様にして有ツて、又女郎の多くは自前で有るから、女郎自身の自由と云ふ者も有る」

これに対し諭吉は、若い時はともかく、一家を構えてからは遊興に溺れることはなく、『日本婦人論』等で女性の地位の向上を主張した。しかし、売春をなくすことはできないから、その弊害をできるだけ除去して公娼を認めるのが妥当と言っていた兆民と同じく、娼妓は必要だと考えていた。諭吉の「人民の移住と娼妓の出稼」を引く。

「娼婦の業は素《もと》より清潔のものに非ず、左ればこそ之を賤業と唱へて一般に卑しむことなれども、其これを卑しむは人倫道徳の上より見て然るのみ。人間社会には娼婦の欠く可らざるは衛生上に酒、煙草の有害を唱へながら之を廃すること能はざると同様にして、経世の眼を以てすれば寧ろ其必要を認めざるを得ず」

そして「人民の海外移植を奨励するに就て、特に娼婦外出の必要なるを認めたればなり」と主張しているのである。

諭吉は『品行論』でも、遊廓を禁じたら、たとえば東京では「満都の獣欲」を抑えることができなくなり、良家の子女は淫らになって社会の秩序が乱されると指摘し、「本人のこの業を執る目的は兎も角も、社会より之を論じ、其人と業との如何を問はずして其業の成跡を見れば、娼妓も亦是れ身を苦しめて世に益する者と評せざるを得ず」と結論している。理想を高く掲げない諭吉の現実主義がよく出ている論と言えようか。

光永寺とフランス寺

「長崎に丸山といふ処なくば、上方の金銀無事帰宅すべし。ここ通ひの商ひ、海上の気つかひの外、いつ時しらぬ恋風おそろし」

これは井原西鶴の『日本永代蔵』の一節である。花月楼などがあった丸山遊廓を訪れた男たちは多い。諭吉や兆民も例外ではなかった。思案橋を渡り、丸山に向かう本石灰町通りの商店街ではいま、両側にアーチを設け、街路灯にゆかりの人たちをデザインしている。たとえば坂本龍馬であり、高島秋帆《しゅうはん》であり、岩崎弥太郎であり、そして福沢諭吉である。他にイギリス人のリンガーやオルトといった商人や中国人の墨客、江芸閣《こううんかく》のそれもある。

今年の一月に私は長崎に行き、桶屋町の光永寺を訪ねた。門前に「福澤先生留学址」とある。砲術家の山本物次郎の家に食客として住み込んだ諭吉は「鄙事《ひじ》多能は私の独得」という言葉通り、水汲みや掃除はもちろん、犬猫の世話までやった。一年だけの遊学だったが、『福翁自伝』で、こんな逸話を語っている。当時、

長崎では節分の夜に、法螺貝を吹き、経文を唱えて、各家をまわると、銭や米をくれる習わしがあった。厄払いである。それで諭吉は友人と共に、そのマネをして、ちゃっかり銭や米をせしめた。それで餅を買い、鴨も買って雑煮をつくり、たらふく食べたという。

光永寺は東本願寺の末寺で、かなり大きな寺だが、そこで学んでも、こうした逸話を見る限り、諭吉に宗教心はなかったと言うべきだろう。

しかし、兆民は違った。なぜなら、長崎在住の英米人の多くが商人だったのに対し、フランス人はカトリック僧侶が中心だったからである。医学に関心を寄せ続けた「英学」の諭吉と、哲学に重きを置いた「仏学」の兆民はそこで対照をなす。

飛鳥井雅道は『中江兆民』（吉川弘文館）に「フランス寺」のことを書いている。

文久三（一八六三）年に長崎にやってきたフランス人神父のプチジャンは、二年後の慶応元年に大浦に天主堂を建てた。兆民はこの年に長崎に着いている。当時はまだキリシタン禁令は解かれていず、この天主堂も表向きは長崎在留の外国人のためのものだった。しかし、プチジャンはこれを十七世紀に処刑された二十六人のキリシタン殉教者を祀る「二十六聖殉教堂」として位置づける。この天主堂を長崎の人たちは「フランス寺」と呼んだ。そこにやってきた隠れキリシタンのエイサベリナ・杉本ゆりが「ワレラノムネ、アナタノムネトオナジ」「サンタ・マリアノゴゾー（御像）ハドコ」と信仰を告白する。神父は感動し、これをそのままローマ字にした。奉行所もすぐには弾圧できないほど注目されたという。

もう十年以上前のことになるが、夏に一週間ほど、長崎大学で集中講義をしたことがある。「企業社会と人間」とかいうテーマでだった。そのとき、長崎には「三菱の方、県庁の人、市役所の奴」という言い方があることを知った。三菱重工長崎造船所のある長崎は、ある意味で〝三菱の街〟である。飲み屋を中心に三菱の社員が最高の客であり、次に県の役人、そして市役所の職員が続くということだろう。官より民を重視した諭吉が、この逆転現象を知ったら、どんな感慨をもたらしたか。

三菱の創始者、岩崎弥太郎も諭吉も長崎に遊学したが、早稲田大学の創立者、大隈重信もここで英学を学んでいる。森銑三の前掲『明治人物夜話』に「大隈侯の碁」と題した一文がある。そこで諭吉がこう評されている。

「福沢が大きな体をして、盤に向つたところは、愚なるが如く、癡《ち》なるが如く、背を曲げ、頭を下げて、諦視黙考しながら、さて下すのが皆凡手で、やゝもすれば死生も弁じないのに、観てゐる方で腹の皮をよつたさうである。――福沢翁はやはり常識家であつた。軍人となつて、戦場に三軍を指揮するなどといふ柄ではなかつたのであらう」

常識の通じない世に常識家は必要である。諭吉は偉大なる常識家だったが、それ故に、碁などに表れているように博才はなかった。そこが兆民と違うところである。

前節でフランス寺のことを書いたが、飛鳥井雅道の前掲『中江兆民』によれば、長崎から江戸に出た兆民はすぐに横浜のカトリック教会に現れる。だから、「長崎のフランス寺との接触がすでにあったと推定して誤りはないであろう」と飛鳥井は書いている。

すでに実用の学として主流になりつつあった英学に対し、兆民は違った近代化の可能性を仏学に見出そう

とした。しかし、そのころ、そもそもフランス語の辞書がなかった。

それで兆民は、和蘭、和英、英仏対訳などを突き合わせて解読に努めていた。兆民が自ら、こう語っている。

「文法書の如きも、其始て臨読するや、天主教僧侶に就て質疑す。彼れ日本語を能くせず、我れ仏蘭西語に通ぜず。目、察し、口、吟じ、手、形し、苦辛惨憺として、其終は、則ち相共に洒然一笑して、要領を得る事能わざるもの、日に幾度なるを知らず」

天主教僧侶、つまり、フランス人のカトリック神父は日本語がうまくなく、兆民はフランス語が不自由なので、身ぶり手ぶり、ジェスチュアをまじえて理解し合おうとしたが、結局、わからなかったことが日に幾度もあったということである。

馬場辰猪との関係

兆民と岩崎弥太郎は同じく土佐の出身である。だから兆民は長崎から江戸に出ようとした時、その船賃の二十五両を土佐藩留学生監督役だった岩崎に出してほしいと頼んでいる。

しかし、「二十五両は高額也、一書生の為に投ず可けんや」と断られ、「僕の一身果して二十五両に値ひせざるや否や、之を他日に見よ」と唇を噛んだ。それで次に、やはり同郷の後藤象二郎に依頼したのである。兆民の弟子、幸徳秋水が『兆民先生』（岩波文庫）にそう記している。

当時、土佐藩の参政だった後藤は、旧格にこだわることなく、地下浪人出身の岩崎を登用した。

さて、兆民より三歳年下で同じく土佐出身の馬場辰猪《たつい》と兆民はこのころ知り合い、終生親しい友人として

つきあう。『中江兆民』によれば、下級武士の足軽の中江家と、御馬廻という上士の馬場家とは格違いであり、いかに藩校で同席したとはいえ、私的に友人となることは土佐ではあり得なかった。しかし、そうした枠を越えて、兆民と辰猪は友情を結ぶ。

辰猪は「海軍機関学」を学ぶため、藩から江戸へ送られたのだが、幕府の海軍伝習所はまだ立ち上がっておらず、福沢諭吉の塾に入って、まず、英学を学ぼうとする。

のちに民権運動の理論家として名を成した辰猪は、明治二十一年秋、亡命中だったアメリカのフィラデルフィアで亡くなったが、それを弔って兆民はこう書いている。

「君、性厳重ニシテ、諸生タル時ヨリ、衣服刀履儼然《げんぜん》トシテ、少モ屁児帯風ノ不作法有ルコト無シ。余ハ不作法ノ極点ナリキ。但余ハ君ヲ頼母敷《たのもし》キ人ナラント思ヒタリ。後来何事カハ分ラザレドモ、一度二度ハ必ズ相談スル事ノ有ル人ナラント思ヒタリ。但、容貌ナリ被服ナリ性行ナリ、着々反対ニテ、君ハ美麗ナリ、余ハ醜陋《しゅうろう》ナリ。君ハ鮮整ナリ、余ハ乱雑ナリ。君ハ方正ナリ、余ハ粗放ナリ。君ハ英学人ナリ、余ハ仏学人ナリ」

これは期せずして、辰猪の英学の師である諭吉と兆民の対比ともなっている。

辰猪は貧窮のうちに孤独な死をとげたが、兆民は翌年夏、やはり親しい友人の宮崎夢柳《むりゅう》を失った。兆民と夢柳は漢詩仲間であり、夢柳はフランス革命やロシアのナロードニキに材を取って小説を書いた。

言うまでもなく、兆民の思想のふるさとはフランスだが、その首都パリでは一八七一年に民衆の蜂起によってパリ・コミューンが成立した。世界最初の労働者政府である。翌年の一月に兆民はパリに到着している。

一八七一年、すなわち明治四年と言えば、廃藩置県が行われた年である。

ベンサムとルソー

功利主義は人間の欲望を肯定し、それが社会の進歩に役立つと主張する思想だが、諭吉はこれに肯定的だったのに、兆民は否定的だった。

「最大多数の最大幸福」をめざすベンサムらの功利主義を諭吉は積極的に評価し、「議論は議論なり、実際は実際なり」として、現実主義の立場に立って、これを推し進めた。

たとえば、「西洋の文明開化は銭に在り」という『時事新報』の論説で、こう主張する。

「西洋諸国は銭の世の中にして、銭さへあれば有形肉体の快楽を買ふ可きは無論、尚ほ此外に無形の栄誉体面なるものありて、苟《いやしく》も富有の人とあれば社会の尊敬する所と為りて声望甚だ高く、其富豪の大なる者に至りては王公貴人も容易に之と交はるを得ず」

武士は食わねど高楊枝的風潮が強固だった時代に、こう言い切るには勇気が要ったろう。拝金宗と非難されながらも、諭吉は経済、つまり銭の大事さを説いた。

同じく『時事新報』の論説で次のように言う。

「清貧に安んずと云ひ、苦節を守ると云ひ、其名は甚だ美なるが如しと雖も、未だ一家の計を成し能はずして徒《いたずら》に空論を唱ふるが如きは経世経国の実際に何の益する所もなかる可し」

「人の働くは幸福快楽を得んとするが為めにして、其幸福快楽とは平たく云へば美しきものを衣《き》、甘きものを食ひ、立派なる家に棲《す》ふて、金銭に不自由を感ぜざることなり」

松永昌三が『福沢諭吉と中江兆民』で指摘するように、諭吉から見れば、金銭は人間社会の潤滑油だった。「賄賂も亦《また》人事を理するに大切なるものと云ふ可し」と賄賂も直ちに否定してはいない。「私の利益を謀り、理を非に変じ、非を理に装ひ、銭の効力を以て無き道理を製造するもの」は「悪性の賄賂である」と排してはいるが、その区別は容易ではないだろう。

こうした功利主義を兆民は真っ向から批判した。『民約訳解』で兆民は力説する。

「英吉利《イギリス》の勉雑母《ベンザム》いう『婁騒《ルーソー》の民約は、世いまだ若《かくのごと》きもの有るを聞かず』と。彼れ豈《あ》に此の一段を読まず、故に是の言を為すか。婁騒もとより言えり『民約の条目、未だ嘗て之を口に挙げ之を書に筆にせるもの有るを聞かず』と。蓋《けだ》し婁騒、尤も世の政術を論ずる者の往々いたずらに実迹《じっせき》に拠りて説を為すを悪《にく》む。故に本書、専ら道理を推して言を立て、義の当《まさ》に然るべき所を論ず、而して事の有無は初より問う所に非ざるなり」

つまり、ベンサムは単に利（現実）を論じ、ルソーは道理（理想）を論じているのだというわけである。

民党結集を図る

明治十四（一八八一）年春、『東洋自由新聞』が創刊された。社長が西園寺公望《きんもち》で、主筆が中江兆民である。『中江兆民』によれば、フランス派知識人の結集と見なされたが、西園寺の社長就任を政府や宮中が激怒し、岩倉具視が動いて西園寺は辞任せざるを得なくなる。これに兆民は怒り、嘲りをこめて、こう書く。

「君ノ社ヲ去リシハ果シテ何ノ故ゾ邪《や》、嗚呼吁嗟《うさ》、吾儕《わがせい》之ヲ知レリ。凡ソ人ノ言フコトヲ欲シテ言フコトヲ得ズ、知ルコトヲ欲シテ知ルコトヲ得ザル所ハ、皆天命ナリ。西園寺君ノ社ヲ去リシハ豈《あに》天命邪。若シ

天命ナラバ西園寺君何ヲ以テ已ムコトヲ得ン。何ヲ以テ言フコトヲ得ン。吾儕何ヲ以テ之ヲ知ルコトヲ得ン。衆君子何ヲ以テ知ルコトヲ得ン。曰上天之載無声無臭至矣。衆君子請フ為メニ一転語ヲ下セ」

「一転語ヲ下」さないと本心を読みとれない皮肉な文章だが、最初、明治天皇の内諭だった辞任の申し入れは、西園寺の実兄で宮内卿だった徳大寺実則《さねのり》を通じても西園寺に拒否されるや、内勅にエスカレートした。そこで西園寺は屈服したのである。

このころ、板垣退助を総理として自由党が結成され、続いて大隈重信を中心に立憲改進党がつくられた。後者は諭吉の影響下にある人々を結集した党だった。

そして、自由党の事実上の機関紙として『自由新聞』が発刊される。社長は板垣で、幹事には馬場辰猪や兆民が選ばれた。しかし、直後に板垣の外遊問題が起きる。馬場は大反対した。カネの出所が怪しいし、第一、党首が結党直後にいなくなるのはおかしい。そう反対する馬場らを板垣は『自由新聞』と党のポストから追放した。その内紛を同じ反政府党の改進党が攻撃し、自由党もそれに反撃して泥仕合となる。自由党は改進党を「偽党」と呼び、「海坊主」と難じた。改進党のバックに三菱があり、その海運業を指して、そう罵ったのである。兆民は、しかし、この攻撃には加わらなかった。あくまでも、政府の「吏党」に対抗する野党の「民党」結集をめざしていたからである。地縁で集まった九州同志会を核に、旧自由党系三派と立憲改進党の五党派統一交渉は延々と続けられたが、遂に改進党は参加せず、四派で「立憲自由党」をスタートさせることになった。「立憲」を掲げたのは改進党の合流をなおも期待してのことである。その「旨趣書」に兆民は「我党此に慨するあり、相共に奮ふて従来所属の党派を解き、感情の雲霧を洗拭し、然後《しかるのち》相合して新党を組織し、自由の大義に仗《よ》り改進の方策に循《したが》ひ」と書いた。反対もあったが、兆民は「一字も増すべか

らず半句も減ずべからず」と押し通した。

第五章　洋学紳士、馬場辰猪

旧師の諭吉と旧友の兆民

「頼むところは天下の輿論、目指す讐《かたき》は暴虐政府」という激越な言葉を英文の遺作『日本の政情』に記して馬場辰猪がフィラデルフィアに客死したのは明治二十一（一八八八）年の晩秋だった。この馬場を最も愛したのが旧師の福沢諭吉と旧友の中江兆民である。

兆民の追悼文の一部は紹介したが、諭吉はその八周忌に際して、こう弔った。

「今を去ること凡そ三十年、馬場辰猪君が土佐より出でて我慶応義塾に入学せしときは年十七歳、眉目秀英、紅顔の美少年なりしが、此少年唯顔色の美なるのみに非ず、其天賦の気品如何にも高潔にして、心身洗ふが如く一点の曇りを留めず、加ふるに文思の緻密なるものありて同窓の先輩に親愛敬重せられ」たと。

あえて「旧師」と書いたのは、その思想と行動に於て、師弟は違った道を歩まざるをえなくなったからである。

「紅顔の美少年」の馬場が、鉄砲洲の奥平邸の中屋敷にあった福沢の塾を訪ねた時、校長の諭吉は三十五か六で、馬場が十七だと答えると、「今からだ」と言われた。ちょうど学問を始めるべき年齢だというのである。

当時の塾のありさまを、馬場の『自伝』から引く。

「辰猪がそこへ行った時には、校舎はひどくこわれかけた家であった。それは侍部屋の跡であって、家の東翼に、福沢氏及びその家族の用に供された私室があったが、それは二階建てであって、食堂、厨房及び福沢氏が書物の講義をする一室から成っているのであった。その外に、学生の部屋が数室あって、そこで、学生が眠もするし、勉強もするのであったが、それは十畳か十二畳の部屋が二つとも少し小さい部屋六つであって、そのうちの二つはもと便所であったのを造り直したものであった。それから、大きい炉即ち竈の傍らに畳のない食堂が一室あるのであった」

ここで馬場は教師と学生を兼ねる生活を送った後、イギリスに留学し、ロンドンで兆民と会い、親交を深める。ロンドンには、のちに改進党系の代表的な理論家となる小野梓も大蔵省留学生として滞在していた。

萩原延壽《のぶとし》は『馬場辰猪』（朝日新聞社）に馬場の『自伝』に従って、こう記す。

明治五（一八七二）年ころロンドンには百人ほどの日本人留学生がいたが、街で会っても、お互い知らないふりをした。同じ藩の出身者でない限り、敵視していたからである。ある土佐藩の留学生などは、薩摩藩の留学生を見るたびに腹が立ってたまらないと口走っていたとか。馬場は「全国人民の脳中に国の思想を抱かしめる」という師の諭吉の教えを実践して、小野らと共に日本学生会を組織する。

「英語採用論」に反駁

馬場辰猪がイギリス留学中の明治六（一八七三）年、ニューヨークで森有礼《ありのり》の編纂した『日本の教育』が出版される。その序文で森は有名な「英語採用論」を展開した。日本語はもともと不完全な言葉であり、現在、英語国民の勢力は世界を蔽っているのだから、英語を国語として採用すべしというのである。

前掲『馬場辰猪』によれば、馬場は直ちにこれに反駁し、『日本語文典』を著す。

馬場も日本語がまだ不十分で未熟であることを認め、それを「豊かで完全なものにする」ことが望ましいとしながら、しかし、森が主張するように、日本語が「脆弱で不確実なコミュニケーションの手段」であるとは認めなかった。

日本語も英語やその他の発達した言語のように、一般的な法則によって支配され、合理的な文法をもった言語であることを、練習問題まで付けて馬場は証明した。また、森は英語を国語として採用した場合に起こる社会的な影響を顧慮していない。

英語は近代言語の中で最も難しいものの一つだし、日本語とはまったく性質が異なるので、多くの国民が使いこなせるようになるまでは非常に長い時間がかかるとした上で、馬場はこう続ける。

「なるほど国民のうちの富裕な階級は、貧困な階級がたえず縛りつけられている日常的な仕事から解放されているので、後者にくらべてずっと多くの時間を英語の習得にさくことができる。そこで、もし国の政治や社会的な交際のすべてが英語によってとりおこなわれることになったとしたら、ローマ帝国における貴族と平民の場合のように、下層階級は全国民に関係のある重要な問題からまったく締め出されてしまうことになるだろう。その結果生ずるのは上層と下層の二つの階級の間の完全な亀裂であり、両者の間に共通な感情は存在しなくなるだろう。そして、両者が一つとなって行動することが不可能になり、統一の利益がまったく失われてしまうだろう」

そして馬場は、インドですでにこの弊害は起こっていると説く。

『『日本語文典』は、民主主義者としての馬場の最初の宣言書であった」と萩原は書き、二十四歳の馬場

と二十七歳の森が、それぞれ、ロンドンとニューヨークにいて、大西洋をはさんで交わした論戦は、「西欧派」の知識人がたどる運命を予知していたと指摘する。

藩閥政府の中で最も開明的な官僚として文部大臣にまでなった森と、自由民権の理論家として先鋭になっていった馬場との論争は、つまりは国権と民権のどちらを優先するかという争いだった。

「性急な歩行者」の主張

明治七（一八七四）年暮れに馬場は帰国した。

「帰朝してみると、何も彼もが変っていた。辰猪が英国に向けて日本を出て以来僅かに五、六年たっているに過ぎなかったのであるが、事物の変り方は奥に驚くべきものがあった。前には、自分はもちろん、あらゆる侍が両刀をさしており、東京の街も将軍時代と全く同じであった。ところが、今は両刀などを帯しているものは誰もなく、重なる街衢《がいく》の家々は煉瓦造りになっていて、街は瓦斯《ガス》で照明されているのであった。鉄道が東京横浜間に開通していた」

馬場は『自伝』にこう書いているが、「東京の町」が変わるとともに、馬場の師の福沢諭吉からも暗殺の危険は去った。すでに見たように、その急先鋒の増田宋太郎でさえ、福沢の門を叩くまでに変わっていたからである。

『馬場辰猪』の著者、萩原延壽は馬場を「性急な歩行者」と規定しているが、その名にそぐわざるが如く、馬場は翌八年春に再びロンドンに向けて旅立った。そして、十一年春まで留学生活を続ける。

そして、『日本における英国人』と『日英条約論』という二つのパンフレットを書き上げた。これは日本

が国際社会において平等な取扱いを受ける権利があることを主張し、それを当時の大国、イギリスに向かって突きつけたものだった。

「もし、イギリス人が、われわれ日本人と友好関係を保ってゆきたいのならば、かれらは、完全に平等な原則の上にたって、わが国にやってこなければならない。そして、われわれに希望することを、かれらもまた、われわれにたいして、実行してみせなければならない。われわれ日本人は、いかなる権威にたいしても卑屈になどはならないことを、かれらは銘記すべきである。日本は独立国なのだ」

全篇がこうした、かなり高い調子の告発文である。

『日英条約論』では、馬場は師の福沢の『文明論之概略』を引いている。そして、イギリス人の犯罪者に対するイギリス領事の判決が、しばしば、不当と思われるほど寛大だ、と指弾する。たとえば、十三歳の日本の少女を凌辱したイギリス人に対する判決が、わずか六カ月の懲役だったと嘆いている。

それからおよそ百三十年。イギリスがアメリカになっただけで、日本(政府)の弱腰は変わっていないのではないか。

法権の独立と関税自主権の回復を訴えた馬場を皮肉るように、日本で発行されていた英字新聞『ジャパン・デイリー・ヘラルド』は「日本人は自分たちも史上最大の強国であり文明国である国民と平等な地位を与えられるべき」という大それた野心を抱いていると書いた。

〝平熱の思想家〟福沢

『馬場辰猪』の著者、萩原延壽は「馬場は、いかにも福沢諭吉の弟子にふさわしく、明治日本にとって

もっとも重要な政治的課題が、ナショナリズムと自由主義の結合であったことを、はっきりと理解していた」と書く。

　そんな馬場を福沢もとりわけかわいがった。第一回のイギリス留学の際、師は、留学のためロンドンに向かう小泉信吉と中上川彦次郎に馬場への次のような手紙を託している。

「方今《ほうこん》日本にて兵乱既《すで》に治りたれども、マインドの騒動は今尚《いまなお》止まず、此後も益《ますます》持続すべきの勢あり。古来未曾有の此《この》好機会に乗じ、旧習の惑溺《わくでき》を一掃して新らしきエレメントを誘導し、民心の改革をいたし度《たく》、迚《とて》も今の有様にては外国交際の刺衝《ししょう》に堪不申《たえもうさず》、法の権も商の権も日々外人に犯され、遂には如何ともすべからざるの場合に可至哉《いたるべきや》と、学者終身の患は唯《ただ》この一事のみ。政府の官員愚なるに非ず、又《また》不深切なるに非ず。唯如何ともすべからざるの事情あるなり。其事情とは、天下の民心即是《すなわちこれ》なり。民心の改革は政府独りの任にあらず。苟《いやしく》も智見を有する者は其任を分て自から担当せざるべからず。結局我輩の目的は我邦のナショナリチを保護するの赤心のみ。此度《このたび》二名（小泉と中上川のこと）の欧行も其万分の一のためなり」

　これを書いた明治七（一八七四）年の時点で、福沢は「兵乱既に治り」と認識していた。それから三年後の西南戦争でもそれは覆せなかったからである。そして福沢は続ける。

「日本の形勢誠に困難なり。外交の平均を得んとするには内の平均を為《な》さゞるを得ず。内の平均を為さんとするには内の妄誕を払はざるを得ず。内を先にすれば外の間に合はず、外に立向はんとすれば内のヤクザが袖を引き、此《これ》を顧み、彼を思へば、何事も出来ず。されども、事の難きを恐れて行はざるの理なし。幾重にも祈る所は、身体を健康にし、精神を豁如《かつじょ》ならしめ、飽《あく》まで御勉強の上、御帰国、我ネーションのデスチニーを御担当被成度《なされたく》、万々奉祈《いのりたてまつり》候也」

日本の命運を託すと言うほど、福沢は馬場に期待していた。しかし、馬場を病魔が襲っただけでなく、同じく「民心の改革」を志しても、師弟はその気質が違っていた。福沢がいわば、〝平熱の思想家〟であったのに対し、馬場は平熱の思想家ではなかったのである。

萩原は前掲書で、馬場は「事実としての民衆と、観念としての民衆」の間、その乖離に悩んだ、と指摘する。そのため、ますます過激になっていったのだが、師は弟子ほどにはそれに頭を痛めなかった。あくまでも、事実は事実、観念は観念と割り切っていた。それが、「平熱の思想家」と名づけた所以だが、平熱を保ち続けるのはそれほど容易なことではない。

不羈独立を説いて官途につかず

ロンドンで馬場辰猪と親しくしていた小野梓や、馬場と同じ福沢門下の犬養毅、尾崎行雄、あるいは中上川彦次郎や小泉信吉などが明治政府に出仕して、福沢を「人民の気風を一洗して世の文明を進むるには、今の洋学者流にも亦《また》依頼する可《べか》らざるなり」と嘆かせたのに対し、ほとんど馬場のみが、いわゆる官途につかなかった。それはなぜだったか？

馬場と同郷でもあり、ロンドンでも交友があった片岡健吉に宛てた馬場の手紙にそれを知る手がかりがある。片岡は民権運動を進める土佐の立志社のリーダーだった。馬場は、「壮士」たちも「不羈《ふき》独立」の生活を支えるに足る知識と職業を身につける必要があると説いている。

「凡《すべ》テノ人ノ世ニ棲息スルハ、只其《ただその》務メヲ知リテ之《これ》ヲ勉ムルニアリテ、空手茫然トシテ貴重ノ光陰ヲ空過シ、或ハ又《また》只名利ニ奔走シテ動揺スベキ者ニ無レ之候。農ト云ヒ商ト云ヒ、各々其職トスル所ヲ務メ、其業

トスル所ヲ励マザルベカラザルハ、是《これ》人間ノ通義ニシテ、若《も》シ然ラザレバ則チ天下ノ遊民ニシテ、殆ンド禽獣ト相伍《あいご》スルノ人ト申スベク候。故ニ人ヲシテ農ナリ商ナリ各々其欲スル所ニ随《したが》ウテ職業ニ就カシムルハ、実ニ人ヲシテ人タラシムルノ要道ト存候」

人間はすべて、その務めを知ってそれに励まなければならない。農業でも商業でも「其《その》欲スル所ニ随ウテ」職業に就かせるのが肝要であるといった意味だろう。手紙はこう続く。

「然ルニ人ヲシテ一業ニ就キ一事ヲ脩セシムルニハ、先《ま》ヅ学ニ就クヲ以《もっ》テ第一著トシ、又学ニ就クニハ其人着実厚志アルヲ以テ第一トシ、然ル後学校ニ於テ其人ヲ薫育スベキ事ト存候。然ルニ今日吾国ノ景況ヲ目撃スルニ、一学ヲ脩メ一芸ニ達スル者甚ダ尠《すくな》ク実ニ蓼蓼晨星ノ如ク、大抵皆卑屈ノ奴隷根性ニシテ、只管《ひたすら》ニ政府ノ官吏タランコトヲ欲シ、国家ノ公僕（ここでは、官吏ではなく、真面目に生業にいそしむ国民というほどの意味）タルヲ愧《はじ》トシ、些些《ささ》タル俸給ヲ仰ギ、只一日ノ安《やすき》ヲ貪リ、（中略）其憤リヲ干戈《かんか》ニ訴フル歟《か》、然ラザレバ無恥無辱ノ落塊者ト為テ止ムニ過ギズ候。嗚呼《ああ》今日吾国斯《かく》ノ如《ごと》キノ有様ニシテ、斯ノ人民ニ向テ不羈独立ノ精神ヲ発揮スルコトヲ望ムハ、実ニ難キ事ニ候。故ニ今日草莽ニ伏在シテ、結社壮士ヲ牧宰スル人ハ、宜《よろ》シク此処ニ着目シ、人人ヲシテ一学ヲ脩メ、一芸ニ達セシメ、以テ不羈独立ノ人ト為リ、社会共同ノ公益ヲ経営スルノ人ニ至ラシムルコト肝要ト存候。依テハ今日立志社ニ於テモ、精神此辺ニ御注目有ㇾ之、壮士ノ輩ヲシテ学業ヲ研究セシメ、不羈独立ノ士ト為リ、以テ人人皆社会公同ノ益ヲ計ルノ人ト相成候事、窃《ひそ》カニ希望仕候」

これはまさに福沢が説いた「独立自尊」だった。

師弟の違い

萩原延壽は『馬場辰猪』に、馬場が官途につかなかった動機も、師の福沢が『学問ノスヽメ』で「唯天下の人に私立の方向を知らしめんとするのみ」と述べ、「百回の説諭を費すは一回の実例を示すに若かず」と論じた態度に極めて近かったと書く。

「腕力の時代」から「弁舌の時代」へ変わる中で、スタートは師と同じく穏健だった馬場の主張と行動が政府との関係においてラディカルになっていく。萩原の指摘する如く、「この軌跡を辿ることは、同時に、馬場が、次第に旧師である福沢の立場から離反してゆく道筋を見ること」でもあった。あくまでも「平熱」を保つ師に対して、弟子の方は熱を高くせざるをえなかったのである。必要以上に民権運動を恐れる政府と、団結できない民権派に対する苛立ちがそれに拍車をかけた。

馬場は声高く説く。

「民権は汚瀆の穢物に非らず。又噪しきものにもあらず。又た火の如く怒るべきものにもあらず。実に国土真純の独立を維持する貴重の守護神明なるのみ。惟《おも》ふに、夫れ民権なるものの在りてこそ、国土を思ふこと我が身の如く、此邦土は我が邦土なり、此君主は我が君主なり、国法は我が国法なり、国辱は我が恥なり、国威は我が栄なりと、義気、中に盈《み》ちて国土の大任を負ひ、邦土の為めには財産生計は愚か我が身をも捐棄《えんき》して、曾《かつ》て顧慮することなきものは、実に民権の所為《しょい》に非らずして何ぞや」

福沢伝来の自由主義とナショナリズムの内面的結合を説く馬場の主張はイギリスで磨きをかけられ、次のように続く。

「予《わ》れ今ま因《ちなみ》に本邦民権の有様を顧みるに、或は不平者流の仮面となり、或は僥倖を冀《こいねが》ふものの弄《もてあそ》ぶ所と為りて、真偽殆《ほと》んど分別し難く、そのあさましきこと今ま筆言すべからざるものあり。然りと雖も、唯々其《ただただその》弊を厭ふのみにして終《つい》に之を正すをせず、徒《いたず》らに之を擯斥《ひんせき》屈辱せば、何日《いずれのひ》か能《よ》く民権を発達せしめん。故に其偽を去りて其真に就き、其弊を矯《た》めて其正に復し、能くその汚穢を洗除して純粋の民権たらしめ、以て大日本帝国の守護神たらしむるは、今日吾人の務むべき最大要事なるなり。而してその之を沐浴せしめ、純粋のものたらしむるの責は果して誰れか之を任ず。曰く、今日の学者是れなり。是に於て乎、学者の任益々《ますます》重し矣」

傍点は馬場の付したものだが、「其偽を去りて其真に就き」とか、「純粋のものたらしむる」に馬場の特徴がよく出ている。いわば、その純粋癖が馬場を追いつめた。実際の運動に手を染めなかった師の福沢との違いがここにある。馬場のように理念と現実に引き裂かれることは福沢にはなかったのである。

交詢社の設立

明治十二(一八七九)年五月、明治政府は各省の長官に次のような通達を送り、民権運動から官吏を切り離そうとした。

「凡《およ》ソ官吏タルモノ其職務ニ係ル外《ほか》政談講学ヲ目的トシテ公衆ヲ集メ講談演説ノ席ヲ開ク等不都合ノ儀ニ付《つき》右等ノ儀無之様《これなきよう》各長官ニ於テ取締可致《いたすべく》此旨相達候事」

会計検査院に出仕していた小野梓はこれに怒り、辞職を決意するも、友人たちにとどめられた。

こうした政府の圧政が馬場の行動を過激にしていく。思想としては、馬場は、「惑溺」を戒め、「極端主

義」に陥る危険を警告してやまなかった師の福沢に極めて近かった。

だから、明治十三年一月二十五日に発会式を行った交詢社に主要なメンバーとして加わっている。「互ニ知識ヲ交換シ世務ヲ諮詢スル」ことを目的として設立された交詢社は福沢が中心的な存在であり、非政治的な立場を保つことに細心の注意を払っていた。

芝愛宕下の青松寺を会場にした発会式には約六百名が参加し、二十四名の常議員を選出した。獲得した票数順に何人かを挙げれば――

福沢諭吉、小幡篤次郎、西周《あまね》、矢野文雄、栗本鋤雲《じょうん》、箕作秋坪《みつくりしゅうへい》、菊池大麓、小泉信吉、馬場辰猪、石黒忠悳《ただのり》、中上川彦次郎、由利公正、朝吹英二、小野梓……

萩原延壽は『馬場辰猪』で、このメンバーに「一見して、旧幕臣、慶応義塾、三菱、そして、やがて生まれる大隈重信の改進党という四つの系列の交錯が、ただちにわたしたちの眼に入ってくる」と書いている。実際、この中から、のちに自由党に入っていくのは馬場の他に一名だけだった。

交詢社の非政治性は、政府がこの年の四月に集会条例を出し、翌年、「明治十四年の政変」といわれるものが起こって、福沢と政府の関係が緊張するにつれ、さらに強められる。

一方、普通会員として加わっていた政府側の井上馨や九鬼隆一、そして金子堅太郎などが次々に交詢社から離れた。政変で野に下り、改進党を組織した大隈重信と自由党の後藤象二郎が新たに常議員に選出されるのと対照的にである。

福沢は『交詢雑誌』で「本社ノ姓名録ヲ一見シテ恐怖スル者アリト云フ。人生ノ怯懦《きょうだ》実ニ驚クニ堪ヘタリ」と揶揄したが、理由のない政府の恐怖は増すばかりだった。

発足当時の千七百六十七名の会員は、官吏や学者だけでなく、商業、農業、工業を営む者や府県会議員等、多岐にわたっていたが、「明治十四年の政変」で官吏が激減し、民間の経済人が中心となった。

そして現在は、実業家のクラブといった色彩が強い。

三酔人経綸問答

この章の章名の「洋学紳士」は、言うまでもなく中江兆民の『三酔人経綸問答』（桑原武夫他訳、岩波文庫）から取っている。

明治二十（一八八七）年に出版されたこの本は、洋学紳士と豪傑君、そして南海先生が酒を酌みかわしながら大いに語るという形式を採っているが、訳者の桑原が解説で指摘する如く、「三人がそれぞれ兆民の分身」と考えることもできるけれども、末尾に「洋学紳士は去りて北米に游《あそ》び、豪傑の客は上海に游べり」とあることでわかるように、洋学紳士が馬場辰猪をモデルとし、豪傑君が北一輝《いっき》を指すと見るのが自然だろう。

桑原はさらに「南海先生流の時と場所の限界を自覚しつつ漸進しようとする態度は、福沢諭吉、吉野作造ら、一般に穏健進歩派を代表する」と付け加える。つまり、洋学紳士や豪傑君に対する南海先生という括り方では、福沢も中江も「南海先生」になってしまうのである。

ともあれ、『経綸問答』での、イギリスとフランスの対比がおもしろい。それは福沢と中江のコントラストでもあるが、結局、そのどちらにもなじめず、福沢の弟子の洋学紳士、馬場辰猪はフィラデルフィアに客死した。

「フランスはイギリスよりは少しおくれて自由の道にのぼった。しかし、ひととびに民主制にすすんだの

は、本当に立派です。イギリス人は知的で、フランス人は情的です。イギリス人は沈着で、フランス人は激越です。イギリス人は一たび進歩の道にのぼると、もう迷うことはありません。フランス人は進むことも速いが、退くこともすみやかです」

訳文を引いたが、「イギリスは教科書で、フランスは脚本」というのも言い得て妙だろう。

問答のクライマックスで、豪傑君が語る。

「紳士君、紳士君、あなたは著述を楽しみとするがいい、私は戦争を楽しみとしたい」

それに対して、洋学紳士が、

「私はいまあなたと、国家の大方針を論じているのだ。個人的な楽しみを論じているのではありません」

と反駁するのを、南海先生が、マァマァと割って入って、こんな風に要約する。

「紳士君の説は、純粋で正しく、豪傑君の説は、豪放で卓抜だ。紳士君の説は、強い酒だ。眼がまい、頭がくらくらする。豪傑君の説は、劇薬だ。胃は裂け、腸は破れる。私はもう老人です。両君の説は、私の衰えた頭脳では、到底、理解し消化することはできない。どうか両君、それぞれ努力して、時期が来たら実際に試みていただきたい。私は見物させてもらいます」

また紳士君に、思想は種子で脳髄は畑だから、民主思想の種子を人々の脳髄の中にまいておけ、と勧めている。

東大総理、加藤弘之の転向

多分、福沢諭吉は弟子の馬場辰猪の思想が次のように過激になるのを痛ましい思いで見ていただろう。し

かし、師はその道を歩きはしなかった。

萩原延壽は『馬場辰猪』で、「守旧家」がフランス革命の際にルイ十六世が処刑されたのを残酷だとする見方に対して、よく調べると、その責任はむしろルイ十六世の側にあるとして、「内乱の害は革命家の過《あやまち》にあらず」という馬場の論説を引く。


「路易《ルイ》の志たる、外国に遁走してオウスタリアの軍を率《ひ》き来りて自己の臣民を攻伐し、以て飽く迄も圧制主義を維持せんとするに在りたるなり。故に仏民の之れを誅せる亦《また》止むを得ざる者と云ふべし。然らば彼の如き惨澹たる革命を起し内乱を醸《かも》せしものは、圧制政府の過にして革命家の過にあらざること猶ほ火を視るが如きなり。嗚呼、今古人民にして平和を好まざる者あらざるなり、況《いわ》んや学あり識あり社会の改良を以て自から任ずる者をや。世の政治家たる者宜しく深く此に注目する所あり、人民をして平和手段の改革に向て其望を絶つに至らしむ莫《な》く、君主を使《し》て路易其人の如き禍害に罹《かか》らしむ勿《なか》れ、是れ余が希望に堪ざる所なり」


しかし、いくら馬場が「希望」しても、藩閥政府は「圧制主義」をやめなかった。自由民権運動を弱体化させるため、伊藤博文や井上馨が工作して、自由党総理の板垣退助を外遊させたほか、時の東京大学総理、加藤弘之を「転向」させたのである。

加藤は福沢と並ぶほどの啓蒙思想家だったが、いかなる政治権力も人間固有の権利としての自由と平等を奪うことはできないと主張した『真政大意』や『国体新論』を自ら「謬見妄説」と否定し、絶版にした。

そして『人権新説』に「進化主義ヲ以テ天賦人権主義ヲ駁撃スルハ、是実理ヲ以テ妄想ヲ駁撃スルナリ。之ヲ一撃ノ下ニ粉砕スル、何ノ難キコトカコレアラン」と書き、かつて信奉した天賦人権論を攻撃し始める。

転向者の常とはいえ、哀れな「東大総理」の姿だった。官側のトップの思想家がこうして急転向したのに対して、在野のトップの福沢はその思想を貫いた。馬場から見れば物足りなかったとしても、それはそれなりに大変なことだったのである。

馬場は君権のイデオローグとなった加藤の『人権新説』を批判し、天賦人権論を「妄想」と決めつけているのは「一個ノ書生ニアラズ、隠者ニアラズ、又俗吏ニモアラズ。世人ノ目シテ通観達識ノ学士ト為シ、（中略）特選セラレテ大学ノ総理ニ任ゼラレタル加藤弘之君ナリ。今君ノ如キ人ニシテ此著アリ。或ハ一時影響ヲ世間ニ及ボスコトナキヲ保《やすん》ズベカラズ」と反論した。

福沢の追弔詞

福沢諭吉は明治十九（一八八六）年九月十五日号の『時事新報』に「世界甚だ広し独立の士人不平を鳴らす勿れ」と題する論説を発表した。「官尊民卑の弊風は唯日本の社会を吹くのみにして、広き世界は則ち然らず」とし、この「弊風」を憎む「民間独立の士人」に向かって、広く世界を見つめ、「外国人と交際を親密にして、以て心身運動の別天地を開くの工風」が必要と説いたのである。萩原延壽が『馬場辰猪』に記す如く、その時、福沢の念頭には、おそらく、日本で煮詰まってアメリカに去った馬場のことがあったに違いない。

「外国上流の士君子を択《えら》んで之に交はれば、文学共に語る可し、政治共に談ず可し、商売共に営む可し、工業共に起す可し、共に道を論じ、共に風流を楽しみ、悠々凡俗の外に逍遥して世界文明の徳沢に浴し、心気流暢して日本国内一人の朋友なきも憂ふるに足らず」

馬場よ、そうあってくれと願うようなこの一文を書いた福沢は、在外生活に必要な費用の援助を惜しまないと馬場に申し出ていたともいわれる。

前々節で絵解きした中江兆民の『三酔人経綸問答』で、馬場がモデルの「洋学紳士」は次のように描かれる。その原文を引こう。

「冠履被服並《ならび》に洋装にて、鼻目俊爽に軀幹頎秀《くかんきしゅう》に挙止発越に言辞明弁にして、定《さだん》で是《こ》れ思想の閨中《けいちゅう》に生活し理義の空気を呼吸し、論理の直線に循《したご》ふて前往して実際迂曲《うきょく》の逕路《けいろ》に由《よ》ることを屑《いさぎよ》しとせざる一個の理学士」

フィラデルフィアに客死するまで、まさに馬場は「論理の直線」を激進し、「迂曲の逕路」を一切斥けた。そこに悲劇が生まれたが、その死まで含めて師の福沢も友の中江も馬場を愛惜せずにはいられなかった。

馬場の死を知った中江の弔辞は悲鳴としか言いようがない。

「君今逝けり。余は頑健にて後れたり。君と相談す可き事有りと思ひながら、未だ曾《かつ》て一たびも此相談す可き事に出逢はずして、君逝けり。君も亦余に相談す可き事も有りたらんに、君逝けり」

福沢の「追弔詞」も常になく高調子である。

「君は天下の人才にして其期する所も亦大なりと雖も、吾々が特に君に重きを置て忘るゝこと能はざる所のものは、其気風品格の高尚なるに在り。学者万巻の書を読み百物の理を講ずるも、平生一片の気品なき者は遂に賤丈夫たるを免かれず。君の如きは西洋文明学の知識に兼て其精神の真面目を得たる者と云ふ可し」

そして、「君の形体は既に逝くと雖も生前の気品は知人の忘れんとして忘るゝ能はざる所にして、百年の後尚ほ他の亀鑑たり。聊《いささ》か以て地下の霊を慰るに足る可し」と結ばれる。

私学出身の民権運動家

馬場辰猪が慶応義塾の門を叩いてから、およそ百年後に私は慶大法学部法律学科に入った。昭和三十八（一九六三）年に入学して四十二年に卒業したが、三年からのゼミナールの指導教授だった峯村光郎《てるお》にこう言って叱咤されたのが忘れられない。

「税金で勉強してる奴らに負けるな」

峯村は明治三十九（一九〇六）年、長野県に生まれ、慶応に学んで労働法や法哲学を専攻し、日本法哲学会理事長や公労委（公共企業体等労働委員会）会長を歴任した。

昭和四十九年四月十一日付の『朝日新聞』に、公労委会長当時の峯村が次のように取り上げられている。

「六時起床。ラジオ体操をして、ラジオの牧師の説教をきく。八時から四時間、書斎にこもって本を読む。東横線の日吉駅まで、きっちり十五分で歩く。慶大山岳部長を十五年した。六十七歳、足の運びは自在である。

役所の迎えの車は渋谷までと決めてある。民間の人間、私大教授の身で公用車を自宅までよぶのには、ためらいがある。ガソリンももったいないない気がする。公労委の委員になって十八年、会長をうけて二年、ハンで押したような静かな朝が、ふだんはある。（中略）

交通ゼネストを前に、三公社五現業の調停申請が出された。四月恒例の、徹夜の作業を今週は覚悟している。神は眠るために夜をつくられた、と信ずるクリスチャンである。労使双方に今年もお願いしてはあるのだが、信仰は、なかなか通用しない」

法律が嫌いで仕方がなかった不肖の弟子の私は、この記事で初めて、峯村がクリスチャンであることを知ったが、かなり激しい性格の人で、ユーモアを含んだ辛辣な警句がしばしば口をついて出た。「税金で勉強してる」云々もそうである。

眉はあくまで濃く男性的風貌の峯村は、また、ラートブルフの『法哲学』をテキストにしてゼミ生をしぼった箱根の合宿で、ふと、「葛の花踏みしだかれて色あたらし。この山道を行きし人あり」という折口信夫《しのぶ》こと釈迢空《ちょうくう》の歌を口ずさむ一面ももっていた。

官学と私学（私はそれを官立と民立といいかえたいが）については、松永昌三の『福沢諭吉と中江兆民』にこんな記述がある。

「徴兵令改正による兵役免除・猶予の特典を官公立学校生徒に限る規定は、露骨な私学私塾潰しである。私学出身者の中から民権運動に身を投じたり、反政府ジャーナリズムに参加する者が多いことを警戒した政府の強圧策であった」

明治十六（一八八三）年のこれによって慶応でも退塾する者が続出したらしい。

古びないテーマを抱える師・福沢

ここに慶大法学部峯村光郎ゼミ同期生の岸井成格《しげただ》（毎日新聞元論説委員長）と私の共著『政治原論』（毎日新聞社）がある。かなりの〝激突対談〟だが、岸井の他に、小泉純一郎、小沢一郎、浜四津敏子、そして嶌《しま》信彦が同じ昭和四十二年の慶大卒業生である。どこで知ったのか、七年ほど前、『週刊宝島』がこの年の卒業アルバムを見つけだし、当時の写真と現在の写真を対比させて、コメントを求めてきた。嶌と岸井以外、私は

学生時代の彼らを知らないが、二〇〇一年五月三十日号の同誌には、いささかならず頼りなげな学生服姿の小泉クンの顔とともに、二年留年した理由には答えられないという小泉事務所の発言が載っている。嶌と岸井は一緒に毎日新聞に入ったが、「今やテレビの政治報道に欠かせない人物」と書かれている岸井のそのアルバムでの無邪気な笑顔には驚いた。私の写真には「激辛評論家の風貌は昔から変わらず」と付記され、少し苦虫を噛みつぶした感じの顔になっているが、それにしても、岸井のように白い歯を見せている者はいない。しかし、それが岸井の〝永遠の好青年（もしくは好少年）〟たるゆえんなのだろう。権力の只中にいてそれを取材する政治記者でありながら、岸井自身からは権力欲といったものはほとんど感じられないのである。

それが福沢諭吉の影響なのかは知らないが、この『政治原論』で岸井は、こう告白している。

「俺は中学、高校の時分は福沢教だからね。慶応に入ったんだから福沢諭吉ぐらいは知らないといかんというので、仲間を集めて福沢研究会をつくったり、中学の時は毎月墓参りをしていた」

そして、（慶応）高校の機関紙では、毎月、福沢語録を選んで連載していたという。岸井の福沢論を続ける。

「俺の中にも、福沢諭吉についての再評価論と、ある面では否定論と、両方あるんだ。しかし何よりもあの時代に〝怪力乱神を語らず〟と言って、西洋文明を取り入れるために合理主義に徹したことね。そして国民の意識革命みたいなことを率先してやったという先見性。『西洋事情』にしても『学問ノスヽメ』にしても、あのころのベストセラーだからね。日本の近代化の、間違いなく旗頭の一人だよ。

一方で、福沢は途中からかなりナショナリスティックになる。日清、日露戦争の勝利を非常に喜ぶんだ。それは彼の中では独立ということと分かちがたく結びついていたんだよね。〝一身の独立なくして一国の独立なし〟ということをずっと彼は言い続けてきたわけだから。近代化とナショナリズムという、そこの部分

をいま再検証する必要がある。逆に言えばいまだに古びないテーマを抱えている人だよね」

小泉信三と野呂栄太郎

岸井との対談『政治原論』で、私は福沢諭吉について、こう振り返っている。

「私は選んで慶応に入ったという意識が弱くて、迷い込んだみたいなところがあるから、大学時代は反発してほとんど福沢諭吉を読まなかった。ただ、大学では福沢諭吉だけが〝先生〟で教授も〝君〟づけだというあり方は、まあ擬似的なものにせよ、民主主義というものをここまで徹底してやるのかという驚きはあったよね。それと、在野という精神の大切さを植えつけられた気がする」

とはいえ、『福翁自伝』は読んだ。お稲荷さんの神体を確かめる話は印象に残ったし、そこまでの実証精神にはびっくりした。

「それから丸山眞男が、自分を重ねるようにして福沢を語るでしょう。だから、丸山を通じての福沢みたいな感じが私にはあって、いまむしろ、もう一回読み直してみようと思っている。脱亜論なんかの微妙な問題も含めて、岸井の言うように、いまだにアクチュアルな人物だと思うよ」

岸井は、とにかく福沢のことが知りたくて、慶応の中学生のころ、直接福沢の謦咳《けいがい》に接した小泉信三の自宅へ押しかけたりもした。

「驚いたのは、あの大先生が自分で紅茶をいれてクッキーを持ってきてくれるんだ。実に対等なつき合いの仕方をするんだよ。俺は高校で生徒会長になって、連続講演会というのを始めたんだけれども、その第一回は信三先生に来ていただいた。俺だけ話を聞いているのがもったいないと思ってさ。そうしたら高校の先

生たちがみんな嘆いてな。ふだんの悪ガキたちが、小泉先生だとなんでみんな静かに最後まで話を聴いているんだ、とね」

当時、私は福沢はもちろん『福沢諭吉』（岩波新書）の著者、小泉信三にも反発していたので、その講演等を聴きに行くことはなかった。

「いま考えると惜しいことをしたね。小泉信三は『共産主義批判の常識』を書くわけだけれども、一方では思想弾圧を受けて官憲に追われていた野呂栄太郎に便宜をはからうでしょう」

すると岸井が、

「たしか、野呂が卒論の『日本資本主義発達史』を書き上げるあいだ、自宅に匿《かく》まったんだな」

と応じた。

ある意味で危険な過激思想の持ち主となった馬場辰猪を福沢諭吉が心配しつづけたと同じように、父の信吉と共に親子二代の福沢の門下生である小泉信三は野呂をかばいつづけたのである。

「拝金宗」を裏返せば……

早稲田大学の教授として石橋湛山に影響を与えた田中王堂という哲学者がいる。若くしてアメリカに渡った王堂は、シカゴ大学でジョン・デューイに学び、福沢諭吉や二宮尊徳の思想に日本的プラグマティズムを見出した。

「軽重・長短・善悪・是非等の字は相対したる考えより生じたるものなり」（『文明論之概略』）という福沢に、ものごとを相対的、機能的に捉えるプラグマティックな思考法を見、また、「善悪の論甚だむづかし。本来

を論ずれば善もなし悪もなし、善といって分つ故に悪と云物出来るなり、元人身の私より成れる物にて人道上のものなり、故に人なければ善悪なし」（『二宮翁夜話』）という尊徳の、善悪についての相対主義的認識を賞賛したのである。

「もし今日の私の物の考え方になにがしかの特徴があるとすれば、主としてそれは王堂哲学の賜物であるといって過言ではない」と湛山は回想しているが、王堂哲学の根幹は実用主義とか経験主義とか訳されるプラグマティズムだった。

しかし、ドイツ観念論が主流の日本では、王堂は傍流に追いやられる。カントやヘーゲルを学ばずして哲学者と言うなかれといった風潮の中で、王堂は「理論は大貨幣にして実行は小貨幣であり、小貨幣にくずせない理論はニセ札にすぎぬ」と主張して講壇哲学者に論争を挑んだが、マルクスをも含むドイツ哲学の滔々《とうとう》たる流れの前に、英米系の経験主義哲学は退潮を余儀なくされ、王堂は、井上哲次郎ら日本の代表的哲学者を目して、

「世人が彼らを思想家としてゐる間は思想家としての私の本質は到底解りません。何時この価値の転換は来るのでせうか」

と嘆かざるをえなかった。

内村鑑三の有名な福沢批判は、「大貨幣の理論」からの「小貨幣にくずせる理論」への批判の変形のようにも思える。福沢によって「拝金宗は恥かしからざる宗教となれり」と攻撃の矢を放った内村は「徳義は利益の方便としてのみ貴重なるに至れり。武士《さむらい》根性は、善となく悪となく、悉く愚弄排斥せられたり」と続け、「薩長政府の害毒は、一革命を以て洗滌し去るを得ん。福沢翁の流布せし害毒に至りては、精神的大革命を

施すに非ずんば日本人の心底より排除し能わざらむ」と断罪した。『馬場辰猪』の著者、萩原延壽が指摘するように「これは批判というよりも、むしろ誤解にもとづく攻撃」とも言える。しかし、「小貨幣にくずせない理論」であったが故に、馬場は過激になりすぎて挫折し、逆に師の福沢の思想は広がりを持った。「拝金宗」という批判は裏返せば、経済＝暮らしを考えていたということであり、馬場にはそれが欠けていたのである。

正宗白鳥の福沢評

「凡そ世の中に何が怖いと云ても、暗殺は別にして、借金ぐらゐ怖いものはない」

これは『福翁自伝』の一節である。明治三十二（一八九九）年に出たこの『自伝』を昭和十（一九三五）年に読んで感服した作家がいた。狷介で知られた正宗白鳥である。正宗は最初にこれを英訳で読み、その新鮮さに驚いた。そして、こう書く。

「明治初期に実世間に活躍した人、識者と呼ばれた人々の言行録、感想録などを読むと、大抵はどれにも時代相応の古さを覚えるのを例としてゐるが、福沢翁の行動言説感想には、阿呆らしく思はれるところが割合に尠《すくな》い。旧習を脱却して直ちに事物の真相を見てゐる点では、世にも稀なる人であったと、私は今になって感じてゐる」

萩原延壽が指摘するように、それまでは正宗も福沢を「俗物」視していたのだろう。それだけに感銘も深かった。正宗は続ける。

「福沢の執筆の際の態度は、論語に謂《い》ふ所の『辞達而已矣』であったと思はれる。言語文章は自分の云い

たいことが他人に分ればそれで充分だと、孔夫子が道破されたので、支那でも日本でも、後世の文章家の多くが、作文の態度としてその格言を守ってゐるやうな顔をしてゐた」

しかし、「辞達するのみ」で満足できないのが人間である。それで、さまざまに化粧をしたがるものだが、福沢にはほとんどその欲望がなかった。爵位や勲章に興味がなかったのと同じく、文章を飾ろうとはしなかったのである。

さらに正宗は、勝海舟や中江兆民と比較して、こう続ける。

「大衆を念頭に置いて書かれたので、凡庸何の気もなき書きぶりであるが、『文明論之概略』『学問ノススメ』『瘠我慢の説』などを読むと、歴史の洞察、活人生の批判に天品のきらめきが見られ、平坦素朴な文字の間に飄逸な雅致が感ぜられるのは不思議である。卑近な文明の輸入といふ任務を当時の天職としてゐたため、どれも〳〵不完全であり間に合せみたいであるが、専念に、歴史でも哲学でも研究してゐたなら、その方面で大をなしてゐた人であらうと察せられる。一面独創力のなさゝうな、またその必要もなさゝうな、初期の彼の著書に、独創の光を私は認める。『海舟座談』や『一年有半』の如き、その話者筆者は脱俗飄逸で非凡の人物であったのであらうが、それ等の著書に私は何等独創の見解を認め得なかった」

師の福沢と違って、馬場は達意の文章を持たなかった。それ故に大衆から孤立し、過激になっていったとも言える。福沢は、いわば文章に於いて革命を起こしたのである。

第六章　北里柴三郎を助ける

「適塾」の同門、長与専斎

明治二十五（一八九二）年の秋のある日、長与専斎は東京・三田の福沢諭吉邸を訪ねた。長与と福沢は、緒方洪庵の「適塾」の同門で、福沢の方が三歳ほど年上である。

五十七歳になった福沢はすでに声名高く、五十四歳の長与も、前年に内務省の衛生局長を辞したばかりだった。

山崎光夫の『北里柴三郎』（中公文庫）によれば、長与が、

「今日はちょっと相談があってやってきた」

と口火を切る。

「ほう、それは珍しい」

と福沢が応ずると、長与は、

「きみは北里柴三郎を知っているな」

と尋ねた。

「ああ、細菌学者だ。活躍ぶりはきいている。確か、きみが局長時代に留学したのだろう」

と福沢が答えると、長与は、

「そうなんだ。そればかりではない。わたしが医学校の校長をしているとき、かれは本科生で入ってきた」

と続けた。

その北里が「家でくすぶっている」というのである。

「世界に知られたコッホの下で研究してきた細菌学者だろう。それを放っておくのはじつにもったいない話だ。国家の損失でもある」

義憤にかられて福沢は、「国の恥だ」とも口走る。どうして、そんなことになったのか、長与が語る。

「北里の知識や研究を生かす研究の場がない。それと、東京帝大医学部の教授たちに冷たくあしらわれている」

慶応義塾という私学の経営で辛酸をなめている福沢は、

「帝大の教授連というのは、とかく閉鎖的で傲慢なものだ」

と吐き棄てた。

私学の存在そのものを軽視している文部省や帝国大学の干渉は陰湿極まるものだったからである。

なぜ、東京帝大出身の北里が東京帝大で冷たくされるようになったかについては後述するが、北里はコッホがベルリンに建てたような伝染病の研究所を日本につくりたいと考え、内務省の当時の衛生局長の後藤新平をはじめ、長与たちが動いて、北里を所長にして伝染病の研究所をつくるという案がまとまったが、これに文部省が待ったをかける。文部省は東京帝大内にこそ伝染病研究室を新設すべきだと主張した。そこに北里の名前はない。

あくまでも北里憎しとする東京帝大の動きが、内務省と文部省の対立を背景に、猛然と起こってきたので

ある。

学事の推輓は余が道楽

歯に衣着せぬ物言いで東京帝大から冷遇され、研究の場もなくしている北里柴三郎を、福沢諭吉はそのままにしておけないと考えた。緒方洪庵の「適塾」の同門生、長与専斎によれば、北里にはアメリカから好条件で研究所の所長にという誘いもきているらしい。

それで、とにかく会ってみたいと、長与と北里を自邸に招いた。その時の様子を山崎光夫は『北里柴三郎』に次のように描く。子どものころから、天然痘、腸チフス、そして発疹チフスなどを経験した福沢は、北里に会うなり、

「伝染病をいかに予防し、撲滅するか。そこに、この国の将来がかかっているといっても過言ではない」

と力説した。その卓見に感心しつつ、

「伝染病との闘いはこれからだと思います」

と北里は答え、続けて『学問ノスヽメ』の次の一節を朗唱した。

「人の一身も一国も、天の道理に基づいて不羈自由なるものなれば、もし此の一国の自由を妨げんとする者あらば世界万国を敵とするも恐るゝに足らず」

東京帝大の教授たちとの争いも、ここに起因していた。

「学問は国の礎《いしずえ》だ。それには自由でなければならない」と持論を展開する福沢に、北里も、こう応じた。

「学問の自由が阻害されては学問の進歩と発展は望めません」

三十九歳の北里の若々しい情熱に福沢は感じ入った。それで、

「ついては、できるだけのことをしたい。学者を助けるのはわたしの道楽だ」

と言い、学者＝酒飲み論を披露する。

「酒飲みは黙っていても我慢できずに飲む。学者も学を好んで、放っておいても研究に励む。だが、いまの北里くんは気の毒だ。学ぼうにも、その場所がない」

そして、芝御成門近くの土地約千坪の借地を提供しようと申し出る。そこに研究所を建てればいい。建物や器材はどうするか。福沢は親しかった実業家の森村市左衛門に頼もうという。森村も快くこれに応じ、突貫工事で建設が進められ、伝染病研究所が開設された。

いま、松下電器産業（現・パナソニック）東京支社が建っている敷地の一角に「傳染病研究所発祥の地」という碑がある。平成四年秋に、創立百周年を記念して、東大医科学研究所と社団法人北里研究所との連名で建立されたものである。

伝染病研究所の運営について、長与専斎が福沢に大日本私立衛生会から借地代が出るよう動いたが、福沢はあくまで無償提供を貫いた。「学事の推輓《すいばん》は余が道楽の一つ」だからである。

東大一派の北里イジメ

土屋雅春著『医者のみた福澤諭吉』（中公新書）の第五章「官学対私学」は「北里柴三郎と福澤諭吉」という節から始まるが、そこにこう書いてある。

「北里帰朝のわずか半年後に、日本初の伝染病研究所が福澤諭吉という一個人によって開設され、スター

トした。そしてこの年から、九年間にわたる諭吉と北里との師弟の厚誼が始まった。諭吉五七歳、北里四〇歳のときのことである」

つまり、諭吉の死まで厚誼が続いたということだが、諭吉が亡くなった明治三十四（一九〇一）年、北里のジフテリア、破傷風などの免疫血清療法は第一回ノーベル医学賞の対象となった。しかし、前掲書によれば「このとき東大一派の反対で受賞者の中に北里柴三郎の名前はなかった」。この事実は『医学を変えた発見の物語』に明記されているという。

では、なぜ、北里はそれほどまでに「東大一派」から嫌われることになったのか。

このころ、日本の医学界では脚気が大きな問題となっていたが、「東大一派」の緒方正規が脚気の原因は脚気菌であるという論文を発表した。熊本医学校では同じくマンスフェルトに教えを受けた北里と緒方は、緒方が三年早く東大医学校に入ったため、内務省衛生局では北里を指導する立場になった。

その緒方が明らかな誤りを主張している。ドイツにいた北里は悩みながらも、まずドイツの医学専門誌に反論を掲載し、その後、「緒方氏ノ脚気『バチルレン』説を読む」と題して、『日本官報』で批判した。明治十八（一八八五）年から十九年にかけてのことである。

山崎光夫が『北里柴三郎』に記す如く、緒方の実験は「誤迷ノ甚シキ者ト謂ハザル可カラズ」と、北里の筆鋒は峻烈だった。

これに対し、民権論者から国権論者に大転向した東京大学総理の加藤弘之が北里の批判は「師弟の道を解せざる者」と酷評する。さらに、森鷗外こと森林太郎も二の矢を放った。

「脚気菌ノ問題世間ニ囂《かまびす》シカリシ程ニ伯林《ベルリン》ニ客タル友人北里柴三郎ハ先輩タル緒方博士ニ対シテ憚ルサマ

モナクオノガ意見ヲ述ベシヲ恩少シトモ云ヒ徳ニ負ケリトモ云フ人アレド、コハ必ズシモ然ラズ北里ハ識ヲ重ンゼントスル余リニ果テハ情ヲ忘レシノミ」

「先輩」の論は、たとえ誤っていても批判してはダメなのか。ここでは、どちらが正しいのかは問題になっていない。「識ヲ重ンゼントスル余リニ果テハ情ヲ忘レシ」ことが攻撃されている。

森にはベルリン残留について世話になった北里だが、黙っているわけにはいかなかった。「昨日の友は今日の敵」である。北里は森宛てに公開の反論を書く。

国手ならざる森林太郎

明治二十二（一八八九）年八月五日付で『東京医事新誌』第五九九号に載った北里の反論、「与　森林太郎書」を引こう。

「貴説に由れば生（北里自身のこと）は識を重ぜんとする余りに果ては情を忘れたりとの事に候。成程御説は一応御尤もの様に候へ共こは未だ生の深意を御洞察被成たりと云ふ訳に到り兼候。生は情を忘れたるものに非ず私情を制したるものなり。左に愚見を陳述可致す候。情に二様あり。一つを公情となし一つを私情とす。或る場合に於ては公情以て私情を制せねばならぬことあり」

自分は情を忘れたのではない。公情によって私情を制したのだと主張したのである。

「学事の為めには忍び能はざるの私情をも之を制し公平無私の情を以て之が研究に従事するに非ざれば終に其真理を究むること能はざるに至るの恐あり」

この公開書簡は「柴三郎拝。森林太郎　足下」と結ばれているが、狭い学閥にとらわれない北里の一連の

批判が、東大一派の陰湿で執拗な厭がらせを招くことになった。

しかし、まさに学問の発展とそれに必要な自由への北里の烈々たる情熱が福沢を動かしたのである。その情熱を北里はローベルト・コッホに学んだ。『北里柴三郎』に師のコッホと北里のこんな会話がある。

「北里くん、わたしはこの頃、何のために細菌学を学ぶのかを考えることがある」

そう切り出したコッホは、

「杖になればいいと思うようになった」

と続けた。

「杖、ですか」

と首をひねる北里に、コッホは、

「そう、杖だ。バクテリウム（細菌）の意味はどこからきているか知っているね」

と尋ね、ギリシャ語の短い杖からきていると聞いたと北里が答えると、

「そうだ。短い杖だ。もちろん、形状からきているのだが、杖は国民のための杖ではないかと思うこの頃だ」

と言い、病気で倒れないようにするための杖であり、健康を維持するための杖だと、コッホは説いた。

日本では名医を国手《こくしゅ》と表現する。まさに杖ということだが、残念ながら、国を代表する当時の東京帝国大学に国手はいなかった。国手を追い出す者のみがいたのである。

伝染病研究所の始末

福沢諭吉の支援により芝公園内に設立された北里柴三郎の伝染病研究所だったが、どうしても狭い。それで、大日本私立衛生会の長与専斎は東京府（当時）に働きかけて、芝愛宕町の内務省用地の貸し下げを願い出る。

ところが、文部省はまた別の動きをする。それを斥け、建設が決まった明治二十六（一八九三）年春、地元の住民から建設反対運動が持ち上がった。芝公園の研究所に石が投げ込まれたり、壮士風の男たちが押しかけてきたりする。北里は怯まず、それに応対した。

伝染病研究所は黴菌をまきちらすと主張する彼らに、ベルリンでも住宅地に隣接して建っているし、安全だと説明するのだが、聞き入れる様子はなかった。

伊藤博文の女婿の末松謙澄や東京帝大前総長の渡辺洪基まで反対の列に加わって、おさまる気配がない。

北里への脅迫状と似たそれが福沢の下にも届いた。

「福沢老爺、砲撃シ、手足ヲ異ニシ」

福沢と北里を同時刻に砲撃して、手足を異にするというのである。

そうした動きに対して、福沢は策を講じ、北里に伝研の所長を辞任せよと勧めた。そうすれば優れた人材を惜しむ声が沸き起こり、北里への同情も寄せられて反対運動はしずまるはずと福沢は読んだ。

そして、北里が『時事新報』に寄せた陳情書を福沢は自ら筆を執った同年八月十一日、十二日付の「伝染病研究所の始末」と題した社説で紹介する。

『北里柴三郎』によれば、「研究者の心情を切々と訴えるこの陳情書は名文として」「反対運動を鎮静させるほどの文章力を持っていた」という。後年、これは北里を慮る福沢の筆になるものと明らかにされた。そ

の一部を引こう。

「黴菌学者の如きは、眼中人もなく物もなく、純然たる出世間脱俗の境遇にして始めて能く事を成すべきものなるに、然るに過般以来伝染病研究所の事情を察するに、芝区民の苦情と云ひ、有志者の運動と云ひ、世上の風聞に喋々囂々《ちょうちょうごうごう》たれば、本会の集会議席に参座するは無論、或は区内有志者の訪問に逢ひ、或は会員其他知己朋友の来るあり、其疑問に向ては弁ぜざるを得ず、其懇談には答へざるを得ず、人の出入、文書の往復、其煩はしきこと殆ど名状す可らずして、事は則ち都《すべ》て俗用ならざるはなし」

しかし、何よりも福沢が芝愛宕町の建設が予定されている研究所の隣に次男の捨次郎の住居を新築したことが決め手となったのではないか。これで反対する人たちの口を封じたのである。「東大の鬼子」とレッテルを貼られた北里を福沢はこのように擁護した。

傲慢なる文豪

大岡昇平は『歴史小説論』(岩波書店)で「文豪鷗外の学識と文才に私は尊敬を失ってはいないのであるが、人は比類のない才能をもって、最も下らない政治に奉仕することがある」と、森林太郎を痛烈に批判している。

明治二十五(一八九二)年春に北里柴三郎がドイツ留学から帰り、〝日本のコッホ〟と呼ばれると、翌年、森は『衛生療病志』という雑誌に、次のような嫉視に満ちた評論を載せた。

「北里柴三郎氏は一個の学者なり。余們の中には親交ありて、頗《すこぶ》る其人となりを審《つまびらか》にしたるものあり。而して北里氏が世俗にさへ認められたる業績の外に、猶許多の学者たる資格を備へたるを疑はず。

北里氏は独逸の名誉教授になりたり。こは我国人の欧州の名誉教授になりたる権輿なり。北里氏は其学業によりて、我国の勲記を得たり。こは我国の政府が学業によりて、人に勲記を授けたる権輿なり。夫れ名誉教授と云ひ、勲三等と云ふ」

「然りと雖、世間の北里氏の事を言ふものには、二つの笑ふべき人種あり。其一は或る政治家及新聞記者にして、口を開くごとに日本未曾有の学者と云ひ、又日本のコッホと云ふ」

「第二の笑ふべき人種をば、今の医中の老策士となす。老策士は近年学者のためにおのがをり〱非学問的動作をなしたるを訐発《けっぱつ》せられて、頗る沮色《そしょく》ありけるに、偶々北里氏の帰れるに逢ひて、忽ちこれを迎へて親友と喚び做し、これが声名のために斡旋し、これを藉りて或る学問的『インスチッチオン』（機関）を攻撃する具となし、我国の名誉ある使者となりて独逸に遊びし或る人々に玄関ばらひ（東大からドイツに派遣された三人の学者をコッホが、すでに北里がいるから必要ないと言って追い返したことをいう）などゝいふ汚名を被せ、人に向ひては今こそ我党に北里氏あれ、他の少壮学者能く何事をか為さんと威張りたり」

長々と引用したのは、前掲『医者のみた福澤諭吉』の著者、土屋雅春が喝破した如く、この「驚くべき傲慢さ」に満ちた文章が「文人としていかに立派でも、その人の汚い心が読み取れる大変な記録といえる」からである。森が当てこする「老策士」の中には、長与専斎らだけでなく、福沢諭吉が入っていることは言うまでもない。

脚気はビタミンB1の欠乏から起こると鈴木梅太郎が主張すると、森と共に最後までそれに反対していた東京帝大医科大学長の青山胤通は、こんな暴言を吐いたという。

「土百姓学者が何を言う。糠が脚気の薬になるなら、馬の小便でも効くだろう」

森林太郎の暴論

のちに対立を激化させる北里柴三郎と青山胤通は、明治二十七（一八九四）年春、共に香港へペスト病（黒死病）の研究のために派遣された。北里は内務省からで、青山は東大からだった。

そこで北里はペスト菌を発見して注目され、青山は死体の解剖をやって自らペスト菌に罹患してしまう。

青山を現地で看病して一足早く夏に帰国した北里の歓迎会が慶応系の交詢社で企画されたが、東大側からは「北里・青山両博士歓迎会」とすべきだという意見が出て、まとまらなかった。

それを福沢が説得し、両博士歓迎会とすることになる。しかし、実際に北里より遅れて青山が帰国すると、東大側が北里を歓迎会に招待しないと騒ぎだす。

『医者のみた福澤諭吉』に引かれている東大生、下瀬謙太郎の証言によって、その間の事情をみてみよう。

北里を招かないという動きに学生が反発する。

「ペスト研究の臨床方面・病理方面は青山先生の功績であるが、病原菌発見という北里先生の偉大なる功績を見逃すことは出来ない。だから、歓迎も青山先生だけでは物足りない。是非とも北里先生を加えなければならぬ」

こうした声が学生の間で盛んになり、各級から選ばれた委員がこのことを決議してしまう。しかし、教授たちは納得しない。

「医科大学（東大のこと）で催す歓迎会に北里を入れる必要はない」

「北里氏が出席すれば教授は一人も出ない」

こんな頑な主張を繰り返す教授が少なくなかった。下瀬は他の委員と共に各教授を一人残らず訪ね、懇切丁寧に説いて、ようやく北里を加えた歓迎会ができることになった。

まさに「負うた子に瀬を教えられ」だろう。誰からもチェックされることのない教師や医者は幼児のような我儘者が多くなるというが、医者にして教師の教授たちの頑迷さは比類ないものだったに違いない。下瀬たちの苦労のいかに大きかったかを思うばかりである。

箸にも棒にもかからない暴論を堂々と公にしたのは森林太郎だった。

森は、ある論文で北里を次のように書いた。

「北里の香港から捕へて帰つた菌が贋物で、仏蘭西《フランス》のエルザンが見出した菌が本ものであつたといふ事は、欧羅巴《ヨーロッパ》ではとつくに知れて居る。それがこつちでまだ問題になつて居たのは、衛生局や何かゞ政府の威光を以て北里を掩護《えんご》して居たのである」

北里の発見したペスト菌がニセモノだと森は言っているわけだが、臆面もなく、そう主張する森自身がニセモノだということだろう。まさに森につけるクスリはない。

君子の争い

〝雷《ドンネル》〟さんと呼ばれたほどカミナリ親父ぶりを発揮した北里柴三郎だが、なんと論敵の緒方正規の「教授在職二十五年祝賀会」に出席して緒方を称えるような、恬淡《てんたん》とした一面も持っていた。

砂川幸雄著『北里柴三郎の生涯』（NTT出版）が記す如く、たしかに北里は緒方の弟子だったが、いろいろ経緯もあり、何よりも今ではその存在が大き過ぎる。しかし、主催者側の世話役が北里に打診してみると、

緒方の門下生であることには何の抵抗も感じていないとのことだった。

それで、友人総代の小池正直と共に門下生総代の北里が祝辞を述べた。明治四十三（一九一〇）年四月十六日のことである。北里は率直に論争にも触れる。

「時にあるいは学術上におきまして、先生と意見の衝突を来たしたこともございます。そうして先生の尊厳を冒し奉った時もございます。しかしこれは学術上の争いで正々堂々たる、いわゆる君子の争いでございますから、その間に一点の私心をだもはさまぬということは、雅量海のごとき緒方先生のつとにご了承あらせらるることと思います」

「雅量海のごとき」は、むしろ、出席して緒方をこう称える北里にこそふさわしい形容だろう。北里の祝辞は続く。

「学術研究の何物たるを解せず、従って定見なく、いたずらに他人の説に雷同付和する軽佻浮薄の輩、もしくは表面服従しておるごとく粧《よそお》い、裏面においてはその事業を悪口雑言に罵詈するがごとき者、総じていわゆる曲学阿世の徒においては、決してかくのごとき趣味をうかがい知るものではございませぬと、私は考えます。それで、あるいは先生に向かっても反対の意見を申し述ぶるということもございます次第でありますけれども（中略）このことは折りがあったならば、緒方先生に一度申しあげてお詫び申そうと思ったことでございます。今日のこの機会が最も適当と思いますから、このことを謹んで申しあげます」

緒方の後に東京帝国大学医科大学長に就任したのが青山胤通だった。

「文部省・東京帝大」vs「内務省・伝染病研究所」という図式の中で、北里と対立することになった青山でさえ、どうしても北里の伝染病研究所に行きたいという北島多一に北里は孤立状態で研究所も将来どうな

るかわからないから大学に残れと一度は引き留めたが、北島の決心が固いと見るや、こう言ったという。

「じゃあ仕方がない。でも俺は決して北里と仲が悪くはないのだ。北里君はさっぱりした人間だしね。ところが対立してしまうと、もう仕様がないのだ」

伝研官立化の話起こる

福沢の援助によって伝染病研究所が建てられて一年、明治二十六（一八九三）年の秋に、やはり福沢が助けて芝白金三光町に結核病患者のための日本初のサナトリウムが開設される。

『医者のみた福澤諭吉』によれば、福沢はこれを土筆《つくし》ヶ岡養生園と名づけた。ここは福沢が好んだ狸蕎麦に隣接する土地で、現在の北里研究所や慶応幼稚舎のある天現寺のあたりである。いまも北里研究所の前は狸通りというらしい。かつては天現寺の対岸を土筆ヶ原と呼んでいた。おそらく、そこからの命名だろう。

福沢が養生園を開設したのは、学問や研究をするためには財政的裏づけが必要であり、ここからの収入が北里柴三郎を助けることがあると考えてのことだった。

まもなく、それが当たることになる。伝染病研究所を内務省から文部省へ所管替えをしようとする動きが出てきたからである。北里はずしだった。もちろん、それを露骨には言わない。国立という官立化の話だけを、まず先に出してきた。

山崎光夫の『北里柴三郎』にその報告に来た北里と福沢がこんな遣り取りをする場面がある。

「水をさすつもりは毛頭ないが、一言いいたいのは政府というものをわたしはあまり信用していないということだ。風の吹き具合で方針が変わる」

福沢が政府への不信感を露わにし、君を辞めさせたりはしないだろうな、と心配すると、北里はそれを否定した。しかし、明確な根拠はなかった。

「今までは私立で運用してきたから自由裁量だった。だが、今度は国が主宰する」

「わたしの地位や権限は不動です。少なくとも、わたしが生きているうちは」

「そうかな。安心はできない。辞めさせられた、そのときはどうする」

「考えていません」

「政府というのは、北里くん、分限を超えて暴政を行なうことがある。これには抵抗しなければならないし、終始、監視を怠ってはならない」

「貴重なご助言として拝聴しておきます」

福沢は北里の免職の可能性について、それはないのかと後藤新平にも確認した。

後藤は、

「そんなことは決してあるまいと思われます。伝研の今日あるのは、先生と森村（市左衛門）さんの尽力によるものでして、政府は頼み込んで自分のほうに取るのであります。国立、私立は研究所の言葉使いだけの話です。北里博士を追いやるなどとは決してあり得る話ではありません」

と一笑に付したが、「あり得る話」となった。

生きた福沢の配慮

福沢の心配は現実のものとなり、伝染病研究所を文部省の所管に移して、私立ならぬ民立から国立とする

計画が強行された。

前掲の砂川幸雄著『北里柴三郎の生涯』によると、相談に行った北里柴三郎に後藤新平は、

「どこにいたって君の仕事にちっとも影響はないだろう。命令通りに文部省に行けばいいじゃないか」

と能天気な答えをする。

苦労した自分に何の相談もなく決めるなんて屈辱だと憤慨する北里に、後藤は、

「そんなこと言っても、今のような立派な研究所をつくるには大金が要るよ」

と反論するが、北里は、

「研究所をつくるときに、福沢先生は、日本の政府は時によって無茶なことをする。役人が替わったりすると何をするかわからないから、いつでも独立できるように資本なりお金なりを用意しておけ。君は経済のことには無頓着だから、そういうことに堪能な人を推薦しようと言われて、田端重晟《しげあき》という人をつけて下さった。福沢先生のところに始終出入りし、秘書も長く務めて先生の書と言われるものにはこの人が書いたものが多いとまで噂されたほどで、慶応義塾の食堂にあった〈独立自尊〉という大きな額も、その田端君の書だということだ。この人が今養生園の事務長をしているわけだが、その田端君のことだから養生園として三〜四〇万円は貯蓄してあるはずだ。それを使えばちょっとした研究所はできる。俺は俺の金で新しく研究所を建てようと思うんだ」

と覚悟を披露し、後藤は、

「そうか。それなら君の好きなようにして私立の研究所を建てたらいい」

と賛成した。

帰ってから北里が田端に事の次第を話すと、田端は、

「先生がお話しのとおり、三〇万円か四〇万円のお金ならどうにかなりますからご心配は要りません」

と、請け合う。それを聞いた伝染病研究所の北島多一らはすぐに賛成し、養生園の裏手の沼地に新研究所を建てることになる。

この移管問題は伝研所管の内務省の高官たちも知らないところで進められていた。北里は北島に自分の推測をこう語ったという。

「今度の移管問題は、大隈（重信。当時の首相）と仲のいい青山（胤通、東大教授）から出ている。それと内閣書記官長の江木翼《たすく》たちの説を大隈が採り上げたわけだ。今まで葬られていたのを、青山に相談したら大いに賛成したので、文部大臣の一木喜徳郎《いちききとくろう》とも話し合って決めたんだろう」

「学者の気持ちは役人にはわからない」

北里が所長の伝染病研究所を突然、文部省の所管にするという話に疑問をもった大日本私立衛生会の理事長、金杉《かなすぎ》英五郎が首相兼内相の大隈重信にその理由を尋ねると、大隈は、

「実は早く北里を捕縛してしまえと一木（喜徳郎文相）に命じたのだが、まだ決行できないでいる」

と乱暴なことを言ったという。

福沢の警戒した政府の強権性、恣意性が露骨に出ている話だろう（砂川幸雄『北里柴三郎の生涯』）。

その大隈に北里は、

「文部省の研究所ではとても務まりませんので、伝染病研究所の所長は辞めさせていただきます」

と伝えに行く。

すると政府は北里の腹心ともいうべき北島多一に、後任の所長になれ、と交渉する。

「とんでもない」と断られ、次に志賀潔に同じような交渉をしている。もちろん拒絶されたが、当時の東京帝国大学総長、浜尾新はそれでもあきらめずに北島を説得した。その執拗さを北島がこう語っている。

「浜尾さんに僕は何回も呼ばれた。電話が来ると、たいてい一時間ぐらいは電話口に立った。それから浜尾さんの家に二晩泊められてしまった。となりの部屋にフトンも敷いてあったし、君は疲れたらそこで休んでまたお目にかかりましょうと言って、なんと言ってもなかなか帰さない。……君が北里さんに代わって所長になってくれないかと頻りに頼まれた。君ならば誰よりも力があるし反対する人も少ない。北里も自分の弟子がなるのだからそう腹も立つまい。だから君がなってくれと頻りに勧めた」

しかし、北島は固辞し通す。北里に殉ずる覚悟だったからである。北里だけでなく、所員一同も新研究所に移ることを希望した。国家公務員を辞めて民間の研究所に移籍したことになる。北里は残るように勧めたが、誰ひとり、それに応じようとはしなかった。

大正三（一九一四）年十月二十日の『中外商業新報』が次のように報じている。

「博士（北里）が青山（胤通）博士一派いわゆる（東京帝国）大学派の圧迫を無念に思い、所員たる他の数博士とともに辞表を提出せんとするは、表情むしろ憐れむべく、今後文部省所管として大学教授の副業的所長に止めしめんか。その功績のほど察するに難からずして、僅少なる経費節減は、やがて国家の一大損失たらずんば幸いなりと、某消息通は語れり」

北里は一木文相に、学者の気持ちはあなた方お役人にはわからない、と言ったといわれるが、多分、福沢

と比較してのことだったろう。

〝赤穂城の明け渡し〟の成果

〝赤穂城の明け渡し〟などと報じられた伝染病研究所の移転をこう皮肉った落首がある。

大いなるくま手を借りて無理矢理に
　かきむしりたる眼の上の瘤

「大いなるくま手」が大隈重信を指すことは言うまでもない。

叩きつぶそうと思った北里の伝染病研究所は新しくスタートし、文部省に移管された東京帝国大学付置伝染病研究所と並走することになった。

そんなある日、北里の側近の北島多一は陸軍省医務局長だった森林太郎に呼ばれる。

「どうも君のところが盛んになって行くと政府としてはまことに困る。同じような研究所が二つあるのはまずいから、北里研究所を東大の伝研と一緒にしたいのだが、どうかね。そうすれば、君の要求は何でも聞く。すぐにはできなくてもいずれ所長にもする。大学に入る（教授になる）希望があればそれも叶えてあげられる。青山（胤通）君も君がそうしてくれるのを強く望んでおるのだ。そうすれば円満に行くし、学問のためにもいい。君はもう北里君のために充分に尽したではないか」

一応、北島は、よく考えてみますと返事して陸軍省から帰り、後で、きっぱりと断った。

それが大正五（一九一六）年のことで、大正七年に「社団法人北里研究所」が発足する。新所長が北里で副所長に北島が就任した。その披露会には首相の原敬《たかし》や元内務相の後藤新平、そして大日本私立衛生会理事長の金杉英五郎などが出席した。前述のように、金杉は大隈に、なぜ文部省に移管するのかと詰め寄った男だが、この席で、次のような興味深い祝辞を述べている。砂川幸雄著『北里柴三郎の生涯』からそれを引こう。

〈伝研移管問題を持ち出して、先刻より皆さんから「学者を侮辱した」とか「迫害を受けて悲惨を極めた」とか、悲憤慷慨の声があがりましたが、拙者はそんなことは考えません。というのは、日本はまだ官尊民卑の悪弊が充満しており、学界においても官と民の差別がひどかったのですが、北里博士が野に下って以来、状況が一変してその障壁がなくなり、研究も自由になったからです。博士の行動は「勇往邁進《まいしん》の士はその朝《ちょう》に在《あ》ると野に在るとの別なく、必ず大事を遂行し得るものなりとの好例をわれわれ後輩に示し」「町医者に奮発心を起こさしめたることまたすこぶる大なる」ものがあり、「吾等の重々感謝する所」であります〉

なるほどという指摘だろう。北里はいわば身をもって、師の福沢の教えを実践したのだった。官の横暴に対する自立がそれである。

福沢への北里の弔辞

明治三十四（一九〇一）年二月三日、福沢諭吉が亡くなるや、北里柴三郎は次のような弔辞を書いた。

「嗚呼《ああ》福沢先生は本月三日をもって易簀《えきさく》（死去）せられたり。……嗚呼悲哉《かなしいかな》」

「この偉人を喪いたる上下の悲嘆は、もとより毫楮《ごうちょ》（紙筆）に尽す能わずといえども、余はこの際にのぞみ

特に嗚咽歔欷《きょき》（むせび悲しみすすりなくこと）に耐えざるものあり。何ぞや。わが科学の扶植者たる及び余が事業の保護者たる先生に永訣したることこれなり」

「先生は今やすなわち亡し。余は衷心実に師父を喪いたるの感あり。しかれども、先生の遺業は依然としてわが眼前に存し、先生の遺訓は歴然として余が脳裡にあり。余不敏といえどもまたその遺業を守り、その遺訓を躰《たい》し、切磋研鑽をもって万一の報恩を期せんとす。嗚呼悲哉」

砂川幸雄が『北里柴三郎の生涯』に記す如く、恩に報いる機会はすぐにやってきた。福沢の死から十数年後に、慶応義塾の大学部に医学科を設けたいので協力してほしい、という依頼があったからである。

そして大正六（一九一七）年から予科一年生の募集が行われた。初代医学部長となった北里は「福沢先生誕生記念会」の開かれた同年一月十日に次のような挨拶をしている。

「我慶應義塾には曾て医科の設置ありしも中途之を廃せられ、今回再び医科大学の創立を見るに至れり。予て《かね》故先生の厚き知遇を得たる予が同大学を担任するは大に光栄とする所にして、飽迄も微力を尽くす覚悟なり。殊に現下医育の弊風（ドイツ流医学）を刷新して統一ある医科大学を設け、共同研究を十分ならしめ一方門戸を解放し、且つ予科二ヶ年を以て英独の外国語を専修せしめ、一切の教授法も旧来の面目を一新せしむべく工夫を凝らし、化学科は将来純然たる化学研究所の基礎として独立の経済を営む財源たるよう計画を樹てたり」

師にして恩人の福沢の念願を達成しようと意気込む北里の熱気が伝わってくるような挨拶である。それから昭和三年春に辞任するまで北里は慶大医学部長と病院長を務め、その後も顧問として協力を惜しまなかったが、一切報酬を受けなかった。ただただ福沢の恩の深さを思っていたからであり、それに応えたいという

気持ちが大きかったからだった。

北里は常々こう言っていたという。

「患者に引きずられるような、あるいはまわりの者から引きずられるような意気地のない医者をつくっちゃいけないぞ。医者は医学的に患者を引きずる者だ。周囲のものを引きずって行くものだ。医者というものは、全面的に患者と取り組んで万事を患者のためにやるべきものだから、はたから雑音が入ってそれに引きずられる幇間《ほうかん》医者になるような、そんな卒業生をつくっちゃならんぞ」

長与又郎の依頼に応える

大正八（一九一九）年初夏のある早朝、北里柴三郎を訪ねてきた人がいる。長与又郎である。福沢と緒方洪庵の「適塾」で共に学んだ長与専斎の息子であり、北里がその結婚の仲人をしている。そもそも、北里を福沢に紹介したのが長与専斎だった。

大恩人の息子の来訪に北里は、

「どぎゃんした、いきなり」

と熊本弁丸出しで迎える。

又郎は親しき仲にも礼儀ありといった感じで、

「すでに新聞でご覧になったかと思いますが、このたび伝研の所長に就任する運びになりました」

と丁寧に挨拶した。

北里を追い出した伝研の四代目の所長に長与又郎が就任したわけである。

「わざわざ、挨拶などいいのに」

と言う北里に、又郎は踏み込んだ。

「つきましては、先生にお願いがあります」

「ほう、なんだね」

と促す北里に又郎は、所長就任の招待会に是非参加して下さい、と頼んだ。無益な争いをいつまでも続けていてはいけないと北里も考えていた。それで、

「ああ、いいとも。喜んで行かせてもらう」

と応じた。

そして、六月二十六日、伝研移管事件以来初めて、文部省、内務省、東京帝大、北里研究所の関係者が同席して招待会が開かれた。

『北里柴三郎』によれば、そこで北里はこう語った。

「伝染病研究所の発達は、創立者たる私の衷心より喜悦に堪えぬ次第である。今回ここに敬愛せる長与博士が新に所長の印綬を受けられたるは、衷心より甚大なる歓喜をもってこれを迎えるものなり。同所創設者たる私の辞去以来、歴代の所長其人を得たることは勿論なり。されども長与君は殊に其の適任者たるを信ず。冀《こいねがわ》くば、自愛をもって責務の大なるに盡《つく》されんことを」

移管事件には一言も触れない。長与専斎への恩を語り、その息子の所長就任を「衷心より」喜ぶという祝辞に終始したのだった。

翌日の新聞は、

「長与はオツなことをやる。北里も大きい」

と好意的に報じた。

もちろん、長与又郎だから北里の胸に飛び込めたのだが、積年の怨みを超えて、それを受けとめ、招待会に出席して、万歳三唱までした北里の株も一気に上がった。

あるいは最も喜んだのは長与専斎だったかもしれない。しかし、泉下の福沢もそれを評価したに違いないのである。

福沢の漢詩「贈医《いにおくる》」

大正九（一九二〇）年の大学令によって、慶大医学部となると同時に、校舎は付属病院と併せて現在の信濃町に新築された。その開校開院式で、医学部長であり病院長の北里柴三郎は次のように挨拶した。

「予は福澤先生の門下では無いが、先生の恩顧を蒙つたことは門下生以上である。故に不肖報恩の一端にもならんかと、進んで此の大任を引受けたのである。我等の新しき医科大学は、多年医界の病弊たる各科の分立を防ぎ、基礎医学と臨床医学の聯繫《れんけい》を緊密にし、学内は融合して一家族の如く、全員挙《こぞ》つて斯学の研鑽に努力するを以て特色としたい」

『医者のみた福澤諭吉』によれば、「門下生ではないが、門下生以上のもの」である北里の尽力を記念して名づけられた慶大医学部北里講堂の二階の会議室に「贈医《いにおくる》」という七言絶句の漢詩が掲げられている。福沢のつくったものである。読み下し文に直せば――

無限の輪贏《しゅえい》　天また人
医師　道《い》うを休《や》めよ自然の臣なりと
離婁《りろう》の明視と麻姑《まこ》の手と
手段の達するの辺　唯だ是れ真なり

富田正文はこれをこう解説している。

「医学というものは自然と人間（天また人）との限りない知恵くらべ（輪贏＝まけかち）の記録のようなものである。医師よ、自分たちは自然の家来に過ぎないなどと言うてくれるな。離婁（『蒙求』にある古代中国にいたと伝えられている視力の確かな人物のこと）のようなすばらしい眼力と、麻姑（古代中国の爪が鳥のように長い仙女のこと）のような行きとどいた手をもって、あらゆる手段を尽してこそ初めてそこに医業の真諦が生まれるのである」

『医者のみた福澤諭吉』の著者の土屋は、福沢の胸中を「病気を治すのは自然（神）であるなんて思ってくれるな。毎日勉強している医師の自分が治してやると思いなさい。自然が治すんだから、ただ見ていればいいということではない。患者を見たら千里の先まで、手の裏まで見通し、孫の手のように、患者の痒いところの隅々まで手の届くような、そういう医者になりなさい」と説いているのだと忖度《そんたく》し、そして、こう結んでいる。

「著者はこの掛軸を見るたびに、医師として身が引き締まる思いがする。そして同時に、このような医師の姿勢に対して期待の念を込めた漢詩を記した諭吉自筆の掛軸が、医学部の会議室に無造作に掛かっている

ということは、慶応義塾の医学部に関係する者の一人として大変誇らしいことであると思い、偉大なる教育者福沢諭吉の精神をこれからの時代も変わらずに受け継いでいかなくてはいけないと考えている」

不潔なミルクビン事件

ここに明治二十九（一八九六）年十月十五日付で福沢が田端重晟に出した手紙がある。田端は計数に明るい人として福沢が北里の下へ送った人である。

「秋涼人に可なり、益御清安奉拝賀。陳ば兼て御手数を煩はし候ミルク、今朝到来の中一ビン、人を以て返却致候間御一覧可被下候。其不潔なること何とも名状すべからず。斯る悪品の拙宅に来りしこそ幸なれ。若しも是れが喧しき患者の許に達したらば如何ん。何と攻撃せられても一言の弁解は出来申間敷、細菌学の叢淵《そうえん》、消毒云々とて、其注意の周密なるは、自家も信じ、又世間をも信ぜしめたる養生園のミルクにして、斯の如しとは何等の怪事ぞや」

表書きは「養生園　田端様　福沢　ミルクビン添」。つまり、サナトリウムの養生園の事務長をしている田端へ、「不潔なること何とも名状すべから」ざるミルクが届いたことに厳重注意を促して福沢が書いたものである。「喧しき患者の許」へではなく、自分のところへ「悪品」が届いたのは幸いだった、言ってみれば不幸中の幸いだったとして、福沢の手紙は続く。

「畢竟《ひっきょう》、病院事業の盛《さかん》なるに慣れて、百事を等閑に附し去る其結果の偶然に現はれたるものと云ふの外なし。或は是れは、小使い共の不注意なりなど云はんか、決して恕《じょ》すべからず。たゞの宿屋か何かにて、客に呈する食物に云々とあれば、一寸詫を云ふて済むべきなれども、苟《いやしく》も学医の病院に於て、衆患者が生命を托

する病院に於て、薬品同様のミルクが此《この》ざまにては、仮令《たと》ひ実際に無害にても、人のフィーリングを如何せん。事小なるに似て決して小ならず。一ビンのミルクは以て病院中の百般を卜《ぼく》すべし。薬局の怠慢、料理場の等閑、医師診療の不親切等、実に恐るべき事に存候」

いわば弟子の田端に対して、福沢は「事小なるに似て決して小ならず」と諄々と説いていく。愛着があるからこそ、具体的に指摘するのである。

「左れば、此罪はミルク消毒場に於ける下人のみに帰すべからず、第一に院長、医長、会計局員を始めとして、其責に任ぜざるを得ず。喉元通れば熱さを忘るゝの諺に洩れず、今日僅《わずか》に養生園の盛なるを見て、皆々安心得意の情を催し、浮世の流風に俗して本来の本務大目的を忘れたるか、左りとは頼《たのみ》甲斐なき次第ならずや」

かなり厳しい批判である。しかし、これを田端はもちろん、北里も受け容れたのだった。

「浮世の流風に俗して本来の本務大目的を忘れたるか」と北里を詰問できたのは、おそらく福沢だけだったであろう。

養生園の事業腐敗の記念として

北里柴三郎の経営する結核病院の養生園から不潔なミルクビンが届き、それをたしなめて福沢が事務長の田端重晟に出した手紙はなお続く。

「例へばミルクの事にしても、ミルクは何処の牛屋より入るゝか、其牛屋は、色々に諸方を吟味して、果して信ずべき者なるや否や。

牛屋信ずべしと仮定しても油断はならず、時々医師を派出して乳牛の性質を糺《ただ》し、又、其しぼりとりの方法、持込の途中をも窃に視察を要することなり。従前其辺の注意行届き居るや否や。消毒場に到来の上、園員中何人の監督する所なるや。因襲の久しき、単に下人共に打任せ置くが如き怠慢なきや否や。

右の事情篤《とく》と承知致し度、凡そ大業に志す者は畢生の千辛万苦に成るものなり。細々百事に注意して、辛《かろう》じて目的の半に達するの常なり。此一般に至りては、長与氏も北里氏も、共に責を免れるべからず、何卒御遠慮なく御話被下度、或は此手紙を御示し被下候ても不苦《くるしからず》、老生は明々白々に心事を申述候義に御座候。何《いず》れ其中罷出《まかりいで》苦情を語るべく存候。

匆々《そうそう》頓首

二十九年十月十五日朝　　諭吉

田端賢契　梧下」

長与氏とは長与専斎のことで、当時、養生園の設立代表者となっていた。ミルクはどこから入ったか、しぼりとりの方法などにまで視察の目は届いているかと、福沢の指摘は観念的ではなく具体的である。消毒場に到着してからはどうかと、あくまでも細部にこだわって、福沢の苦言は続く。

追伸的に書かれた次の一文も、辛さは相当なものである。

「追て此ビンは養生園の事業腐敗の記念として、口の処に何か毛の如き汚物ある其まゝ、ミルクのあるまゝ保存致し度、後日に至るまでも好き小言の種と存候」

その青春時には、福沢も不潔の巣窟のような緒方洪庵の適塾にいた。しかし、適塾ならいざ知らず、養生園にあっては不潔は許されないということだろう。

試みに、『福翁自伝』から、不潔に頓着しなかった適塾時代の部分を引いてみる。

「塾風は不規則と云はんか不整頓と云はんか乱暴狼籍、丸で物事に無頓着。その無頓着の極は世間で云ふやうに潔不潔、汚ないと云ふことを気に止めない。例へば、塾の事であるから勿論桶だの丼だの皿などのあらう筈はないけれども」

以下略とするが、要するに「洗手盥《てうずだらひ》も金盥も一切食物調理の道具になって」いたのである。不潔この上なかった。

第七章　適塾の青春

福沢諭吉別伝

広瀬仁紀という作家がいた。「福澤諭吉別伝」という副題の歴史小説『適塾の維新』（学藝書林）を書き、これは一九七六年度下期の直木賞候補作となった。一九三一年生まれの広瀬を鎌倉の自宅に訪ねたのは、もう二十年以上前のことになる。この小説は、幕末維新期に緒方洪庵の適塾に学んだ群像を描いたものだが、主人公ともいうべき二人の若い医学生の姿がすがすがしい。

「馬鹿野郎ッ！　医者なんぞそれほど偉えものじゃねぇ。ほかにすることがねぇからしている稼業だ。つまらねぇ遠慮をいつまでもうだうだといってやがると承知しねぇぞ」

当時、川人足に向かって、こうタンカを切るヒューマンな医者が実際にいたのかどうか、私は知らない。しかし、こうした川人足の親分、仁平の次のような気概は、そのまま作者のものであるだろう。

「先生ィかて、わいの異名《ふたつな》の由来は知ってるやないか。人の災難を見れば、とんでいって疫病神を肩がわりせんといられんよって、疫病神の仁平と呼ばれているのや。後日の災難が怖うて人様の世話ができまっかいなッ」

――病者に対したなら、その病理だけを診《み》ろ。その者の貴賤貧富などを気にしてはならぬぞ。

緒方洪庵はこう教えたという。

『適塾の維新』に続いて、広瀬は「巷談・芹澤鴨」と銘打った『洛陽の死神』や、薩長の前に立ちはだかり、岩倉具視の陰謀と対決した中川宮朝彦親王を描いた『青蓮院の獅子』（共に学藝書林）を発表した。そこでは、土方歳三や人斬り半次郎（後の桐野利秋）ら、桿強の徒が躍る。

のちに経済小説でベストセラー作家となる広瀬が、なぜ、幕末を書いたのか。こだわる理由を尋ねる私に、広瀬はこう言った。

「曾祖父が南部藩士で、最後の逆賊なんですよ。私はその汚名をすすぎたいんです」

自らが書いた歴史を絶対化しようとする、いわば勝者の官賊に対して、それはかなり困難な歴史の相対化作業である。

この曾祖父は日蓮信者だった。当時、侍で日蓮の徒は少なかったという。

その血を享けた広瀬の父も、酒に酔うと、

「薩摩を赦すことはできても、白河以北一山百文といった長州を赦すことはできない」

と繰り返し語ったとか。

東京出身の広瀬は制服のない学校である成城学園に学んだが、大学は慶応の文科に行きたいと思った。しかし、旧制盛岡中学出で、宮沢賢治や石川啄木の食えない様を目の当たりにした父親はそれを許さず、そのまま成城大の経済学部に進む。盛岡中学出で文筆で食えたのは『銭形平次』の野村胡堂だけだという。

名物は書生の虱とり

青春とは、とりわけ男性にとって不潔と同義語なのかもしれない。私は大学時代の四年間を東京は駒込に

ある山形県荘内地方出身者のための学生寮で過ごしたが、いま振り返れば、よく病気にならなかったなと思うほどに汚なかった。万年床で蒲団が綿だけになっていたり、タバコの吸い殻を文字通り山のように積み上げていたり、常人の意識では測れない豪の者が少なからずいた。

広瀬仁紀の前掲『適塾の維新』によれば、福沢が学んだ適塾もそうだった。

師の洪庵は当時、第一等の蘭学者であり、日本一の名医といわれているのに、福沢を含む門下生たちはホームレスのような姿で大坂の過書《かしょ》町界隈を歩いていた。

「適塾の名物いうたら、書生の虱とりや」

などとも言われている。

しかし、福沢たちは意気軒昂だった。

獣肉を扱うくせにそれを口にしない親父に向かって福沢は、

「どうもなんだな、これほどうまいものを商いながら、それを食わんというのは、少し頭がどうかしとるんじゃないか、えェ親父」

と言い、店の土間にいる川人足に、

「いまでこそ獣肉は嫌われているがな、やがて日本中の人が食うようになるぞ」

と予告し、その理由を問う人足に、

「米と野の菜ばかりを食っていては、出る知恵も出なくなるからさ。第一、身体の背丈がこうこまかくては、力も足りず、碌なことができんではないか。現に海の向うの異人たちは……」

と説きかけたが、同席していた書生に、

「諭吉、異国のことは塾で話せ」

と止められる。

まだ、鎖国は続いていたからである。

それでも、すでに適塾の塾頭となっていた福沢は、まだ慣れていない書生に、

「とにかく食え。食って封建の世のしがらみを忘れることだ」

と勧め、酒を飲み、牛肉を食いつつ、断言した。

「この世には、士農工商という身分がある。と人はいうがな、なァに、それはそれぞれの商売さ。どれが偉くて、誰が偉くないなんぞということはありはしない」

反論したそうな若者を無視して、福沢は続ける。

「侍、侍というがな。あれらは先祖の余禄をこうむって、ここ三百年を生きてきただけさ。だからみろ、殿さまといわれる連中から押しなべて、あらかた阿呆ばかりだ」

刀なんぞという重い物をさしているから侍の頭は悪くなると放言する福沢の腰には、もちろん刀はなかった。

福沢と同年の橋本左内

梅渓昇《うめたに》の『緒方洪庵と適塾』（大阪大学出版会）によれば、都道府県別に見た門下生は山口が一番多く、五十六人を数える。次に洪庵の出身地の岡山が四十六人で続き、佐賀が三十四人で、兵庫、石川、福岡が同じ三十三人である。北海道や鹿児島からも入っているから、文字通り、門下生は全国にわたる。

福沢より先に入っていた門下生には、日本赤十字社を開設した佐野常民や、村田蔵六こと大村益次郎らがおり、福沢のすぐ後に塾頭となったのが、「北里柴三郎を助ける」の章で、しばしば登場した長与専斎である。

福沢と同い年の橋本左内は、師の洪庵をして「彼は他日わが塾名を揚げん、池中の蛟龍である」と嘆賞させたほどの英才だった。結局、刑死することになったが、橋本の過激な思想と行動が福沢に、より穏やかな改革を志向させた可能性は大いにある。

たとえば岳《がく》真也は『福沢諭吉』青春篇（作品社）に、次のように書いている。

「橋本左内のことがなかったならば、あるいは後年の諭吉は、より密接に政事――政治にかかわっていたかもしれない。もちろん、それだけではないが、政治権力の中枢にはいりこむことの無益と危険とを、彼はひとつに左内からまなんだのだ」

福沢より後に適塾に入った橋本と福沢の出会いの場面を岳の本から借りよう。

「橋本くん、彼が現塾頭の福沢諭吉くんだ……なかなかに面白い男ですからね。知っておくべきですよ」

洪庵にこう紹介されて、お互い、よろしくと頭を下げた。

「福沢くんは、どちらかというと晩生《おくて》といえようが、橋本くんは早生《わせ》ですな。何しろ齢七つにして漢籍を習いそめ、十歳のときにはもう『三国志』全六十五巻を読み通したというほどだからね」

さらなる洪庵の紹介を受けて福沢が、

「耳にしておりますよ。幼な心を排して、意気を盛んにし、立志のうちに忠孝と勉学にはげむ。よき友をえらんで徳をみがき、天下の英傑とならん……ですか」

と橋本が十五の時に書いた『啓発録』の一節を読みあげると、橋本は、

「まさに若気のいたりで……お恥ずかしいかぎりです」

と照れた。さらに福沢が、

「昨今の武家は、なりや見てくれこそ仰々しく飾りたててはいるが、その実態は百姓、町人より劣った者が多い、とも書かれたようですね」

と言うと、橋本は、どんなに愚かでも名家に生まれた者は高禄をはみ、貧しい家柄の者は微禄のままというのは許し難いと答えて、福沢と共鳴した。

「福沢の大酒、鶴見の大飯」

適塾の塾生時代、福沢に牛肉屋に連れて行かれ、

「獣肉を呑みこめというのは、この世の愚かしい掟を呑みこんでしまえということだ」

と教えられた鶴見斧吉が、武田太郎と共に、慶応四（一八六八）年に新銭座の慶応義塾を訪ねる。

『適塾の維新』から、その久しぶりの出会いの場面を引こう。

「りゃりゃ、お前たちか。まさか幽霊ではあるまいな」

「冗談じゃありませんぜ、福沢さん。昼飯前から化けてでる幽霊なんぞありゃせんでしょう」

「それにしても、武田も鶴見も無事でなによりだった。まだ所どころ畳もはいっていないような家じゃあるが、遠慮せずに上がれ。とにかくも躰をやすめることだ」

そして武田が茶漬を所望し、鶴見がそれを叱りつける。福沢は笑って、

「そうがみがみというな。お前さんだとて、適塾の頃は飯がおくれると、腹がすくほど世の中で悲しいことはないとこぼしていたではないか」

と肩を叩いた。

適塾では「福沢の大酒、鶴見の大飯」ともっぱらの評判だった。

そんなことを思い出している鶴見のそばで、福沢が奥に声をかける。

「適塾の仲間が江戸に出て、腹がすいてたまらぬといっている。冷飯でも茶漬でも、ありあわせの物をみつくろってたらふく食わせてやれ」

その言葉に武田があわてて、

「福沢さん、仲間はいけませんよ……仲間は」

と福沢の袖を引いた。

なぜ、と尋ねる福沢に武田が続ける。

「当り前でしょう。福沢諭吉といえば、当代の洋学者だ。その人が、われわれ風情を仲間扱いにしたら名の瑕瑾《きず》ではありませんか。後学書生のなれの果とでもいってください」

福沢はそれに大笑いして、

「昔馴染を仲間といって何が悪い。くだらん心配をしていないで、こちらに来い」

と武田の肩をつかんだ。

肩をつかまれたまま、武田は涙をぬぐう。昔とかわらぬ福沢の好意になつかしさとうれしさがこみあげたのである。

部屋に通された二人は、

「おひつをかたしてしまうとはいわんから、もう少し落ちついて食え」

と福沢が注意しなければならなかったほどの勢いで、飯をかっこんだ。

大坂からの海路が時化たのと、古米だったので、ろくに飯が食えなかったのである。

適塾と義塾

『福翁自伝』に、噴き出さずにはいられない適塾時代の逸話が書いてある。

ある夜のことである。福沢が二階に寝ていると、下から女の声で、

「福沢さん、福沢さん」

と呼ぶ声がする。

うるさいな、手伝いの女たちめ、いまごろ何の用なんだ、と思いながら起きて、素っ裸のまま階段を跳ね下り、

「何の用だ」

と怒鳴った。

ところが、呼んでいたのは手伝いの女ではなくて、緒方洪庵夫人の八重だったのである。

そのままの姿で坐っておじぎすることもできない。進退窮して身の置きどころがなかった。夫人も気の毒と思ったのか、物も言わずに奥に引っ込んだ。翌朝おわびに行って、昨晩は失礼つかまつりました、と陳謝するわけにもいかない。結局、何も言わずに過ぎてしまった。適塾を出て四十年後に再訪したことがあった

が、その一件を思い出して福沢は「ひとり心の中で赤面」したという。

そんな福沢が適塾の後輩の武田に慶応義塾の書生の「際限もない悪さ」をこぼす。

「便所の壁から始まって、家内の壁から障子、どういうつもりか行燈にまで、連中、落書きをしやがる。手がつけられんとは、このことだ」

『適塾の維新』によれば、武田はそれに対して、

「福沢さん、適塾だってそうでしたぜ」

と返した。

「二階の窓格子なんぞ、煮たきの火種にするという奴らに斬りとられて、一本もなかったぐらいですからな」

と武田に言われて、福沢も往時を思い出し、苦笑せざるをえなかった。

「それはそれ、これはこれだ……。義塾では、落書き一切を停止した。規則は厳守させねばならぬ」

と福沢は反論したが、説得力は弱い。

のちに福沢は慶応義塾出身者に乞われて演説し、慶応義塾の由来について、こう語っている。

「……兵馬騒擾《そうじょう》の前後に、旧幕府の洋学校は無論、他の私塾家塾は疾く既に廃して跡を留めず、新政府の学事も容易に興る可きに非ず。苟も洋学と云へば日本国中唯一処の慶応義塾、則ち東京の新銭座塾あるのみ。世人は之を目して孤立と云ふも、我は自負して独立と称し……我党の士に於て特に重んずる所は人生の気品に在り。抑も気品とは英語にあるカラクトルの意味にして、人の気品の如何は尋常一様の徳論の喋々する善悪邪正などと云ふ簡単なる標準を以て律す可らず」

急死した師、緒方洪庵

「先生の平生、温厚篤実、客に接するにも、門生を率ゐるにも、諄々として対応倦まず、誠に類ひ稀れなる高徳の君子なり」と福沢が評した緒方洪庵が文久三（一八六三）年六月十日、江戸は下谷の屋敷で大喀血を起こして急死した。享年五十四。現在の満年齢で言えば五十二歳の夭逝だった。

その知らせを受けて芝新銭座の家塾にいた福沢は仰天して走り出す。沈着冷静な福沢には似合わぬあわてぶりだった。

ほぼ三里の道程を福沢は足袋はだしで走り続け、学所頭取屋敷の門内にとびこんだ時は、福沢自身が息絶えだえだった。

医学所の書生に支えられるようにして病室に通されたが、すでに亡くなっていることを知って、福沢はそのまま、崩れ落ちた。

「先生ッ！」

声を限りに絶叫しつつ、福沢は顔をおおって号泣した。

この師との出来事が次々と浮かんでは消え、浮かんでは消えた。

適塾の書生だったころ、福沢が病に倒れ、朋輩の医師の内藤数馬が、

「これは駄目だ。もう長くはありませんぞ」

と囁いているのを夢うつつに聞いていると、緒方の声がした。

「内藤君、そこを何とかするんです……この者は十年に一人、いや、百年に一人出るかどうかというほど

の大器、逸材なのだ。わたしは、そうと見ている。ぜがひでも助けてやってほしい」

「そう言われましてもね。もはや末期の症状で、どうにもならない……手のほどこしようがありませんよ」

死相すらも出ているとの内藤の言葉を聞いて、逆に福沢は意識を取り戻す。

「貴君は歳も若いし、ふだんから元気で壮健なせいでしょう」

元気になった福沢に緒方はこう言ったが、それだけではなかった。

岳真也は前掲『福沢諭吉』青春篇に、その時の福沢の思いを忖度して、こう記す。

「枕もとで聞こえた師の必死の願い。百年に一人の逸材との言葉……諭吉自身のなかにも、生きて、この世にもっとふかく、するどい痕跡を残したいとの意思があった。光の渦中を漂い、その快感に身をまかせるのはたやすかったが、それだけになおさら彼はそんなおのれを否《いな》み、死んではならぬ、生きるのだ、と強く望んだのである」

この緒方の夫人、八重を福沢は「私がおっ母さんのようにしている大恩人」と繰り返し述べた。八重の墓碑には「門生を待つに誠切なること子の如し。あるいは塾則を犯せばすなわち従容として戒論して先生をしてこれを知らしめず」とある。

緒方の師恩の深さ

「余が著訳の平易を以て終始するは誠に先生の賜《たまもの》にして、今日に至る迄無窮の師恩を拝する者なり」

福沢がこう述懐した師の緒方洪庵は、すでに訳し終えた翻訳書にも、より平易な文章にするため、繰り返し手を入れた。知識を一部の者の独占物にしないということだろう。

『福沢諭吉』青春篇に適塾生の小西健太と高橋順益が大阪は天満橋の橋の下にいる物乞いたちの回診に行く場面がある。あるとき、塾頭の福沢もついて行った。

「偉いですねえ」

と福沢が言うと、小西が、

「なーに、左内ほどではないわ」

と答える。

「左内？　……昔、塾にいた橋本左内のことですか」

と尋ねる福沢に小西は、

「そうや。福沢、お前は超のつく秀才やし、村田の蔵六さんや大鳥圭介も賢かったが、左内はほんまもんの麒麟児、天才やった」

と返す。

同い年の橋本を福沢が意識していたことはすでに書いたが、小西は続けた。

「福沢には聞かしといたほうがよかろうがな……もとはといえば、天満橋下の乞食たちへの回診も、左内が連中を診たのがきっかけになっとるんや」

散歩が好きで、よくこのあたりをぶらぶらしていた橋本は急病人が出たと呼びとめられ、以来しばしば診療に行くようになった。

それが塾内の噂となり、緒方の耳にも入る。

「……先生はきっと左内さんをよんで、褒めたのでしょう」

福沢がこう言うと、小西は、

「ようわかるな、福沢」

と驚いた。

緒方はつねつね、医師たるもの、間違っても貴賤貧富をかえりみてはならない、医術をもって、よろずの民の病苦を救済すべし、と説いている。それを思えば、緒方の答は容易に予想ができた。

岳真也は、緒方との出会いがなかったら、福沢の『学問ノスヽメ』のとりわけ著名な書き出しは生まれなかったであろう、とまで言う。

「天は人の上に人を造らず、人の下に人を造らずと云へり」

これもアメリカ合衆国の独立宣言の翻案ともいわれるが、いずれにせよ、福沢の自由平等思想は緒方によって育まれた。

それほどまでに緒方は福沢にとって大きな存在だった、と岳真也は指摘する。緒方は文字通り、福沢の師父だった。

俗にも通じた適々斎

大坂は北浜の過書町にあった適塾の看板には「適々斎塾」とあった。適々斎は緒方洪庵の号の一つである。

これは『荘子』の「伯夷、叔斉のような人たちは、人の役《いとな》みを役みとし、人の適しみを適《たの》しみとして、自らその適しみを適しみとせざる者である」という一節に由来する。平たく言えば、人のため世のために尽くすことを緒方は自らの適しみとするということである。

この適塾に福沢の書いた軸があった。

適々豈唯《あにただ》風月のみならんや
渺茫《びょうぼう》たる塵界自ら天真
世情説くを休《や》めよ
意の如くならずと
無意の人は乃《すなわ》ち如意の人

つまりは「適々」は風流のみでなく塵界にあるというわけである。

梅渓昇の前掲『緒方洪庵と適塾』によれば、緒方は病気がちであったにもかかわらず、医者として往診をよくし、それも正月二日から始めた。風邪などで往診できない時は、古川洪道のような優れた門下生を代診に出したという。

しかも、世俗に通じて趣味も広く、堅苦しい学者一辺倒の人ではなかった。

和歌をたしなみ、歌会を適塾で開いたりしている。母の八十八歳の祝宴を故郷でやった時には、自分の和歌を書いた盃を焼かせて親類に配っている。また、ある門人に宛てた手紙では「囲碁はときどき有馬、岩谷など相手に打っているが、みな一向に上達せず同様なので、このごろは飽きがきて面倒くさくなった。お笑いください」などとも言っている。

緒方の曾孫の緒方富雄が書いた『緒方洪庵伝』(岩波書店)に、緒方洪庵の歌がまとめてある。かなりの数

だが、「五十になりし年に」という詞書がついて、

大方の人におとらで事もなく
五十路の春を迎へつるかな

とある。しかし、緒方が急逝したのは、それから数年後だった。

その師弟の結びつきはもちろん、塾生同士の交友の深さも並大抵のものではなかっただろう。私は自分が送った四年間の学生寮時代からそう思う。慶応を出て郷里に帰り、高校の教師となった私は、五年余りで公私ともにゆきづまり、自殺を考えるまでになっていた。それを知って二年上の先輩、門脇厚司が、ともかく辞めて東京に出て来い、と言い、夫人と子どももいたのに二DKの団地に私を居候させ、新しい職まで紹介してくれたのである。当時、門脇は三十歳を過ぎたばかり。私に同じことができるかと言われれば、できないと答えるしかないが、私たちのいた寮にも適塾的雰囲気はあった。

交通事故に遭った寮の先輩

六月十九日昼、前節に書いた大恩人の門脇厚司が交通事故に遭い、大怪我をした。一命はとりとめたが、集中治療室に入っている。門脇について私は一九九五年六月十日付『日本経済新聞』文化面の「交遊抄」にこう書いた。

〈文字通り足を向けて寝られない人がいる。現筑波大教授の門脇厚司さんである。

一九七二年春、山形県立酒田工業高校の社会科教諭だった私は、教育闘争をしない日教組への苛立ちと私的には離婚の危機を抱えて憔悴しきっていた。そんな折に久しぶりに帰郷した門脇さんと会い、「ともかく教師をやめて上京しろ」と言われたのである。

門脇さんは私が一九六三年から六七年まで入っていた学生寮（山形県荘内地方出身者が入るその寮は東京の駒込にあり、荘内館と呼ばれていた）の先輩だった。門脇さんは東京教育大、私は慶大と大学は違っていたが、社会学専攻の門脇さんにはマックス・ウェーバーの手ほどきを受けたり、人生相談にも乗ってもらったりと、ずいぶん世話になっていた。

二年上の門脇さんが寮の日誌に書いた「苦悩論」は、自殺を考える人間こそ正常なのではないかというもので、それを読んだ時の衝撃はいまでも忘れられない。

その後、大学院に進んだ門脇さんは院生として大学改革に取り組み、しばらく大学を離れる。私が七二年春に会った時には日本経済新聞社の企画調査部に勤めていた。当時、門脇さんは三十歳を出たばかり。鶴岡南高の同級生の艶子夫人との間に生まれた欣一郎君と共に埼玉県上尾市の二ＤＫの団地に住んでいた。そこに私が転がりこんだのである。

忙しい中を門脇さんは勤め先も紹介してくれ、私は東京は神田にあった経済誌に入ることになった。そして大宮にアパートをさがし、移るまでの一カ月近くを門脇夫妻は居候させてくれたのである。そのとき、まともにお礼をしたおぼえもない。家からは勘当状態だったし、経済的余裕もなかった。

私に同じことができるかといわれれば、できないと答えるしかないだろう。その後も門脇さんは私にまったく恩着せがましい態度をとらない。私はただただ頭を下げるしかないのだが、かつて大川周明も入ってい

たというこの寮の先輩には、国立がんセンター名誉総長の杉村隆さんもいる〉

のちに門脇は『子どもの社会力』（岩波新書）というベストセラーを書き、筑波学院大の学長もつとめる。福沢諭吉がいた当時の適塾の塾生は四十名ほどだった。荘内館もほぼ同じぐらいの人数で、そこでは、門脇と私のように、濃密な人間関係が育まれたに違いない。

天性の教育者

適塾を開いた緒方洪庵は非常に筆まめな人だったという。塾生によく手紙を書いたらしいが、私が入っていた学生寮の寮監、佐藤正能《まさよし》も、身をもって私たちにその大切さを教えた。東京帝大法科を出ながら栄達の道を歩まず、横浜国立大学の教授となった佐藤は『心の花』同人の歌人でもあり、「聞きたきは抱負に非ず国政の重きを畏《おそ》る一言なるを」というビシッとした歌もつくっている。

青年期に大正リベラリズムの洗礼をたっぷりと受けた佐藤は、寮生のわれわれに対しても、「君たちは大学生なんだから、私は箸の上げ下げまで指図はしない」と、門限、寮則等はほとんどなしだった。但し、落第した場合と女人を泊めたことが発覚した場合は無条件に退寮。しかし、こうしたこまごました「規則」よりも、午前二時過ぎまで監督室で勉強する佐藤の存在そのものが、われわれにとっての無言の寮則であり門限だったのである。ちなみに監督室はちょうど玄関の真上にあり、坂を登ってくる途中から見えるその部屋の電気がついているだけで、われわれの酔眼をさますに十分だった。といって、佐藤がとくにコワイ人だったわけではない。

自動式エレヴェーターが珍しく
　用事ありげに何度も上下す
狂ひなくつり銭を出し切符出す
　自動販売機をしばし見つむる
飲める水がいつも蛇口のところまで
　来てゐることが不思議でならず

これらの歌が巧まずして語っているように、佐藤は童児のように無邪気な好奇心と、尽きることなき野次馬精神をあわせもった人であり、郷土力士柏戸の相撲に身をのりだし、テレビのプロレスに思わず声を高くする人でもあった。

　少年の非行を責むる声高し
　　思へ大人の真似ならぬなきを

と、「いまどきの若者」論を厳しく斥ける一方で、

十八、九は若さのさかり競ふべく
「入試地獄」などと弱音吐く勿れ

と若者をも叱咤する天性の教育者だった。

ある先輩は、学生運動で警察に留置され、佐藤に迎えに来てもらったこともあるというが、労多くして報いられることのほとんどないこの「監督業」について、佐藤はまったく報酬を受けとっていなかった。緒方洪庵も「天性の教育者」だったのだろう。緒方も歌人であり、こんな歌を遺している。

のちの世の闇のためにも焚きのこせ
　更くる夜川の瀬々の篝火《かがりび》

福沢らを通じて、「篝火」は確かに現在に受けつがれている。

第八章　福沢精神の体現者、松永安左衛門

おじぎをして怒られる

福沢精神を体現した門人の筆頭は「電力の鬼」といわれた松永安左衛門だと私は考える。松永は徹底して在野に生きた。交友関係も広く、戦争中に電力の国家統制に反対して一切の役職を退き、伊豆の堂ヶ島に隠棲した松永を訪ねた客は、小島直記の松永伝『まかり通る』（新潮文庫）によれば、長谷川如是閑、志賀直哉、安倍能成《よししげ》、谷川徹三、武者小路実篤、和辻哲郎、梅原龍三郎等々、多岐にわたる。もちろん、これらの文化人と松永耳庵が仕事の話をしたわけではない。

松永は、九十歳を過ぎたある年に電力関係の祝賀会が開かれた時、通産大臣の代理が出ている席を見ながら、こう言った。

「僕は、今日は電力一筋に生きてきたものとしてあいさつするのだが、通産大臣は電力に対して何の功労があるか。その大臣の席が僕の上席にある。こんなことでは、電力界は日本のエネルギー・パワーを背負って、大衆のために灯《あか》りをつけることはできぬ。電力界は、役人の奴隷になっているのか」

この松永に『人間 福澤諭吉』（実業之日本社）と題した本がある。昭和三十九（一九六四）年、松永が九十歳を迎える直前に出したものだが、冒頭の逸話からしておもしろい。福沢を景仰するあまりに、福沢の「あの比類をみぬおおらかな人間味、あの闊達自在な庶民性を、いささかでも没却し去ることになってはならぬ」

と強調する松永が、福沢の「ジツブツにお目にかかったのは、慶応へ入学して間もなくのこと」だったという。明治二十二（一八八九）年で、時に松永が十四歳、福沢は五十四歳だった。

ある日、松永は校庭で教師に会い、足をそろえて、ていねいにおじぎをした。

ところが、まだ、頭を上げないうちに、後ろからポンポンと背中を叩く者がいた。振り返ると、六十歳近い老人がむずかしい顔をして立っている。そして、こう言われた。

「お前さんは今、そこで何をしているんだね」

尋ねられた松永が、

「先生にお辞儀をしました」

と答えると、その老人は、

「いや、それはいかんね。うちでは、教える人に、途中で逢ったぐらいで、いちいちお辞儀をせんでもいいんだ。そんなことを始めてもらっちゃこまる」

と注意をした。これが「着流しに角帯、股引《ももひき》履きに尻ッぱしょりという姿の福澤先生」だったのである。

福沢によれば、松永たちに教えているのは、「年も上、勉強もちっとは進んどるだけ」のお前さん方の仲間で、「ここで先生といえば、まあこのわたしだけなんだが」、福沢にもおじぎする必要はなく、自然な会釈だけでいい、と戒められたのである。

トリ鍋事件

松永は慶応を一度中途退学して再び入り直している。松永が福沢に「ほんとうに接近し得た」のは、再入

学してからだった。年齢も二十歳を過ぎている。

当時、学生の寄宿舎は福沢邸のすぐ隣にあった。というより、福沢邸の一角に寄宿舎があったのである。

その福沢邸では鶏をたくさん飼っていた。それが松永たちには「眼の毒」で、締めて食ったらうまいだろうという誘惑を抑えるのが大変だった。しかし、ある時、遂にその誘惑に勝てず、こっそり一羽を捕まえて、五、六人で食べてしまった。

松永の前掲『人間 福澤諭吉』によれば、「こんなときに私がいつもリーダー格を買って出るので、その料理方なども一切、得意になって引き受けた」という。問題はその後始末で、寄宿舎の裏庭に穴を掘って埋め、「完全犯罪だ」と平気な顔をしていた。

ところが、二、三日後、福沢から名指しで松永たちに晩飯をごちそうするからというお呼びがかかった。

何か変だなと思いながら出かけると、この間こっそりやったのと同じトリ鍋である。

「どうだ、うまいだろう。もっと食え、もっと食え」

と福沢はすすめる。

しかし、松永たちは咽喉につまって、なかなか食べられない。それでも腹いっぱいに詰め込んで、いい気持ちになって帰ろうとしたら、福沢が言った。

「鳥鍋ていどなら、月に一度ぐらい、わたしが御馳走しますよ。よかったらちょくちょくおいでなさい。よそのニワトリなんぞには眼をつけんがよろしい」

松永以外の仲間はこれですっかり恐縮してしまったが、恐縮しつつも松永は、このお声がかりをいいことに、それから遠慮なく福沢邸を訪ねたというのだから、やはり豪の者である。

後で聞くと、バレたのは、松永たちが埋めた鶏の骨などを、どこかの犬が掘り荒らしたからだった。「羽根も骨ガラもそこら中にとりちらされ、レグホン行方不明の拐帯犯人が、苦もなくそれと福沢探偵局に判ってしまったらしいのである。わるいことはなかなか上手にできぬものだ」と松永は述懐している。

「まず最初に、福沢先生がどれくらいの偉さに在る人か」と松永は前記の本で問うて、自ら「日本始まって以来、たった三人しか数えられない中での偉さ」だと答える。その三人とは、聖徳太子、弘法大師、そして福沢だという。これには泉下の福沢も苦笑しているのではあるまいか。

福沢にギャフンと言わされる

「小林一三さんと、藤原銀次郎さんと、どちらがエラかったんでしょうか」

とか、

「武藤山治さんと、池田成彬《しげあき》さんと、どちらがエラかったんでしょうか」

とか、松永安左衛門は彼らを知っているが故に、そうした愚問に接したという。それに対して松永は「小林は小林でエラかったし、藤原は藤原でエラかった。武藤は武藤でエラかったし、池田は池田でエラかった。私はいつも、これにはノー・コメントで来ている」と『人間 福澤諭吉』で語っている。そして「この松永の爺イだって、他の連中にみられない何処かエライところがあるかも知れない。自分でそういうのだから、まあ間違いがあるまい」と付け加えているのである。

そんな松永が福沢を「聖徳太子、弘法大師とならべて、日本開闢《かいびゃく》以来の三大偉人」と呼ぶ。門下生の贔屓目《ひいきめ》と言われるかもしれないが、「しかし、私のヒイキが如何に大きくて、いわゆる引き倒しにすらなろ

うと、ご本尊の大先生は、そんなことでビクともするもんじゃあない。引き倒しの綱が切れて、こちらがひっくり返るぐらいがオチである」と、怯む気配もない。

トリ鍋事件にもかかわらず、福沢宅に押しかけたり、福沢の毎朝の散歩のお伴をしたりして、福沢にかわいがられるようになった松永は、ある時、福沢に、

「お前さんは壱岐の島の生れだそうだが、壱岐には何か変ったところはないか」

と聞かれた。

川らしい川がないと答えたが、他にないかと問われ、壱岐の海女は日本一だと自慢して、

「何しろ、ドブン、ドブンと海へ飛び込んで、二十分でも三十分でもずっともぐり、あわびや海藻を取ってくるからえらいもんです」

と吹聴した。すると、福沢が、

「ちょいと、お待ち……」

と手を上げ、

「だれか洗面器に水を入れて持っておいで。それとも、手拭いかハンカチで松永君の口と鼻を押えておやり。松永君がどれだけイキをしないでおれるかためしてやろう」

と言う。松永は驚いて逃げ腰になった。

「そうれご覧、人間が二十分も、三十分も海へもぐっておれるなんて、お前さん方ガクシャのいうことではない。人間の肺臓は一呼吸一分がもてるか、もてないかだ。それを二、三十分もなんて、デタラメにも程がある」

でも、そう思ったのだと釈明する松永に福沢はこう追い討ちをかけた。

「そう思ったなら、そう思ったことが事実かどうか、今ここでためしてみよう。わたしが時計をもって時間をはかるから、お前さんは洗面器に顔を突っ込むがよい。不確かなことは、何事も事実でためしてみるのが学問というものだ」

福沢の品行方正哲学

福沢の晩年に、松永たち塾の卒業生が集まって福沢と打ちとけた話をした。ある時、川谷三二という遠慮のない男が福沢にズバリと尋ねる。

「先生は品行方正だと威張っておられますが、若い頃には、女郎買いぐらいにはやっぱり行かれたでしょう」

『人間 福澤諭吉』によれば、さすがの松永も思わず息をのんだというが、福沢は少しも騒がず、こう答えた。

「ところがそうでないんだ。私は幼少の頃から酒が好きで、酒のためにはずいぶんと苦労もし、わるだくみもして来たが、品行はあくまでも方正、これだけは青年時代の乱暴書生にまじっても、家を成して後、世の中のさまざまな連中と交際しても、人とちがって少しは大きな口が利けた。

人間は何も汚ないことの全部を知る必要はないが、たとえ汚ないことを知ったとしても、それを必ずしも実際行うには当らない。世間ではいろいろ理屈をつけて、その汚ないことをしているようだが、私は若い頃からむしろそれに反発して、そういう仲間に加わらぬのを愉快として来ている。花柳社会の消息も、人の話

を聞けば、その様子はたいていこまかにわかる。そんなつまらぬことは、判ったら判ったで平気に済ましておればそれでよい。何も彼もすっかり判っていて、敢えて身を鉄石に守り抜くのが私の行き方、いわば朱にまじわって赤くならぬのが建て前。これはなかなかに難しいことだが、難しければ難しいほど、むしろ私は大きな誇りに感じられるのである。

今時の大臣、参議、学者、実業家など、みんなえらそうな顔で威張ってはおるが、こういう点では、まったく人の風上にも置けぬ連中ばかりである。そのうちで私は、彼らに出来ないことを為しおおせて来たという誇りで、心ひそかに大満足である」

松永たちを前にしての福沢の品行論は、なお長々と続いたという。

「人がやるからといって、つまらぬことに何も敢えて盲従はしない。また人がやらぬから、いや人にやれぬからこそ、敢えて自分がやってみせようというところに、私は福沢先生の真面目、『我れ天下に一人在り』の気概を受け取った」と松永は述懐している。

しかし、松永は福沢のこの品行方正哲学を受け継がなかった。

在野の生き方を貫いた点では福沢精神を継承したのだが、こちらの方は福沢に「敢えて盲従はしな」かったのである。

そちらの方を「つまらぬこと」と思わなかったとも言えるし、「朱にまじわって」、さまざまな逸話を残した。

「女の問題」という判別法

福沢から品行方正哲学だけは受け継がなかった松永の「女の問題」を書く。松永は近衛文麿を嫌っていた。それで、昭和十二（一九三七）年に近衛が四十六歳の若さで首相になると、

「あの男はいかん。信用できん」

と苦い顔をした。

松永が近衛に「信用できない男」というレッテルを貼ったのは、大正八（一九一九）年春のある出来事によってである。

その年、ブリュッセルで開かれた万国国会議員商業会議に出席した松永は、第一次世界大戦の講和会議に随員としてやって来た近衛と会い、親しくなる。当時、近衛は二十七歳、松永は四十三歳だった。そして、帰国の途中ロンドンに寄り、二人で女遊びをしたのだが、あるとき、二人はそれぞれの相手に次の金曜日に来ることを約束した。ところが、その日になって近衛は「疲れた」と言い、仕方なく松永は一人で出かける。それで、近衛を待っていた女から、

「日本の貴族はウソつきだ。イギリスの貴族は女にウソをつくなんてことは絶対にしない。わたしは近衛のために他の約束を全部断って待っていたのに、どうしてくれるのか」

と詰め寄られた。困った松永は、近衛の分もカネを払うと言ったが、その女は、

「あなたからもらう理由《いわれ》はない」

と拒否し、

「二度と近衛には会いたくない。近衛という男を心から軽蔑する」

と吐き棄てた。

それで松永は後味の悪い思いをして帰って来る。ところが、「疲れ」ているはずの近衛は別の女のところへ行っていたのである。

「何という男か」

と松永は思った。

他の女と寝たくなったのなら、そう言えばいい。自分にもウソをつき、女をも欺く。この男は信用できない、と松永は肝に銘じた。

だから、二十年近く後に、国民の圧倒的な人気をバックに近衛が首相になった時は、やりきれない気持ちだった。

近衛内閣が誕生した日、松永は、

「浮かれ革新めが！」

と一言の下に切り捨てたという。

案の定、近衛は軍部を抑えられずに電力の国家管理を推し進め、軍部独走への道を開いていく。

「女の問題」でみせた近衛の無責任さ、調子のよさは企業の息の根を止め、日本から自由をなくしていった。

そんなものはなくても福沢は人間の真贋をまちがわなかったのかもしれないが、とりわけ男にとって、「女の問題」はそれを測る確度の高いリトマス試験紙となる。

電力国営に反対し通す

『人間 福澤諭吉』を語った松永安左衛門によれば、福沢はこう言っていたという。

「私は開化日本の筋書きをかく。それを舞台の上でいろいろ実演してくれるのが、明治政府の当局者たちだ。みんな一所懸命やって呉れた。私がかいたり、しゃべったり以上にも、よくやって呉れたところもある。その舞台をみて、客が泣いたり、笑ったり、囃し立てたりした。時には筋書どおりいかないので、私も不満、お客もすこぶる力を落したこともないではない。しかし、私はそれがうまくいっても、いかんでも、終始客席のあいだに交じりとおして、面白いところには手を叩き、まずいところには眉をひそめるだけで、自分自身が舞台に立って、役者に代わろうと思ったことなど、ついぞ一度もなかった。

私は政治に関する限り、いつでも作者の立場、もしくは観客の立場で満足していたし、またそれを押しとおすのが、自分本来の役目と心得ていた」

福沢に学んだ松永も同じ思いだったのだろう。しかし、軍部と一体となった昭和政府は松永を「観客の立場」から去らせる。

近衛文麿が首相になったころ、松永はアメリカの友人のラモントから、

「国営の下に役人共が電気事業をやってもうまくいくはずがないが、さらに肝心なことは、民営でなければ大きな人物が育たない。実業人を育てあげる上からも国営に私は反対する。軍部政権ができたら、必ず電力国営を持ち出してくるだろう。君は電力人であり、古くからの友人で、僕の信頼する人だ。形勢はだんだん悪化するだろうが、君はこれらと闘って、政府の手に電力を渡すな……」

と忠告されていた。

そのため、陸軍大臣の東条英機や海軍大臣の及川古志郎などのいる前で、首相の近衛に、

「あなたたちは、大きな戦争をするつもりで電力事業を国営にしようと考えているのだろうが、それは、国をあやまらせることになるのではないか」

と迫り、軍の怒りを買って、弾圧されそうになった。

こうした松永の抵抗も空しく、国家総動員法とともに電力国家管理法は公布され、日本は破局への道をひた走っていく。

それで松永は俗世を離れ、伊豆の堂ヶ島に隠棲した。そして、戦後、電力再編成に辣腕をふるうまでのおよそ十年間、新聞も読まず、ラジオも聴かないという生活をつづけたのである。

その間、大蔵大臣になってほしいとか、大政翼賛会の総裁に就任してほしいとかの誘いがあったが、松永は一切耳を貸さなかった。

勲章はヘドがでるほど嫌い

福沢は衣服の流行には無頓着で、夫人の着せてくれるものを着ていた。間に合えばいいのである。

ある時、夫人が留守で、急に外出しなければならなくなり、タンスをあけて、一番上にある着物を着た。そして用を済ませて帰ったら、夫人はその姿を見て大笑いする。それは下着だというのである。夫人も呆れて笑うしかなかったのだろう。

私など形にこだわらない福沢に親近感を抱くだけだが、刀についても早々に腰からはずした。そして、洋学者ながら刀にこだわる親友の高畠《たかばたけ》五郎に、得意の居合い抜きを披露した上で、こう言った。

「抜ける人間が刀を売り、抜けない人間が刀を買う。そんな馬鹿げた話なんてあるもんじゃない。さっそ

く、仕舞い込むなり、売り払うなりしなさい。これは何もお互い洋学者ばかりの問題ではない。世間の人々がみんな、刀なんぞ売り払って、のびのびと丸腰で生きられる世の中に、一日も早くせんけりゃあ駄目だ」
では、形にこだわらない福沢がこだわったのは何だったか。それは自由だった。福沢の弟子の松永も、電力の国家管理に反対して、伊豆の堂ヶ島に隠棲せざるをえなくなったが、次の諸葛孔明の詩を胸に秘め、日本に「英主」、つまり「自由」の帰ってくる日を待って耐えたのである。

鳳凰は千里駆けても
王なき樹には棲まずという
吾れ固持して一法を守り
英主にあらでは倚《よ》らじとし
ひとり老圃を耕やし
ささやかな錦書に心を慰め
詩を詠じて鬱を放ち
以って天の時を待つ
一朝明主に逢うあらば
何ぞ遅きことやあらん

松永は昭和四十六年六月十六日に九五歳で大往生を遂げたが、その十年前に次のような遺書を書き、東京

電力の木川田一隆らに預けた。

「一つ、死後の計らいの事、何度も申し置く通り、死後一切の葬儀、法要はうずくの出るほど嫌いに是れあり、墓碑一切、法要一切が不要。線香類も嫌い。

死んで勲章位階（もとより誰もくれまいが、友人の政治家が勘違いで尽力する不心得かたく禁物）これはヘドが出るほど嫌いに候。

財産は倅および遺族に一切くれてはいかぬ。彼らが堕落するだけです」

以下は略すが、戒名も要らぬとして、「この大締めは池田勇人氏にお願いする」と結ぶ。

まさに松永の面目躍如だが、ただし、当時首相だった池田の方が松永より先に亡くなった。

福沢は「大意地の人」

慶応の学生でありながら、私は東大の丸山真男や明治の唐木順三等の講義を〝盗聴〟して歩いた。中でも熱心に通ったのが学習院の久野収《おさむ》の講義だが、慶応の三年で法哲学のゼミナールに入った時、自己紹介に得々としてそれを喋ったら、指導教授の峯村光郎に、

「それでは今度は慶応で勉強してもらいましょう」

と返された。

一九九八年六月二十九日付の『朝日新聞』夕刊「テーブルトーク」欄に久野収が登場している。

《『久野収集』全五巻（岩波書店）の刊行が始まった。第一巻「ジャーナリストとして」は、丸山真男氏への追悼文や、編集委員を務める『週刊金曜日』の記念講演などを収める。自他共に認める〝弟子〟の評論

家・佐高信氏の編集だ。

「僕の中の〝佐高〟的側面がよく出ている。一切僕に構うな。そのかわり君が全責任を取れ、と言ってあります」と笑う〉

それから半年余りで師は亡くなったが、「僕の中の〝佐高〟的側面」という表現には仰天した。しかし、弟子の方から見ると、師の姿がよく理解できるということはあるだろう。

それはともかく、〝電力の鬼〟と呼ばれた松永安左衛門は師の福沢を「意地の人」だと語る。まさに、福沢の中の〝松永〟的側面かもしれないが、『人間 福澤諭吉』の中で、松永は、大きな意地に生きる人間を大人物といい、小さな意地にとらわれる人間を小人物というと規定する。大人物は常に大きく意地を通し、小人物はいつでもつまらぬ意地に躍起になるというのである。そして、「大意地、大人物論」から見ても、福沢は大物中の大物であったとし、こう続ける。

「小藩下士としての意地、新進洋学者としての意地、開国文明論者としての意地、独立自尊の民間大教育者としての意地等々、とにかく、福沢先生六十年の生涯には、こうした大意地が、終始一貫、つよく張り抜かれた跡のうかがわれるのは明らかである」

もちろん、福沢の意地は「凡人凡下の個人的な些事」に対するものではなく、すべて、「社会的、国家的、もしくは人権的な大事」に対するものだった。だから、こんな逸話が残っている。福沢が幕府の翻訳方に召され、旗本のような身分になった時、ある人が、

「殿様はご在宅か……」

と訪ねて来た。それに対して福沢は、

「殿様呼ばわりするのは止めてくれ。聞き苦しくて息も止まるぐらいだ。私は自分はもちろん、他人も殿様とは思わない。誰でもみな同じお前さんであり、私なのだ」

と強く抗議したという。

ヤクザの女房と懇ろに

生きているうちこそ鬼と云われても
仏となりてのちに返さん

〝電力の鬼〟と呼ばれた松永安左衛門は、常々こううそぶいていたという。そして、戦後に日本社会党委員長となった鈴木茂三郎が戦時中に潜行していた時に援助したり、中国共産党の郭沫若が日本亡命中に生活できるようにとりはからったり、インド独立運動の志士、チャンドラ・ボースに救いの手をさしのべたりもした。

長崎は壱岐の生まれで、「元冠のとき元の兵士が壱岐の女を暴行して子が生まれた。私はその子孫でしょう」と冗談とも真面目ともつかぬ顔で言った松永には、九州男児の侠気があった。

父親が亡くなったために、慶応義塾をやめて一度壱岐に帰った時、二十歳になっていた松永は、監獄に入っていたヤクザの女房と懇ろになり、同棲を始めた。そのころ、ヤクザが監獄から出て来て、ことが面倒になる。

松永は女と二人で命懸けの籠城を覚悟した。向こうには子分もいるし、松永は六連発のピストルを手に入れて襲撃に備えたが、危機一髪で壱岐の顔役が割って入り、その女はヤクザとも松永とも別れて故郷に帰るということで一件落着した。

しかし、そうなるまでのほぼ一カ月間、部屋から一歩も外に出ることが出来なかった女の大小便の世話までを松永はやったという。

慶応に入り直して福沢の薫陶を受けた松永は、「官」より「民」を強くしなければという考えを固め、「いったい官吏は人間の屑である」と言い放った。また、「官僚、官僚とののしるが、官僚という別の人種がいるのではないんだ。人間が権力を持ったときに示す自己保存、権力誇示の本能の表現、それが官僚意識というもんだ」と喝破した。

電力の国家管理に反対したのは、もちろん松永だけではない。たとえば、財界の大御所だった郷誠之助は、明治十二（一八七九）年七月、郷と親しかった黒幕の矢次一夫が企画院総裁の滝正雄を連れて訪ねると、滝を紹介しようとする矢次を制して、こう言った。

「君からご紹介を受ける前にちょっと話したいことがある。今日ここにおいでになった用件が、もしも目下問題となっている『電力国管』のことであるなら、せっかくだが、お話を伺うわけにはいかん。お目にかからなかったことにして、甚だ失礼ながら、このままお帰りを願いたい。もちろん電力業者というものの中に、悪い奴がいることも、したがってある程度指導したり、統制を加えねばならぬ必要があることも私は承知している」

企画院総裁という現職大臣の来訪を受けながら、郷は、おかけなさいとも言わなかった。

郷誠之助と松永

黒幕だった矢次一夫に連れられてやって来た企画院総裁の滝正雄を前に、財界の大御所の郷誠之助は、電力の国家管理に反対する立場から、

『『電力国管案』は資本主義制度の根本に触れることだと考えられるから、私としては賛成するわけにも、認めるというわけにもまいらぬ。徹底的に反対しようと考えているところだ。だから、滝さんの本日のおいでが、もしもこのお話であるなら、これはいま話し合わぬほうがよいと思う。そうでなく、他の問題で私にお話があるということであれば、君のご紹介を受けて喜んで私はお話を承る。どうだろうか」

と機先を制した。立ったままのヤリトリである。電力問題なら問答無用、お帰り下さいという郷に、矢次はさすがと思う。

「仕方がありません。それでは帰りましょう」

温厚な滝は、そう言った。それを受けて、

「やっぱり電力問題だったのですか。それじゃまことに失礼だが、先程も申したようなことで、今日はお目にかからなかった、おいでをいただかなかったということで、お引き取りいただきましょう」

と郷は言葉を継いだ。

この郷の青年時代を、骨太の伝記作家、小島直記は『極道』(中公文庫)という作品で活写している。小島は松永についても『まかり通る』(新潮文庫)という伝記小説を書いた。奇しくもこの二人の財界人が、電力の国家管理に反対したのだった。一部の代議士も反対したが、それは電力業界から政治資金がバラまかれた

ためだと考えた内務省のいわゆる革新官僚たちは、電力連盟書記長の松根宗一を逮捕させ、取り調べた。しかし、何も出て来るはずがない。松根が釈放されると、松永は慰労会をしてやり、こう言った。

「なあに、人間は死ぬような病気もせず、命がけで女に惚れたり、臭い飯も食ったことがないような奴じゃ、大したものにはなれないよ。君はねがってもない経験をしたんだ」

福沢に教えを受けた松永は、このように後輩を育てることにも力を注ぎ、関西電力の太田垣士郎や東京電力の木川田一隆に苦言を呈したり、激励したりした。

夫人に先立たれた松永は、「朝ハオ茶、昼ハガナリテ、夜ハ酒、婆ァ死ンデモ、何ノ不自由」と強がりを言っていたが、一方で「淋しき人」と題する小文を書いている。「淋しき人々のなかには良寛がある」と始まるその一文は「飄々として動揺する淋しさを如何ともすることの出来ぬ凡夫を悲しく思う」良寛、「積雪堆裡破屋に膝を抱いて静かに坐する」良寛に自らを通わせる。松永によれば「芭蕉も淋しき人の一人である」という。

血をみることが嫌いな福沢

福澤大四郎の『父・福澤諭吉』(東京書房)によれば、明治十一(一八七八)年に内務卿の大久保利通が暗殺された時、塾生は痛快至極と言って喜んだが、福沢はそれを強くたしなめた。

臨時に三田演説会を開いて、

「大久保氏は進歩的な人物であって、明治の新政府には貢献するところが少なくない。この人の暗殺せられたのは実に惜しむべきことである。暗殺のごとき野蛮の陋習《ろうしゅう》に同情を寄せるがごときはけしからんことで

ある」

と主張したのである。

自らその危険にさらされた者でなければ吐けない痛言だろう。

松永安左衛門は『人間 福澤諭吉』に、福沢のこんな告白を記す。

「私は生れつき気の弱い性質で、殺生が嫌い、血をみることが嫌い、ちょっとした怪我でも血が出るとすぐ真っ蒼になってしまう。かつて外国へ出掛けた際も、むこうの病院でむりやり外科手術の実際をみせられたが、おそるおそるみているうちに気が遠くなり、さっそく同僚に外へ助け出されたことがある。みんなは意気地がないといってしきりに冷やかすけれども、こればかりは持って生れたものでどうにも仕方がない。おそらくは生涯このままで終るであろう」

それでもなお福沢は改革を語ることをやめなかったのである。「血をみることが嫌い」な福沢が、自らの血を流される危険があっても、その思想を引っ込めなかったことに頭が下がる。松永の言うように「われわれからみて、何から何まで意志が強く、気の強かった先生が、こういう一面をもっておられたことはむしろいよいよ尊敬に価する」のである。

「私は少年時代から至極元気のよい男で、元気にまかせて威勢のいいところもみせ、時に大言壮語もして来たが、普通の人間が何んでもないということで、こちらはコワくて、コワくてしょうのないことがいろいろあった」とも福沢は語る。

「駆落者が人目をしのぶ有様というのでは、まことに面白くない」と言いながら、福沢は用心は怠らなかった。自分の住居に抜け穴をつくったり、夜分の外出は絶対にしなかったり、旅に出なければならない場

合は偽名を使い、荷物にも福沢とわかるしるしはつけないようにしたのである。

「およそ世の中に、わが身にとって好かない、不愉快な、気味のわるい、怖ろしいものと云えば、暗殺の一件である。この味ばかりは狙われた者より外にわかるまい。実に何んともいわれずイヤな気分である」

およそ暗殺されそうもない学者で、福沢の思想を微温的などと批判する者もいるが、能天気と嗤うしかない。

暗殺についての福沢の述懐

拙著『抵抗人名録』(金曜日)の「はじめに」に、能村《のむら》登四郎という俳人のこんな句を引いた。

幾人か敵あるもよし鳥かぶと

改革にはそれを阻む存在が付きものである。その「敵」を恐れて改革はできないが、しかし、暗殺という卑劣な蛮行を許してはならない。

松永安左衛門が『人間 福澤諭吉』に記す如く、もちろん福沢も求めて「敵」をつくったわけではなかった。「しかし、鎖国主義を固執し、攘夷呼ばわりのはやった中に、一際目立つ言行をもって、開国文明論を主張されたのだから、自然敵も出来、あいつヤッツケてしまえ、とねらう連中がすきをうかがうようになったのは仕方がない。もとより、自分では気が弱いと称しながら、その実、滅法気の強かった先生のことだ。かれこれそいつ等が何んとやかましく罵ろうと、おどかしを云おうと、平気の平左であるが、ただ怖ろしいの

は」、すなわち、ナントカに刃物である。不愉快で、気味のわるい暗殺についての福沢自身の述懐を引く。

「これが病気をわずらうとか、痛みどころがあるとかなれば、家内に相談し、友人に謀るというようなこともあるのだが、暗殺のおそればかりはそうも出来ない。家族にいえば当人よりもかえって心配するし、人に話せばいっそう事が荒立つ。しかも、人騒がせなだけに何んの役にもならない。そんなわけで、私は自分の怖れを誰にも告げないで、ひとりヤキモキした。そうして、ちょうど狂犬を怖れるものがどの犬もこわくなるように、どうも人を見ると気味がわるい。不意にこちらへ飛び掛って来はすまいかと、よけいな用心をさせられた」

ちょっと見当違いかもしれないが、福沢のこの打ち明け話を聞くと、競輪の「トップ引き」を連想してしまう。最初にトップを走る選手は風の抵抗とかがあって不利になるのに、それを承知でトップを引く選手のことを、そう言うらしい。冒険家が細心の注意を払うように用心はしつつも、福沢はこうこぼさずにはいられなかった。

「天下の大道を歩くのに、コソコソと泥坊が逃げまわるようであったり、駆落者が人目をしのぶ有様というのでは、まことに面白くない。こちらは何もわるいことはしていない。借金もなければ、不義理もない。それなのに、こうした気を使わなければならぬとは何んたることか、つくづく情けない思いだった。時たま回国巡礼などに出会ってその笠をみると、何の国、何郡何村の何んの某と明白にかいてある。さてさて羨しいことだ。おれもああいう身分になってみたい、と私はその都度思ったことである」

活殺自在のシブチン主義

福沢は趣味のようによく揮毫したが、関防（右上に押す判）に「無我他彼此」とあった。また、落款と印章に本名が記されない場合は「雪池」（諭吉）「三十一谷人」と別名が署名捺印されていた。前者はガタピシナシ、あるいは、我も他も彼も此も一切無差別平等という意味であり、後者の「三十一谷人」は世俗の二字を分解したものである。そこには、どこまでも世俗を離れぬ人間という意味が洒落て込められていた。

松永安左衛門は『人間 福澤諭吉』に「河にいて水を惜しみ、山にいて薪を節するの覚悟なければ、とかく世帯は持てぬものなり」という福沢の家庭経済訓の一節を引く。

大河のそばにいれば水は欲しいだけ使えるが、しかし、なお日々の水を惜しんでムダには使わず、山中では薪に不自由はしないが、それでも一本一本倹約して使う覚悟がなければ人間社会の経済生活は送れないという意味である。

そんな福沢の活殺自在の「シブチン」主義を、松永はある先輩から教わった。その先輩とは、『時事新報』に勤めていた高橋義雄である。

ある時、高橋が数名の同僚と共に、武州（現在の埼玉県）熊谷の演説会に出かけた。福沢は諄々と実業振興論を説き、血気盛んな高橋たちは時事問題を論じて政府批判をする。そして、帰途に就き、上野駅へ到着したのは午後七時ごろだった。腹も空いているので、早く三田へ帰りたい。みんなで相談して、人力車に乗ろうということになった。

しかし、福沢はそれに賛成せず、

「いい若いもんが、人力車をつらねて帰るなんて、ムダなことだ。みっともないからおよしなさい。もう用事もすんで先を急ぐ必要はない。私もまだまだ三田ぐらいまでは歩ける。みなさんも随いて来なさい」

と言って、さっさと歩き出した。仕方なく一同その後を追う。現在の山手線の駅で言えば、御徒町《おかちまち》、秋葉原、神田、東京、有楽町を過ぎ、新橋あたりまで来て、福沢は、

「みんなおいで、空ペコはここで満たしていこう」

と声をかけて、鮨屋に入った。

そして、どんどん鮨をつくらせ、みんなにも勧めながら、自分もぱくついた。

腹いっぱいになったところで、福沢は財布を取り出し、

「諸君よいかね、これはみんなで乗る筈だった車代なんだから……」

と言って鮨代を払ったのである。その後ももちろん歩いて三田まで帰って来た。時に福沢、数えで五十一歳。一同、福沢の健脚と合理的で上手なカネの遣い方に感心したという。

パンの食べ方まで教わる

松永安左衛門が慶応の塾生の時だから、もう百年以上前のことになるが、当時、松永たちは新しがって、しきりにパンを食べた。砂糖をつけたり、バターやジャムをつけたり、味つけはさまざま。しかし、米食に馴らされた胃はそう簡単にはパンを受けつけない。それでも、文明開化の人間がパンを食えないでは恥ずかしいと、あたかも、パンを食うことが文明開化の証《あかし》でもあるかのように、辛抱しながらパンを食べた。

それでも、すべては食べられない。みんな、中のフワフワしたところだけを摘まんで食べ、外側の耳や皮ほとんど残してしまった。そのため、食後にパンの耳や皮がザルに山のようになる。

あるとき、それをゴミ箱に捨てようとしているところを福沢に見つかった。福沢はそれを松永たちのいる

部屋へ持って来て、

「何んで、お前さんたちはこれをたべないのか。これだけの物を、毎度毎度捨てさせているなんて、まったくもったいない」

と叱責した。

松永たちは、硬くて食えないとか、まずいとか、栄養がないとか、いろいろ反論したが、福沢はこう教えた。

「パンの食い方も知らないで、パンを食ったんじゃあつまらない。学問をする者として恥かしい。よろしいかな。パンというものは、このかたい外耳に味も滋養もあるものだ。中味を残してもこれを食わぬという法はない。かたいところは、噛みしめれば噛みしめるほど、うまみが出て来れば、大切な唾液も混入される。こんな馬鹿げた食べ方は今後よしなさい。それにパンの代価は目方に払っている。フワフワした空気の容積にじゃない。だから、こんな食べ方をしていては、いつもパン代の半分以上をゴミ箱へ捨てている勘定になる。もったいない上に、いよいよもったいない」

そして、松永たちの食べ残しの耳をムシャムシャ食べてみせたので、それ以後、松永たちも仕方なく外側まで食べるようになった。

松永が『人間 福澤諭吉』で指摘する如く、まさに「即事、即物的」である。この本から、もう一つ、松永が注意された話を紹介しよう。

松永が福沢のお供をして川上音二郎の新劇を観に行った時のこと。

岐阜で刺客に襲われた板垣退助が「板垣死すとも自由は死せず」と大見得を切る場面で、「天は人の上に

人を造らず、人の下に人を造らず」と主役がセリフを言うようになっていた。それで松永は思わず「ヒヤヒヤ」と手を叩いてしまった。場内の視線が集中する。そこに本家本元の福沢がいるわけで、さすがに福沢も面食らい、「およしなさい。ここは演説会じゃありませんよ」と、たしなめた。

社会は良師なり

「年若くしては、つとめて老人と交われ。年老いては、つとめて若い仲間と語り合え」

福沢は、松永たち門下生につねづね、こう教えていたという。忘年の交わりのすすめである。

福沢は『福翁百話』で、「人間の三種三等」と言っている。

「人間の智愚強弱はさまざまにして、上智と下愚と、至強と至弱とを比較すれば、同じ人間とは思われざる程の相違なれども、社会の経済生活上よりみるときは、概してこれを三等に分つべし」

こう前置きして福沢は、

「生来屈強の身体にありながら、何等の才能もなく、ただ安閑として飲食し、甚だしきは放蕩無頼、常に余人の厄介となるのみか、ややもすれば、他を害して自分の欲をたくましくするものあり」

と語り、これを最下等の人間として、有害無益、俗に言う娑婆ふさぎと位置づけている。それも当然で、一人にてもその数を減ずるこそめでたけれ、なのである。次に、

「一段を上りて、左まで人の世話にもならず、父母妻子と共に衣食するのみにて、間接にも直接にも社会人事に寄与するところなし。自家・自業を天地として、生まれ、死するのみ」

この種の人間は、一国の良民として決して邪魔者ではないが、しかし、世にあって大いに有益な者でもな

い。なくても大いに不自由を覚える者でもない中の種族だと福沢は分類する。そして、

「一身一家の独立既に成り、ただに世間の累《わずらい》をなさざるのみならず、自から自身の地位才力を省みて、能く事に当るべきを信じ、一は以って家に居り、一は以って世に処し、公私両様のために力を尽すもの、これを最上等となす」

以上、三種三等の人間は、松永によれば、決して福沢が貧富貴賤を意識してつけた区別ではなく、その一身の行状から居家処世に至るまで、上等にするか、中等にするか、はたまた下等にするか、すべては人間自からの団子団子のまるめ方一つに関わるとし、

「その上、中、下の区別は、必ずしも学者先生に質問するを要せず、近く地方人心の向背を視察してこれを知るべし。社会は良師なりという。即ちこれ等の事実なり」

と結論づける。

つまり、美点も欠点も含めて団子として見た場合、その人間団子のいい、わるい、あるいは、大きい、小さいのすべては世の中が評価して決めてくれるというのである。自分で自分を偉いと思っている者には極めて耳の痛い言葉だろう。

団子にまるめて一番大きい

福沢桃介は福沢諭吉の次女、房と結婚した。養子となる前は岩崎姓である。埼玉県は川越の提灯屋に生まれ、下駄が買えなかったので、ハダシで小学校に通った。「友だちが笑うけれども仕方がない。大きくなったら金をもうけて、今の貧乏を忘れたいと子供心にもしみじみおもったことである」と後に回想している。

「私は貧乏人の家に生まれたから、富者に対する反抗心が強く、金持になって金持を倒してやろうと実業界に発心したことの、そもそもの原型はこのときにつくられた」という。

「天下の相場師」の名をほしいままにし、松永とは「福松商会」をつくったりしたが、その桃介が福沢について、興味深い評価をしている。

「明治以来、いろいろ偉い人物が輩出しているが、その中で、誰が一番偉いかということになると、偉いというデェフィニション（定義）がすこぶるむつかしい。だが、人間をひとつの団子にまるめ、欠点も美点も打って一丸として、一番その団子のカサが大きいのが、一番偉いという見方も成り立つ。そうすれば、単に教育家としてのみならず、あらゆる面にわたる総和において、福澤諭吉が一番大きく、一番偉いことになる」

これを松永は「至極の妙言」とし、尾崎行雄や大石正巳の福沢評を引く。

まず、尾崎曰く――

「日本にも偉い人物はいる。例えば大隈（重信）だの、渋澤（栄一）だのずいぶんいるけれども、やはり私がみていちばん偉かったと思うのは、つまり団子にしていちばん大きいと思ったのは、前にも後にも福澤先生である」

次に大石曰く――

「何といっても、福澤諭吉がいちばん偉い。今日の日本文明を致さしめたのは、むろん、先生最大の功績というべきだろうが、しかも、終始一介の在野人として押し切り、あれだけの威力を各方面に振るったのは誰にも真似られない。それに先生は、人間の幅が広く、大きく、非常に親切であった。一度先生が目をかけ

た人は、終りまでどんなことがあっても決して見捨てなかった。お世辞でなしに、我輩が明治年間に接したひとびとの中で、一番の大人物は福澤諭吉である」

これらは桃介が尾崎や大石から直接聞いたものだが、自身としては、こう付け加えてもいる。

「富士山と英雄とは、遠くから眺めるがよい。離れて望んで、八面玲瓏の富士も、あまり傍に行きすぎると、アバタまじりで焼石のごろごろしたのが目立つ。英雄もまたその通りだろう。私も福澤先生のかたわらに永くいたせいか、先生の偉大は偉大として仰がれるのだが、その偉大をかたちづくるゴロタ石の存在も、同時に認めざるを得ない」

子煩悩が弁慶の泣きどころ

同郷ながら考え方のかなり違う渡部昇一に福沢が自分の子どものために書いた日常的な教訓を呈したことがある。

『週刊文春』の一九八〇年八月二十八日号で渡部夫人が、次のような「はだかの証言」を行ったからだった。

「主人はお母さまや二人のお姉さまから、宝物のように大事に育てられてきて、もうほんとにボタンも絶対に自分では掛けなかったそうですね。(中略)

たとえば、寝るときに布団をきちんと敷いておけば、それでもう主婦の仕事は百パーセント完了と思っているのに、主人はわたしがちゃんと布団を掛けてくれることまで期待しているんですね。お母さまがいつも炬燵でお布団を温めてくれて、何時に寝てもちゃんと掛けてくださってたんですって、お風呂に入りまして

も、お母さまとか、手がもうすぐに来まして、背中を流してもらっていたんですね。だから結婚して最初のお風呂のとき、背中流せっていわれてびっくりして、びっくりして（笑）」

私も「びっくりして」福沢の提言を引いた。

「子供とて、いつまでもこどもたるべきにあらず。おいおいはせいちょうして、一人前の男となるものなれば稚きときより、なるたけ人のせわにならぬよう、自分にてうがいをし、かおをあらい、きものもひとりにてき、たびもひとりにてはくよう、そのほかすべて、じぶんにてできることは、じぶんにてするがよし。これを西洋のことばにて、インジペンデントという。インジペンデントとは独立ともうすことなり。どくりつとは、ひとりだちして、他人の世話にならぬことなり」

但し、福沢がわが子にそれを実践したかということになると、かなり怪しいと松永は述べる。

「こういう福澤先生も、どちらかというと、子供には弱かった。すこぶる甘かったとさえいわれるのである。人並み以上にも人情家であった先生が、ひとり、子供や孫に対してのみ、人情の出し惜しみをするわけにもいかなかったろうが、先生の愛児・愛孫に対するご態度が、たとえ世間一般のものであってもそこはそれ、いわゆるエライ人として、世間の見る眼の方で点がからかったのかも知れぬ。しかし、先生にとって、世間の見る眼なんか、まあどうだってよろしい。ともかく、子供に対しては甘く、普通以上の子煩悩で、コト子供のことになると、全く目の無くなるといった先生であったのは事実である。小泉（信三）博士もこの点を指摘して、つまりは俗にいう弁慶の泣きどころで、短所といえば先生唯一の短所だったとも述べている」

男子がありながら、桃介を養子にしたのも矛盾といえば矛盾といえるだろう。

子供を呼び捨てにせず

福澤大四郎は『父・福澤諭吉』に、「父福澤諭吉、母錦《きん》の二人が残した子供は九人あった」と書く。順に、一太郎、捨次郎、里（中村貞吉の妻）、房（養子桃介の妻）、俊（清岡邦之助の妻）、たき（志立鉄次郎の妻）、光《みつ》（潮田伝五郎の妻）、三八、そして大四郎である。

大四郎によれば、福沢は子供の人格を尊重して、敬称をつけて呼んでいたという。

一太郎は「イッツァン」、捨次郎は「捨サン」、里は「ネーサン」で、その夫の中村貞吉は「ニイサン」、桃介は「桃介サン、桃サン」、房は「フウサン」、俊は「シュンチャン、お俊サン」、たきは「タアサン」、光は「ミッチャン」、三八は「三チャン、三パッツァン」、大四郎は「大チャン、大サン」である。年上の者は里を「お里サン」、貞吉は「ニイサン」と呼んでいた。これは福沢が決めたのだが、大四郎によれば、みんながそれに従っていたわけではないという。捨次郎は誰でもほとんど呼び捨てで、大四郎は大四と呼ばれていた。

福沢自身も、『福翁自伝』を大四郎に与える時、表紙を開けた頁の左上に「大四郎へ」と書いたので、大四郎は、

「なあんだ、昔の頭だな」

と思ったとか。

それにしても、子供を呼び捨てにしないことを原則とするのは、なかなかだろう。

当時、世間的には、オトウさん、オカアさんが普通だったが、福沢の家では「オトッツァン」「オッカサ

ン」と呼んでいた。

また、福沢は家を出る時に、

「行ってらっしゃい」

と言われ、帰った時は、

「お帰りなさい」

と玄関まで迎えられるのが大嫌いで、家族にこれを固く禁じていた。だから、子供たちが夕食をしている部屋に帰って来る。

末の姉の光が潮田に嫁ぐ時、持っていく桶などに書生が「福澤家」と書いたら、福沢がそれを見つけ、

「家の字はよろしくない」と、家を消したこともあった。

何々家というのは大名か何かのように威張る感じで厭だというのである。むろん、自宅にある物には一切、福沢家とは書かれていなかった。

福沢の平等観、対等観は出入りの職人に対しても発揮され、平気で言い返す大工を、

「あの大工はいつも勢いがいいからおもしろいね」

と笑っていた。その大工も逆に、他では、

「総理大臣だって何だってエラそうな人たちがみんな先生のところに聞きに来るんだぜ」

と得意がっていたのである。

子供愛の弱点

福沢が一時的に大四郎を養子に出そうとした時、その養育方法を書いたものが『父・福澤諭吉』に載っている。それをまず引こう。

「小児追々成長して固形の食物を用いるに至るとき、動《やや》もすれば大人歯を以ってかみくだき与えるの慣行あり。甚だ健康に害あり。何様の事情あるも之を禁ず。

洗湯は小児の時より成長の後に至るまでその冷熱を大人より加減すべからず、子供の随意は即ち天然の指示する所にして、丁度宜布温度なり。故に町の湯は無用なり。

乳母には十分の食物を与え運動を適宜にして常に健康ならしむる事。

小児は如何なる場合にても叱るを要せず。まして肉体の苦痛を覚えしむるが如き全たく無用の事なり。

小児も成長すれば一男子たるべし。男子の志は親たりとも傍より之を左右すべきにあらず。故に此子を養育するも、成長の後自ら方向を定めて独立を謀る等の事あるときは、その志を成さしむべし。何れとも小児成長の後本人の意に任すべき事なれば、此度横浜の福澤にて養育するに就ても、その労力と親切だけは養育家の夫婦に仰ぎ、その費用は一切東京の福澤にて支弁すべし。

小児成長の後、教育の費も固《もと》より東京福澤にて引受け、永年の謀を云えば三八（大四郎の兄）と同伴或は外国行も為到度積なり。

凡《およそ》右の処にて取極候事。

（明治）十六年八月三十一日」

しかし、先に小泉信三が福沢の子煩悩は弁慶の泣きどころと指摘したことを紹介したように、それはうる

さいほどだった。

長男の一太郎と次男の捨次郎を一緒に大学予備門（一橋）に入れたが、その勉強のさせ方があまりに激しく、子供の健康上よろしくないと、友人でもある文部卿の田中不二麿に抗議の手紙を送ったりしている。ウチ（慶応）ではこうしている、お前（官学）の方でもこうしたらよかろうとまで言っているのだから、いささかならず指図がましい。松永安左衛門ならずとも「独立自尊宗の先生に似つかわしからぬ」と言いたくなる差し出口である。

息子たちにも甘いが、娘たちに対してはもっと甘かった。寄宿先の学校の舎監に注文をつけるのは序の口で、一番下の光が女性外国人教師の家へ通っている時、むやみに犬が吠え立てるから、その犬を放逐するよう厳重に談判せよと人に言いつけた手紙が残っている。

「こういうことは、福沢先生をえらい、えらいというばかりで、弟子たちの書くものにはあまりかかれていない。しかし、私にいわせると、えらい福沢先生においてすら、こうした子供愛の弱点があったことに、かえってあたたかい親しみと親近感が加わって来る」と松永は述懐している。

墓前の誓い

長崎県は壱岐の島出身の松永安左衛門は、慶応に入った後、父親が亡くなり、ために帰郷して家業を継いだ。呉服雑貨商、酒・焼酎、椿油の製造販売、網元、大地主、金融業など手びろくやっていたそれを若旦那として三年間経験して、また、復学した。しかし、実生活を知った松永には塾の講義はつまらない。

「学生なんかやめてしまって、一世一代の大バクチをしたい」

と思い、福沢に、

「学校をやめたいのですが……」

と相談した。

「どうしてだね？」

と福沢は尋ねる。

「人生は、学歴や卒業免状で勝負するところではないと思うからです」

と答えた松永に、

「そうかい。お前さんのその考え方には、わたしも賛成だね」

と福尺も同調した。

叱られると案じていた松永はホッとして、

「そこで、学校をやめたら、何になったらよろしいでしょうか？」

と問いかけると、福沢は、

「無論、独立した実業家がいいが、最初からは無理だろう。ウドン屋はどうだ？」

と勧め、松永が、

「ちょっとそれは……」

と首をかしげると、

「それじゃ、風呂屋の三助はどうだ。半年ばかりやって、風呂屋を始めてみては」

と畳みかける。小島直記の『硬派の男』（実業之日本社）によれば、松永は「一体先生は本気なのか、冗談

なのか」と迷ったというが、その両方だったろう。

福沢は藤山雷太が三井銀行に入る時、

「思想の深遠なるは哲学者の如く、心術の高尚正直なるは元禄武士の如くにして、これに加うるに、小俗吏の才能をもってし、これに加うるに、土百姓の身体をもってして、はじめて実業社会の大人たるべし」

という餞《はなむけ》の言葉を贈っている。理想は高いほどいいが、ソロバン勘定や倉庫の後始末など、つまらぬ仕事もバカにしてはいけないというわけで、はやる松永をたしなめたのだった。

それに気づき、「実業社会の大人」となったのは福沢の亡くなった後で、福沢の葬儀の日、参列者が帰っても、松永は墓前を離れず、

「先生のご教訓の『独立』も『進取確取』の謀りごとも一とおり身をもって任じておりますが、『不品行』の点だけは少しも改まらず、今日まで姑息にこれをつづけておりますのは、いかにも薄志弱行、申しわけありません。今日ただ今から、一切女欲を絶ちます」

と涙を流して誓った。

ライバルの小林一三

福沢が亡くなって、その墓前に「一切女欲を絶つ」と誓った松永だったが、神戸に帰って旧友の成瀬正行に遊びに行こうと誘われ、

「とんでもない、僕は二月八日（葬儀の日）から生まれかわった。福沢先生の墓前にそのことを誓ってきたんだ」

と一度は断ったが、成瀬に、

「昨日は昨日、今日は今日さ。そんなバカなことをいつまでも考えていたら病気になるぞ」

と鼻であしらわれ、

「それはそうだ……」

と決心をくつがえし、先生、お許し下さい、と心で詫びながら、花街へ飛んだ。

やはり放蕩児ながら、この松永とライバル的関係にあったのが、同じく福沢門下生の小林一三である。

「君、大蔵省（現財務省）と日本銀行のやっていることが一番まちがっているね」

これが小林の口癖だった。敗戦直後の荒廃の中で小林がこう言ったのは、大蔵や日銀の指導で石炭や鉄鋼の生産に重点融資がなされ、小林のやっている演劇や映画などのレジャー産業には銀行がカネを貸してくれなかったからかもしれない。

小林哲学の本質はムダを省く合理主義であり、それに対して役所のやっていることはムダだらけである。また、上流社会を相手にした商売ではなく、大衆を相手に数でこなすのが小林商法だが、大蔵省や日銀の連中は国民大衆のことを考えていない。さらに、ものごとはやってみなければわからない。やりながら考え、考えながらやるのが大切なのに、役所は何もしなくてもいい。むしろ、何もしない方がいいという空気になっている。

ここに師の福沢譲りのプラグマティズムを見るのは容易だろう。

小島直記の小林伝『鬼才縦横』（ＰＨＰ研究所）にこんな逸話が引いてある。

小林が再建した箕面《みのお》有馬電軌（のちの阪急電鉄）の沿線に住んでいた阿部真之助（元ＮＨＫ会長）は新聞記者

としての優待パスで、いつも電車に乗っていた。小林も乗って来ることがあったが、空席があっても、ドアの側に立っていたという。

そしてある時、阿部が腰をかけていると、電車が混んできて、立っている人が多くなった。すると、ちょうど電車に乗っていた小林が阿部の前にやって来て、

「君、立ってくれんか」

と言う。

「なぜですか?」

と阿部が尋ねると、小林はこう答えた。

「君はタダじゃないか」

阿部は立たざるをえなかった。

小林は変心して商工大臣に

小林一三が電車で阿部真之助を立たせた一件は『小林一三翁の追想』に寄せられているのだが、小林伝の『鬼才縦横』を書いた小島直記は「今日の経営者で、マスコミの人間に向って、これだけハッキリといえる人が何人いるかと考えると、阿部のこの追想の意味の大きさがわかるのである」と付け加えている。ましてや、阿部は辛口で鳴らし、のちにNHK会長となった記者である。

小島の小林伝は小島が共感した点と共感しない点が極めてはっきりと書き分けられているのが特徴だが、小島が小林に最もバイブレートできなかったのが、小林の商工大臣就任だった。昭和十五年夏の第二次近衛

（文麿）内閣でである。

「二・二六事件」が起こって軍部の勢いが強くなった昭和十一年。戦争遂行のための「電力国家管理」構想が持ち上がり、当時、東京電燈社長だった小林は、それに反対して引退を決意した。しかし、戦わず退いてはと、決意を胸に秘めて政府と戦ったのだが、結局、敗北に終わった。その後、前に記したように、松永安左衛門は政府のやり方を怒って引退する。ところが小林は引退しなかった。それどころか、電力業界の息の根を止めた政府の商工大臣となったのである。

「自由経済人＝自由主義的経営理念を信条とし、生きる場とするはずの経営者である」小林が「不倶戴天」の敵ともいうべき陣営の枢要ポストについたことについて、小島は「これは、現役の延長、現業への執着というわけにはゆくまい。そこには、変心、転身、あえていえば変節の気配すらある。一体どういう心境が、一三をこのように変えてしまったのであったか」と追及する。

かつて、森鷗外は「盲《めし》いざる傾倒」の大事さを説いた。現在、とくにビジネスに関連して「盲いた傾倒」の伝記や解説本が氾濫している時、その人の出処進退と格闘した小島の小林伝は「盲いざる傾倒」の見本として異彩を放つ。

小汀利得《おばまとしえ》が評したように、関西生まれでないのに関西的だった小林は「関西流の弱点というか事大思想をバクロして」しまったのかもしれない。小島は「権力側への寝返りは、その事大思想のあらわれであったろうか」と、きびしく指摘しているが、たしかに小林に「権力」や「国家」は似合わない。やはり、最も似合うのは「商売」なのである。大正九（一九二〇）年に、阪急の神戸線を開通させた時、小林は自ら、「新しく開通した大阪（神戸）ゆき急行電車、綺麗で、早うて、ガラアキで、眺めの素敵によい涼しい電車」という

広告文を考案した。
作家になりたかった小林の苦心の「ガラアキ」コピーである。

第九章　福沢に批判的だった池田成彬

ストライキの首謀者と反対者

福沢の門下生の中で、福沢に最も傾倒したのが松永安左衛門だとすれば、逆に最も批判的だったのは池田成彬だった。批判的というより、最初は嫌っていたのである。

福沢は「岩崎弥太郎は船士をつくり、福沢諭吉は学士をつくる、その内に軽重あるべからず」と書いた。三菱の開祖、岩崎が郵船会社から始めて、いわば船乗りをつくったのに、自分は学士をつくったけれども、それに軽い重いはないのだというわけである。

さて、新銭座からスタートした福沢の塾も大きくなり、大学部を設置しようということになって、塾長に小泉信吉が迎えられた。小泉信三の父親である。

しかし、イギリスに留学して大蔵省に入り、主税官をしていた小泉信吉はなかなかに細かかった。いままで不文律とされてきたことも規則化し、万事に窮屈となった学生は反発してストライキに訴える。反対派のリーダーが退校処分になったことも騒ぎに火をつけた。

ストをあおったのは磯村豊太郎である。福沢と同じ中津の出身だった。逆に四百人ほどの学生の中に一人だけ、ストライキに参加しなかった学生がいた。池田成彬である。のちに、福沢の甥の中上川彦次郎に「三井銀行一の強情男」といわれることになる池田だった。

それはともかく、そのストライキの様子を小泉信吉の息子、信三が、信吉夫人の語りをもとに書いている。池田だけを残して学生たちがぞろぞろと三田の山から降りてくる。そこに通りかかった福沢は、小泉家の裏口から駆け込み、

「小泉さん、何とかしておやんなさい。あれをあのままにしておくと、みんな今晩品川へ繰り込むに違いないから」

と大声で叫んだ。品川とは品川遊廓のことである。

小島直記の前掲『硬派の男』によれば、最初は団結して勢いのよかった学生も、次々と崩れ出し、最後は磯村を含む三人だけになってしまった。池田に負けず劣らず強情な磯村たちは、それでもやめない。ために即時退校処分を受けた。彼らは福沢に助けを求める。その調停によって、ストライキの中止と処分の撤回が決まった。

この磯村は先輩の朝吹英二の世話で三井物産に入る。そして、「仕事は最下級から」というモットーによって、石炭運びからやらされた。横浜と東京を往復するダルマ船に住み込み、人足姿で真っ黒になって働く。同じころ、池田は三井銀行に入り、活躍し始める。

「ストライキの首謀者と反対者とが、ほとんど同時期に、かたや三井物産、かたや三井銀行において、それぞれ頭角をあらわすとは、運命の神様もなかなかおもしろい演出をするものだ」と小島は書いている。

「諸君は巧言令色をしなければならん」

池田成彬は、山形は米沢藩のサムライの子である。その池田が慶応の別科に入ったのは明治十九

（一八八六）年。まだ二十歳になっていなかったが、三田の演説館に福沢の話を聴きに行った。五十歳を過ぎて、もう教壇には立っていなかった福沢は、しかし、演説館で時々話をしていた。

和服に角帯を締め、縞の羽織に紺足袋という姿で登場した福沢は腕を組み、微笑しながら話し始めた。

演題は「学生の野蛮粗暴なる態度を正そう」である。

『硬派の男』によれば、福沢はいきなり、

「諸君たちは巧言令色をしなければならん」

と切り出した。

幼時から儒学に親しんだ池田には、『論語』の「巧言令色、鮮《すくな》いかな仁」、つまり、調子よく、うまいことを言わないのが人格者だという教えがしみこんでいる。

それを、まったくダメだと破砕する福沢の言い方に、池田はカチンときた。いま風に言えばムカついたのである。

そもそも福沢には逆説的な言い方をする傾向がある。小泉信三の指摘する如く、「いいすぎることはあっても、いい足らぬということのない」のが福沢であり、「福沢は当りさわりのないことをいうに甘んぜず、しばしば求めて当りさわりの強いことをいい、いわば曲った弓を矯めるために、つねにこれを反対の方向に曲げることをいとわぬ警世者」だった。しかし、若い池田にそれは通用しない。

「何を馬鹿なっ」

と反発して、二度と福沢の話を聴こうとしなかったし、もちろん、福沢邸も訪ねなかった。のちに池田は三井財閥の総帥となり、『財界回顧』『故人今人』という回顧録をまとめたが、そこで福沢を「いきなりきら

いになった」理由を、こう語っている。

「私が初めて慶応義塾に行ったのは明治十九年の十二月で、行ってすぐのことですが、あすこの演説館で先生が演説をするというので、聞きに行ったことがあったのです。先生は、ご承知のとおり背のひじょうに高い、堂々たる体躯の人ですが、――私はあの人の洋服を着てたのを見たことがありません。いつも縞の羽織を着て、紺タビをはいて、ハカマははかない、あの時分馬車にのっておったが、馬車にのるのでも終始角帯をしめていました。――それでまず演壇に立って、ちゃんと腕組みをして微笑をうかべて話しだされたものです。そのときの演説は何の話だったかよくおぼえていませんが、その中で〈お前さん方は〉といったか、〈人間は〉といったが忘れたが、要するに〈君たちは巧言令色をしなければならん〉といったものなのです。それが私の気にさわった……」

半端ではない強情

「君たちは巧言令色をしなければならん」と福沢に言われて、池田成彬が反発したのはまだ紅顔の美青年の時だった。それから六十有余年が過ぎ、八十歳を越えた池田は、

「英学というものをはじめたばかりの私の頭は、コチコチの方でしたからね。……何たるバカなことをいうのかと、もうシンからきらいになって、それ以後二度とふたたび演説館に行ったことがなかったのです」

と『財界回顧』などで語った。

つまり、やがてリーダーとなるべき学生がバンカラを気取って乱暴なだけでは、国のためにならないということを福沢は言いたかったのだな、と理解したのである。

「あとでわかったのですが、先生はなかなか強いことをいったものです」

池田がその境地に達するのはずいぶんと後のことだった。それまでは「反発」が続く。

池田の英語力は抜群で、慶応からハーバードへの留学の話が起きる。アメリカに行けば奨学金をくれるという話もついていた。

ところが、行ってみると、そんな規約はなく、ただ、貧乏だけれども優秀な学生には出す、と言われた。

それで途方に暮れた池田は総長のエリオットに面会を求め、こう談判した。

「奨学金をくれるというから来たが、貧乏でなければくれないと言われました。なるほど私は貧乏だけれども、アメリカへ乞食に来たのではないのです。貧乏の条件なしに奨学金を下さいませんか」

向こうっ気の強い青年の池田ならではの依頼である。しかし、

「それは規則上できない」

と即座に却下され、

「そうですか。それならお断りします」

と言って、引き上げてきた。

「意地を張らずにもらったら」

と忠告する者もいたが、池田にとっては、そこが大事なポイントである。考えて、慶応の塾長の小幡篤次郎に手紙を書いた。

「来てみると話が違います。あなたが悪いか、間に立った宣教師が悪いか、私にはわかりませんが、とにかくあなたからのお話で来たのですから、慶応義塾で始末をつけていただきます」

板ばさみになった小幡は池田の父に手紙を書き、あなたが保証人になれば義塾はカネを貸すから、と提案する。それを知らされた池田は怒った。

「絶対に保証人になってはいけません。慶応義塾が悪いのです。自分の落度を棚に上げて、お父上に難題を吹きかけるとはけしからん話。はっきりお断り下さい」

結局、父親が折れて借りることになったが、池田の強情はこのように半端ではなかった。

月給二十円に腹を立てる

池田成彬は五年間がんばってハーバード大学を卒業した。そして帰国すると、「時事新報論説委員」というポストが待っていた。

明治十五（一八八二）年春に福沢によって創刊されたこの新聞の初代の社長兼主筆は中上川彦次郎。福沢の甥であり、福沢の没後、池田は中上川の娘の艶と結婚することになる。しかし、池田が入った時はすでに中上川は三井銀行に移っていた。

『硬派の男』によれば、実質的に論説を見ていた福沢に、池田が論説を書いて提出すると、

「こんなものが出せるか！」

と一喝され、ゴミ箱に放り投げられた。

「これならばよろしい」というものでも、真っ赤になるほど朱を入れられる。

何を書くか、どう書くかを毎日毎日考えて池田は苦しかった。そして月給日——。

福沢自身が紙幣を袋に入れて各人の机に置いていく。池田が開くと、二十円入っていた。

「たった二十円か！」

池田は腹を立て、翌日、福沢に、

「やめさせてもらいます」

と言って、理由をこう述べた。

「私は二十円では一人だって食っていかれません。五十円もらわなければダメです。そうすると、毎月三十円ずつ借金しなければならぬことになります。一カ月くらいは借金もできますが、長くは続きませんから、やめたいのです」

それに対して福沢は、

「そんなことをいうもんじゃない」

とたしなめ、新聞はまだ道楽仕事だが、早晩ビジネスになるのだから、いまは勉強と思ってと慰留する。

「それはそうかもしれません。しかし、いつビジネスになるのかわからないのに、毎月三十円ずついつまで借金してよいか、そういう当てのないことはできません」

と池田は反論したが、福沢は辞職を認めない。そして、まもなく、「俸給表」を貼り出した。一等記者が六百円で二等記者が五百円、以下十数等に分けてある。

一等記者は誰かという話になり、福沢自身だろうと一決し、二等記者も三等記者も四等記者も五等記者もいないのだという結論になって、みんなで大笑いした。

もともと福沢にいい印象をもっていなかった池田は、この一件で余計に厭になった。

「要するに福沢先生は、政治性のあった人だが、一面非常識だった。不平の声があったのであんなものを

出したのだろうが、それを本気に受けて辛抱する者があると思うのは浅はかで、やっぱり学者のウカツな点だったろうと思いますね」と後に回想している。

『時事新報』の実力と運命

ここで、福澤大四郎著『父・福澤諭吉』から、『時事新報』についての記述を引いておこう。その「実力」がいかほどのものだったかの証言である。大四郎は兄の捨次郎が社長だったころの時事新報について、「米国の新聞、雑誌をよく読んでいたから、時事の営業方針には米国式を用いた面が多かった」と書く。日本で最初の美人投票を行ったのも『時事新報』だという。

ところで、寺内(正毅《まさたけ》)内閣の時、各新聞社の社長を招待することになったが、時事の社長の捨次郎は、

「行かないよ」

と言って知らん顔をしている。

そう返事すると、寺内の方が逆に、では『時事新報』の社長だけ別に招待するから来てくれと言って来て、出かけたこともあった。

大四郎によれば、『時事新報』が米国から輪転機を買い入れたのは明治二十(一八八七)年ごろだった。「とにかく日本にはいった輪転機の最初のものだから、世間は驚いたに違いない」が、価格は当時で十万円足らずだったという。

乃木大将夫妻の自殺をめぐって、こんなこともあった。『時事新報』はそれを批判し、強く非難した。世間はほとんどその行動を明治天皇への殉死といって賞賛していた時だから、リアクションも相当なものだっ

た。しかし、責任者の石河幹明は少しも動じなかったのである。これについて大四郎は「石河幹明という人はじみな人で、福澤のいうことをよく真面目に書いていた人だが、一面相当強い点もあった」と書いている。福沢の没後、『時事新報』は勢いを失っていった。相談役は二十人もいて、船頭多くしてという状態になってしまったのかもしれない。大四郎によれば「エライ人達が遠方からあれこれいうだけで、責任ある人がいないから、いつまでも同じような不成績を示していた」のである。

ある時の相談役会で、藤山雷太が、

「時事新報はツブレかかった状態にあるようだから、思い切ったことを断行する必要がある。まず三菱、三井、十五の三銀行の借入金五十万円づつ、合計百五十万円、千代田生命の借金七十五万円は事実上払えないのであるから、無利息、無期限で待ってくれということを申し出るのがよかろう。それから他の債権者に交渉するがよろしい」

と提案した。その場にいた大四郎もその通りと思ったが、名取和作という人が、

「時事新報ともあろうものが、そんなボロ会社のまねはできない。好意ある債権者に対して礼を失するが如き行動は以ての外だ」

と〝正論〟を吐き、荒療治は見送られて、まもなく「事実上ツブされてしまった」のである。

三井銀行に入って清貧生活

安月給に腹を立て時事新報を辞めると言ったのに、福沢はそれを認めない。しかし、池田成彬はあくまでも辞めると、小幡篤次郎を間に立てて意志を通してしまった。

これを知って怒ったのが池田の父親である。

「あまりにも軽率ではないか。新聞に入ると言って、入ったかと思うと、すぐに月給が足りないからと、たった三週間で、断りもなしに辞めるとは何事か」

カミナリを落とされて池田もシュンとなったが、落胆してばかりもいられない。新しい仕事を求めて、また、小幡に頼んだ。

そして、彼の紹介で貿易会社に当たったが、すぐに断られる。

次に行ったのが横浜正金銀行（当時）で、

「採りましょう」

ということになった。

「但し、十二月からでないと具合が悪いのだが……」

と言われ、池田は待つことにする。

そこに小幡の使いが来て、三井銀行の波多野承五郎に会え、と命じられた。波多野は慶応の先輩で、中上川彦次郎にスカウトされて入行している。

波多野はいきなり、

「いくら欲しい？」

と池田に尋ねた。

「五十円以下ではどうしてもダメです」

と池田が答えると、波多野は、

「三井銀行には賞与というものがある。君は毎月五十円以上欲しいのか。それとも賞与を入れて、平均五十円になればいいのか」

と言い、池田が、

「賞与を入れて五十円で結構です」

と頷いて落着した。

こうして「四等手代月給三十円」の三井銀行員が誕生したという。

「福沢諭吉の弟子たち」を書いた『硬派の男』で、小島直記はその後をこう受ける。

「後年、三井を一身に背負ってファッショの嵐と戦うリーダーは、こういう偶然で三井入りしたのである。春秋の筆法を用いれば、池田がもし福沢諭吉をきらわなかったとすれば、のちの三井銀行筆頭常務、三井合名常務理事となることもなかったであろう。こういうところに、人生のおもしろ味があるようだ」

この池田が、福沢の甥の中上川彦次郎の娘、艶と結婚することになったと先述したが、見合いめいて池田が中上川の家に来た時、その席に出た艶は風呂にも入らず、化粧もしなかった。名前はセイヒンだと言われ、「清貧」と書くのかと思っておかしかったからである。確かに新婚家庭はその名に恥じなかった。

銭を散ずる方にだけ三井の名を出せ

「三越の屋根にペンペン草が生えても日本は滅びぬが、五百万戸の農家に雨が漏っては日本はいったいどうなるか」

五・一五事件に関わった愛郷塾塾頭、橘孝三郎はこう言ったという。

軍部の肥大と裏腹の経済の貧困は、ファッショの擡頭を促した。井上日召《にっしょう》を盟主とする血盟団は「一人一殺」のスローガンを掲げて政財界の要人たちをねらった。

ねらわれたのは牧野伸顕や西園寺公望といった元老に、犬養毅、井上準之助、そして三井の団琢磨と池田成彬である。

ドル買いを売国的行為とし、三井がその先頭に立ったと思い込んで、彼らは団や池田を標的にした。

池田の前の三井のリーダー、団が菱沼五郎の凶弾に倒れたのは昭和七(一九三二)年の三月五日である。団を撃った理由について菱沼は、

「腐敗しきっている既成政党を打破する目的でやったもので、既成政党の背後にはかならず大きな財閥の巨頭がついているから、まずその財閥の巨頭からやる計画をたてた。団をやったのは、いまの財閥の中心は三井で、三井の中心人物は団だから、最初に血祭りにあげたのだ」

と語っている。

団の前には井上準之助が殺され、団の後には五・一五事件で犬養毅が殺された。団は、

「自分は悪いことはしていないから殺される理由はない」

と言って護衛がつくのを嫌がったりしたが、それですむ状況にはなかった。

団の後のリーダーに誰を据えるか。隠居していた益田孝が登場し、何人かいる人物の中で池田を抜擢した。

小島直記の『三井家の人びと』(光文社)によれば、その理由は二つある。一つは傑出した時代感覚である。

昭和四年に外国出張から帰った池田は、三井財閥の性格を変えるべきだと主張した。

「三井の一家は、できるだけあらゆる事業関係の表面から名まえを没してしまわねばならない。たんに三

井物産、三井銀行、三井鉱山といったような社長重役から、三井一家が手を引くのみならず、できることなら、これらの事業に三井の名を付することとさえどうかと思う。三井という名は、社会公共事業、慈善事業といった方面にのみ使えばよい。ひらたく言えば、ぜにもうけのほうでは三井の名を使わず、ぜにを散ずるほうだけ三井の名を出せばよい。そして三井財閥は、できるだけ単純な持株会社たる地位に修正さるべきである」

この提言を実践しなかったが故に団は撃たれた。三井一族の気に食わぬ意見でも堂々と主張する池田を登用するしかない、と益田は思った。

三井のリーダーに推される

益田孝が団琢磨の後の三井のリーダーに池田成彬を推したのは、その問題意識の的確さと私生活のきれいさ故だった。昭和五（一九三〇）年十一月八日付の『新愛知』が池田をこう書いている。

「三菱金融資本の政治部が浜口（雄幸）内閣であるとすれば、三井金融資本の元締め三井銀行の筆頭常務池田成彬君は、在野党の立場にある。なんぞくだらぬ理屈は、よしにして、その池田君が貧乏する話。

大三井銀行を切りまわして、日本の財界に重要な地位をしめている池田成彬君は、月給がオンリー七百円、半期ボーナスが約十万円、これに、三井家の内帑《ないど》から、半期二万円の特別賞与がある。だから年収二十五万円と勘定したら、当たらずといえども近しだそうである。ところが貧乏でいつも金がないといっているし、自分のところの銀行には、当座貸越し三十万円ぐらいの借金が、いつもつきまとっている。だから月給やボーナスはきっと赤字になっているだろう。三井銀行には機密費というものがない。それだから、重役賞与

は多くしてある。それで代用をさせる制度とある。自動車その他いっさい自分持ちで、それで筆頭常務なんだから、ポケット・マネーがたくさんいる。しかも半期半期のボーナスは公明正大に、筆頭も筆足も同じく分配する。ただ前記特別お下げわたしの二万円がよぶんな額なんである。だから貧乏するのである、という結論が出てくるのだそうだ。

ばくろ小説『真理の春』によれば、室井コンツェルン親玉生野成信《いくのしげのぶ》で、さかんにやっつけられているが、割ってみれば、月給七百円だからたいしたことはない。金を貸してもうける人が借金をして……ではなんで食っているかというに、親譲りの財産による由だ。池田君は米沢藩の家老池田成章の長男に生まれ、慶応義塾を出て英国のケンブリッジ、米国のハーバードの両大学を親の財産で卒業してきた人だ。月給七百円でも、月賦的サラリーマンとは選を異にするのである。おなじ借金でも、おこづかい用の当座貸越し三十万円とくるとわれわれの月給制度とははなはだ趣を異にするのである」

事実として違っている点も少なからずあるようだが、財界人としては「池田清貧」だったということだろう。

しかし、池田は益田の推薦を受けたけれども、三井合名に入るのを一年ためらっている。たとえば三井呉服店（現在の三越）を日比翁助に譲った時、三井家から、なぜ手放したかと難じられたことを苦い体験として持っていたからだった。あれほど不愉快なことはなかった、と後に池田は回想している。

北一輝に資金提供

師の福沢も暗殺の脅威にさらされていたが、弟子の池田も同様だった。

小島直記の前掲『三井家の人びと』によれば、池田をねらったのは血盟団の古内栄司である。盟主の井上日召はこう語る。

「池田をねらったのは古内栄司だ。これこそ助かりっこのないはずの一人である。古内は謹直そのものの人物で、これが寝食を忘れて付いていたのだ。池田の別荘、本邸、それをいちいちつきとめて、吸盤のように吸いついていた」

それなのに、なぜ助かったのか。小島は書く。「その古内にさえすきをあたえないところに、池田の合理主義のほかの一面があった。彼は、危機は危機だ、と割りきった。けっして、手放し、ひとりよがりの楽観をしなかった。そして、身の安全をはかるためには、周到な策をめぐらし、警戒をおこたっていない」

その警戒策の一つが、北一輝に資金を提供していたことだった。福沢はやらなかったことである。

財閥を国民の敵と指弾し、昭和維新を唱えて、『日本改造法案大綱』を書いた北に、池田はしばしば会って〝軍資金〟をやっていた。見返りに北は、ファッショの動向などを教えていたとも思われる。

「本人にどのような弁解が用意されていたとしても、この事態をずばりと言えば、北は『買収された』のである」

と小島の追及は厳しい。

池田には、こうした一面があった。「そういううら芸も、その必要を感じればやれるところに、この人の柔軟で強靭な実践力があった」と小島は指摘する。

池田はテロを警戒するだけでなく、三井一族とも闘わなければならなかった。三井合名理事となって運営方法を改める提案をする。三井十一家の社員総会にすべての決定権があるのではこの非常時に対応できない。

各社の正副社長と有力社員を十一家の代表とし、これに理事（使用人）二人を加えた七名で合名を運営したいとしたのである。

「非常時局であればこそ、一族が第一線にあってご奉仕すべきではないか」

と一族の三井高修《たかなが》が反論したが、池田はこう説いた。

「そうではございません。ご一族の皆さまが経営のポストにとどまっておられますと、世間では、企業が三井家という私的資本に隷属している、私的独占物となっていると言って、その反社会的傾向を今日以上に非難攻撃いたすでしょう。その事態はまことに憂慮すべきものがございます。このさい国家のため、三井家のため、大乗的見地に立ってのご英断が必要であると信じます」

第十章　福沢門下の三人の〝神様〟

〝企業再建の神様〟早川種三

福沢門下には、私の知る限り、三人の〝神様〟がいる。犬養毅と尾崎行雄という二人の〝憲政の神様〟と、そして、〝企業再建の神様〟といわれた早川種三である。もちろん、明治三十（一八九七）年生まれの早川は、福沢の直弟子ではない。しかし、福沢精神の体現者としては、松永安左衛門に次ぐ存在ではないかと私は思っている。生前、何度も会って私はその魅力に惹かれた。

順序としては、犬養、尾崎の話から始めるべきなのだろうが、松永、池田（成彬）という実業の系譜の流れに沿って、ここで、早川種三という男を紹介しておきたい。

農機具メーカーの佐藤造機や興人の再建を一緒にやり、早川の弟子を自任する米信義《よね》（農林中金を経て東京製粉社長など）によれば、早川は「国宝級の人物」だが、それは、お茶屋と山と落第に明け暮れた慶応の学生時代に形成された。

のちに父親が仙台市長も務めた富裕な家に生まれた早川は、養子をもらってから生まれた子どもだったため、二十歳の時、生前贈与で三十万円ほどを譲渡された。現在のカネに直せば優に三億円を超える。

それをみんな早川は茶屋遊びに遣った。そしてある時、どうにもヤリクリがつかなくなり、父親に電報を打った。

「カネオクレ、ダメナラシヌ」

それに対して返って来た電報には、予想に反して、たった二文字、

「シネ」

とあった。こうした厳格な父親と、茶屋遊びと聞いて、

「どうせ田舎者の行く新橋、赤坂あたりだろう。柳橋へ行ってもてるかい」

と逆にあおるような、さばけた母親との間で早川は育った。

この茶屋遊びと山登りのため、早川は五回落第している。大学は違うが山仲間だった有吉義弥（日本郵船元社長）によれば、大正十三（一九二四）年の三月初め、早川は山岳部の送別会に出席し、

「いよいよオレも卒業だ。諸君と別れるのは実に辛い」

と、あいさつしていた。ところが、四月になると、相変わらず大ボスとして、新入生を相手に楽しそうに猥談をしていたという。そうしたことが一度ならずあったのである。

ある後輩は、及落を告げる掲示板の下で、

「早川ってのは、また落ちたか」

と自ら大声をあげる姿を目撃している。

前記の米は、早川さんは人の心の機微がコワイほどわかる、と言うが、早川は、

「オレはそれを女遊びで学んだ」

と言ったとか。

危機に動じない早川種三

昭和四十六（一九七一）年春、農林中央金庫融資第一部にいた米信義は、佐藤造機の再建に行け、と言われる。米は当時三十八歳。管財人の早川種三は同じトリ年だが、三まわり上の七十三歳だった。

この息子のような米に、早川は、

「私は素人ですから助けて下さいよ」

と頭を下げる。企業の再建についてはともかく、農機具業界のことはよく知らないので、早川はこう言ったのだろう。

こちらこそと答えながら、米は〝再建の神様〟として活字の上では知っていた早川の予想以上の親和力と巨きさに驚いた。感心しているまもなく、早川とともに、松江にある佐藤造機本社に飛んだ米は、いきなり、企画管理室長を命ぜられる。

何度か一緒に行った機上でも、早川は茶目っ気たっぷりだった。空港では、例によって、危険物を持っていないかどうか、確かめる身体検査がある。早川は妙齢の検査員がボディチェックを始めると、

「持ってるぞ、持ってるぞ、オレは立派なのを持ってるぞ」

と囃《はや》すのである。

七十歳を超えていた早川が「立派なモノ」を持っていたかどうかは知らないが、ある料亭の女将が評した如く、早川には男の色気があった。それが次のような機知を発揮させたのだろう。

再建の火事場騒ぎの日々に、米はある大失敗をやった。新しい役員を誰にして新経営陣をどうつくるか。

候補者選びを早川から提示されていた米は、その機密リストを作成し、使い慣れない複写機で、それを何枚かコピーした。ところが、肝心の原稿をそこに置き忘れてしまったのである。あわてて取りに戻ったが、誰かが持ち去った後だった。

青くなって早川のところに駆け込んだ米に対して、早川は眉ひとつ動かさず平然と言った。

「すぐ、いろいろな案をコピーして、社内にばらまいてきたまえ」

この一件以来、米はコピーを使わない。

これについて尋ねると、早川は、

「そんなことあったかな」

と、ただ笑うだけであった。

「早川さんは、相談すればピシャッと答えるけれども、あとは私たちにまったく任せるという感じですね。上に立つ人が一番むずかしいことを逃げないでやれば、たいていのことはうまくいくと思うんです。上が逃げて、下の人になんとかやれというと、失敗することが多い。早川さんは絶対に逃げませんからね。掛値なしで本気でぶつかるから、社内が明るくなるんですよ」(米)。

早川種三の「企業再建の極意」

早川種三は企業の再建に赴く時、たいてい一人で乗り込む。大勢引き連れて行くと反発を招くだけだからである。しかし、八十歳近くなって引き受けざるをえなくなった興人の時、歳も歳なので一人では無理と判断し、先に紹介した米信義や弁護士の古曳正夫らの応援を求めた。

『青春八十年』（日本経済新聞社）で早川は、その日の天気を「興人再建の前途を思わせるような波乱の空模様だった」と書いているが、早川が受けざるをえなくなるについては、ある重要な経緯があった。

早川は最初、当時の第一勧銀頭取、横田郁《たかし》や、三菱商事会長の藤野忠次郎から頼まれた時、即座に断り、三菱製紙会長の加藤武彦に頼んで正式にその旨を伝えてもらった。ところが、加藤が逆に向こうの使いとなって帰って来たのである。

実は、興人前社長の西山雄一が、副総理の福田赳夫と仲がよかったので、福田が横田と藤野を呼んで、ある男を管財人に推薦して来た。しかし、この男は二人にとって「好ましくない人物」だった。それで二人は、とっさにウソをつく。

「実は早川を管財人に決めてしまっているんですが……」

早川では、福田も反対できない。

「そうか」ということになったが、早川に断られたら、大変なことになる。横田と藤野の意を受けた加藤は必死になって早川を説得した。

早川の企業再建の物語で、私が一番好きなのは次の逸話である。日本特殊鋼再建の時、同社には共産党員が百人余りいると言って、大森警察署がそのリストを持って来た。それに対して早川は、

「僕は働いてさえもらえれば共産党でも大本教でもなんでもいいと思っています。企業は教育の場でもなければ政治の場でもない。労働組合は再生に協力すると言っているんですから、それだけで十分です」

と答え、そのリストを突き返している。

早川は、思想というものは放っておくべきだと考えているのだ。右の思想が盛んになれば、必ず左の思想

が擡頭するし、左の思想が盛んになれば、必ず右の思想が反発する。振り子のようなものである。それを人為的に操作しようとすると、右が多くなったり、左が多くなったりする。だから、思想にあまり手を入れるべきではない。

私は、早川のこの考えに全面的に賛成する者ではないが、思想を絶対視せず、それを極めてプラグマティックに捉える早川の思考は、まさに師の福沢に通ずるものと言うべきではないか。

〝憲政の神様〟犬養毅の若き日

のちに〝憲政の神様〟と呼ばれる犬養毅と尾崎行雄も、福沢から見れば「民権村の若い衆」に過ぎなかった。慶応の塾生当時、尾崎行雄や波多野承五郎は「協議社」を組織したが、それに反発して、

「あんな奴らが秀才なら、秀才天下を毒する」

といって猶興社を組織した犬養も同じに見えたのである。

岩淵辰雄の『犬養毅』(時事通信社)によれば、そのころの塾生はよく品川遊廓に遊んだ。

そんなことをする時間があったら勉強せよと思う福沢は、朝早く馬に乗って門前で待ち、帰ってくる塾生をつかまえる。そして、たとえば、

「犬養君、おはよう」

と呼びかけるのである。

これで大分減ったが、裏道を通れば福沢に会わないとわかると、そこを通って帰って来る者も出てきた。

そしてまもなく、犬養は西南戦争に従軍して『郵便報知新聞』に「戦地直報」を書くことになる。肩書は

「戦地探偵人」だった。二十歳そこそこの若さに任せて戦地に入り、突貫小僧的に書いた「直報」は評判となった。

その生々しいルポルタージュの一節を引く。

「……天既に明け戦全く止む、諸軍喧呼して曰ふ、我西郷を獲たり、我西郷を獲たり、と、而して西郷の首果して誰が手に落つるを知らざる也。午前九時、偉身便腹の一屍を獲て来り、之を検すれば果して西郷なり、尋で其首級を獲たり、首は屍の傍らに埋め、微く頭髪を露す、因て之を掘出し、遂に桐野等の屍を併せて浄光明寺に集め、両参軍以下諸将校之を検し、同所に埋む。実に明治十年九月二十四日午前十一時也。兵を起して以来八閲月の久しきに弥り、地を略すること五州の広きに渉る。武も亦多しと言ふ可し。英雄の末路遂に方向を錯り、屍を原野に曝すと雖も、戊辰の偉功国民誰か之を記せざらんや。嗟我輩は官軍凱旋の日に歌ひ、国家の旧功臣が死せるの日に悲しまざる可らず。……」

小島直記は『福沢山脈』(中央公論社)で、同じく『東京日日新聞』から派遣されて、戦地報告を書いた福地桜痴の文筆に比べても、「一アルバイト学生」に過ぎない犬養のそれは遜色がない、と称している。

しかし、帰って挨拶に行った犬養は、

「命知らずの大バカ者!」

と福沢に怒鳴りつけられる。

西南戦争と西郷の運命については深い関心を持ちながらも、犬養が従軍したことをとても心配していたのである。

犬養毅、福沢を語る

福澤大四郎著『父・福澤諭吉』に、犬養毅が二十歳上の福沢（先生）について語った談話が出ている。

「私は三田から出ていた『家庭叢談』という雑誌に投書したことがありましたが、これらの投書はみな先生のところへ行って説を聞いて書いたり、又は先生の方から呼びに来ることもあって其時の話を書いたりしておりました。箕浦は先生の説を其儘に書くので先生の方の評判がよかったが、私などは自分で文章を拵える方であったから甚だ気に入られない。そこで或時皆先生の真似をして、先生の口調を其儘文書に写して持って行ったところが、こんなに人の真似をしてはいけないと又叱られたことがありました。当時私は血気旺んな時分でありましたから先生の着実老成の議論では満足出来ず、大胆露骨に政府攻撃をやりましたので先生は、『君の議論は抜き身の槍を提げて敵に迫るようなもので、それではいけない。文章を書くのは槍のさきを真綿で包んで障子の外から狙いを付けて構えているようにしなければならぬ』ということをいわれました。

先生は後藤（象二郎）伯を非常に信用していて、塾で政治のことを議論する者があれば悉く後藤に紹介したものです。併し誰にでも政治をやれというわけではない。到底政治家になれそうもない人には又やはりそれぞれ得意のことをやるがいいといわれました。現に私の国（岡山）の美沢進という男が政治論などするのを聞いて、お前の家は何をしているかと問われたので、『酒屋です』と申したところ、『酒屋ならば国へ帰ってドブロクでも作れ』といわれたので、美沢が大いに立腹したことがあります」

この犬養が記者として西南戦争に従軍したことは先述したが、戦争の半ばに一度帰って福沢のところへ行

き、大変叱られたことも語っている。

「お前は鉄砲玉がどこまで届くということを知っているか。危ないところへ行くのは馬鹿馬鹿しいではないか。なぜ塾にいて勉強しないのか」

こう叱責されたのである。しかし、のちに尾崎行雄と共に呼び出された時には、福沢は、

「お前達も政治の方をやるといってやり出したからには今更とめる訳にも行くまい。併し自分はいいとしても妻子眷属《けんぞく》はどうしているか、それが第一心配である。お前達のことは構わぬが妻子眷属に少し金をやろう」

と言い、二人に金をくれた、と語っている。

また、やはり、矢野文雄が福沢に呼ばれ、石に齧りついても遣り遂げると言ったら、石や砂が米になるものでないからそんなことを言ってはいけない、と諭されたとか。

尾崎行雄の語る福沢

次に尾崎行雄の福沢論を引こう。尾崎は犬養より三歳下だから、福沢とは二十三歳離れている。

「私は十四、五歳の頃に入塾いたしましたが、少年客気の致すところ、在塾中は常に反抗的態度に出で、事毎に先生を始め諸先輩教員諸氏の言行を批評し攻撃したので、遂に在塾一年ばかりで塾風に合わないからとの理由で退学を命ぜられました。定めし先生は私に対して不快の感を抱いていられることであろうと思っていましたところ、其後新潟新聞《ママ》から招聘せられ赴任したとき、同地方の有力者の許で実は福澤先生からこういう手紙をいただいているが、とて示されたのが左の書翰でありまして、私は今さらのように先生の寛容、

門人を愛することの深いのを知って感激いたした次第であります。

新聞記者の義唯今決定いたし候。当人は慶応義塾生　尾崎行雄

右多年本塾に在て文筆ある人物なり。西脇君抔《など》も多分御承知に可有之、これなれば必ず其任に堪え可申、此程中陸軍の方より少々話有之、又大阪新聞社にも関係ありて今朝迄も決し兼居候処、唯今弥以新潟行と決定いたし候に付、貴社諸君に御相談の上差支無之候わば、可なりとの電報御遣わし被下度候。用意出来次第直に出発可致候。人物は古渡同様にてこれより下るべからず。就ては月棒も五十円には可然存候間、其辺も御含置被下度、旅費等の義も御申越の通にて固より異論なし。

右急用進度、早々敬具。

九月十八日夕六時

福澤諭吉

鈴木長蔵様　机下」

福澤大四郎の『父・福澤諭吉』には、尾崎の談話と共に、井上公二のそれも載っている。井上によれば、尾崎は明治二十年の保安条例で東京を追われ、欧米視察の旅に出てサンフランシスコに立ち寄った。それで井上らが日本人会を開いて尾崎を歓迎する。盛会だったので井上がその模様を記して『時事新報』に送ったら、福沢から礼状が来て、将来についても励まされた。その後はこう続く。

「私の塾にいました頃は、先生が教室を見舞われたり、演説館に立たれたり、(中略)私共に皮肉なお小言

を下されたりした其先生の印象は残っていますが、私自身先生に刺を通じたこともありませんので、先生から見れば一面識もない無名の青年に過ぎないはずでありますにも拘らず、かく懇篤なお手紙に接することの出来たのは、私の意外として驚喜に堪えなかったところであります」

犬養毅と尾崎行雄の出会い

慶応の塾生時代、犬養毅と尾崎行雄は最初、仲が悪かった。間に立った波多野承五郎が、ある日、校門のそばで犬養を呼びとめる。

「君は尾崎君が嫌いなんだろう?」

にこやかにそう問いかけられて犬養は、

「尾崎? ああ、あの琴泉とかいう雅号の男だろう。別に問題にもしとらんね」

と答える。

「その琴泉というのはやめたよ。どうやらその原因も君にあるらしいけど」

波多野の説明に、犬養が、

「どうして? おれは、そんな女の画家かアンマのような雅号に興味はないぞ」

と返すと、波多野は、

「それぞれ。女画家かアンマという批評を気にして、尾崎君は別の雅号をつくったんだ」

と応じる。

「フン。暇な野郎だな」

鼻であしらおうとする犬養に波多野が、

「そういわずに、一度会ってみないか。なかなかの人物だよ」

と食い下がる。

「興味はないが、彼奴が会いたいというならば会ってやろう」

尾崎より三歳上の犬養が、いささかならず高飛車に出て、二人の出会いは実現する。

小島直記の前掲『福沢山脈』から、その場面を引こう。

「僕が尾崎だ。君の名前は『郵便報知』の戦地直報で知っていたよ」

「そうか。ところで君は、あの琴泉とかいういやらしい雅号を捨てたそうだな。今度は何だ？」

「学堂と変えたよ」

「学堂？　学堂とは君、支那ではスクール、学校のことだぜ。妙な雅号にしたもんだな」

「そういう君はどうなんだ？」

「おれか。おれの号は木堂じゃ」

「木堂？　木堂とは材木小屋のことか」

対話はそこまで、共に腹を立てて、最初の出会いはそこで決裂した。福沢のいう「民権村の若い衆」は血気盛んだったのである。

そんな経緯もあって、勉強に身が入らない犬養は卒業できないかもしれないという噂が立った。

それを聞いて心配した友人の伊藤欽亮が犬養に、

「君は英学だけやって、数学や簿記はやらないそうじゃないか」

と尋ねると、犬養は、

「あたり前だ。おれにはそんなもの必要ないんじゃ。おれは英語を読める力がつけば、それでよいからの」

と答え、

「人間はな、卒業免状で生きるんじゃない、この腕で生きるんじゃ」

と言って退学してしまった。

猿に見せるつもりで書け

師とは、誰にとっても、ある意味で敬遠したい存在である。のちに〝憲政の神様〟と呼ばれることになる尾崎行雄にとっても、福沢はそうだった。

『新潟日報』の主筆となって赴任する前、尾崎は福沢を訪ねて、

「お前さんは、だれに読ませるつもりで著述なんかするのかい?」

と尋ねられたことがある。

毛ぬきで鼻毛を抜きながらの質問に、尾崎はムッとしながら答えた。

「世間の識者に見せるためです」

すると福沢は眉をひそめ、

「バカものめ! 猿に見せるつもりで書け。オレなどはいつも、猿に見せるつもりで書いてるが、世の中はそれでちょうどいいんだ」

と尾崎を叱りつけた。

ことさらに難解な表現をせず、平明に書けというのが福沢の真意だったが、例によって極端から極端に引っ張るような言い方に尾崎は腹を立て、

「折角、ひとが真面目に聞いているのに、何という不親切な、威張った態度か。よし、もう絶対に訪問しないぞ」

と誓って福沢邸を後にした。

しかし、前述したように、一方で福沢は新潟の有力者に尾崎をよろしくと手紙を書いていたのである。

明治二十三（一八九〇）年の第一回衆議院議員総選挙で尾崎は三重から立候補して、有効投票一九一九票の内、一七七二票を得るという大勝利を果たした。

小島直記の『硬派の男』（実業之日本社）によれば、尾崎は、

「いつもは叱言ばかりだが、今度は少しほめてくださるかもしれん」

と思って福沢邸を訪れる。

しかし、福沢は、おめでとうとも言わず、筆をとってさらさらと次の文言を書き、尾崎の鼻先に突きつけた。

道楽に発端し、有志と称す
馬鹿の骨頂、議員となり
売りつくす先祖伝来の田
贏《か》ち得たり一年八百円

文尾の「一年八百円」は当時の議員の歳費だが、わが子ならぬわが弟子を全力で谷底に突き落している獅子のようである。

しかし、このように鍛えられて、尾崎は軍国主義下でも節を曲げぬ数少ない政治家となった。大正二（一九一三）年の桂太郎首相を弾劾した演説は、「桂を愧死《きし》せしむ」といわれたし、昭和のファシズムの中で国際協調主義を唱え、「非国民」と難じられた。日独伊三国同盟に反対し、昭和十七（一九四二）年には不敬罪で起訴されて巣鴨拘置所に放り込まれている。時に八十代半ばだった。

尾崎行雄の一喝

日中国交回復に尽力した清廉の政治家、松村謙三の生涯を書いたことがある。老子の言葉を借りて『正言は反のごとし』（講談社文庫）と題してだった。

富山生まれの松村は東京遊学を志し、父親の友人の代議士、島田孝之の紹介状を持って、大隈重信、犬養毅、尾崎行雄を訪ねる。

まず、明治三十五（一九〇二）年当時には野に下っていた大隈に会い、郷里の友人に「今も冷や汗の出るような生意気な」葉書を書く。

「来てみれば、さほどでもなし富士の山釈迦も孔子も、かくやありなん」

晩年になっての『三代回顧録』では、松村はその後、「しかし富士の山は仰げば仰ぐほど高かった」と付け加えている。

犬養に会った印象は薄く、記憶に残っていないが、品川の東海寺の境内に家を借りていた尾崎を訪ねた情景は「きわめて鮮明」だった。

貧乏でも堂々たる門戸を張った尾崎は紋付き羽織に袴姿で松村を迎えた。大隈と板垣退助の、いわゆる隈板内閣の文部大臣をやめた後だから、まだ四十歳になるかならぬかだったと思うが、端然としていた。

松村は、名士を訪ねたら、まず時候の挨拶をしなければならないと勝手に決めて、そんなことを言ったら、尾崎はじろりと松村を見すえ、

「お前は学生だろう。商売人のように暑いとか寒いとか、そんなことを言うものではない」

と一喝された。

返す言葉もなく畏れ入っていると、

「お前はいったい、何のために来たのであるか」

と尾崎が尋ねる。

「島田さんの紹介状にもありますが、実は私学を希望するので、早稲田にでも入ろうかと、ご指導を承りたく……」

と松村が言うと、前文相の尾崎がズバリと答えた。

「日本の大学というのは、金をかけた大学ほど悪い。一番に悪いのは、一番に金をかける学習院である。次は帝国大学である。早稲田あたり貧乏だからよいだろう……」

これで松村は早稲田に入ることにしたというが、この最初の出会いのせいで、松村は尾崎に「なにかおびえる気持ち」を持ち、議員になってからも、なかなか会えなかった。

晩年の尾崎を逗子の別荘に訪ねて、このときの話をしたら、尾崎は笑っていたとか。

それにしても、尾崎の一喝は、松永安左衛門が慶応に入って教師たちにていねいに挨拶をし、福沢にそんなことをしなくてもいいと、たしなめられた話を思い出させる。

九鬼隆一の卑劣を福沢は許さず

「明治十四年の政変」は、藩閥政府の薩長出身者が、大隈重信と福沢諭吉が結託して政府転覆の陰謀を企てているとして、大隈を政府から追放したものだった。

こんな根も葉もない密告をしたのは、福沢門下の九鬼隆一という男で、九鬼はのちに男爵になり枢密顧問官にもなったが、福沢は九鬼を許さず、福沢の死の直前にわびをかねて見舞いに訪れた九鬼を門前払いしている。

ちなみに、九鬼は岡倉天心を引き立て、九鬼夫人の波津に天心が恋をするという一幕もあった。

九鬼については、『大隈侯八十五年史』で、大隈がこう語っている。

「最早長い昔の話だが、九鬼隆一が、私の為めにすることがあったと見える。黒田（清隆）に針ほどのことを棒のように伝え、薩摩人から見ると謀計でもするように思いとり、伊藤（博文）、井上（馨）をグッというほど威嚇しつけたから、伊藤、井上の二人は慄えあがり、終始を懺悔して、軍門（薩長の藩閥）に降り、申分けのために大隈、福沢両人の首を挙げてと約したそうだ。しかし、内閣で参議顔揃えのときに、だんだん実際を探偵してみれば、九鬼のいうようなことでもなし、国会開設云々の相談には、有栖川宮殿下も、岩倉（具視）公もあずかられている。ゆえに、その相談をした、また、希望したものを国事犯に問うとなれば、

ワシを先に（宮殿下が）捕縛しろといわれたから、薩摩人も仕方なしに、国事犯の話はウヤムヤのうちに葬り、また北海道（官有物）払下云々も沙汰なしに消滅してしまった。……」

岩淵辰雄は前掲『犬養毅』で、大隈のこの談話を引いた後、「これを見ると、藩閥側は、大隈、福沢を国事犯として死刑にでもしようとしたものらしい」と書いている。

それが大隈の退官だけで決着したのは、有栖川宮が「国会開設について相談したということで国事犯にするなら、まずワシを先に逮捕しろ」と主張したのと、明治天皇が、大隈罷免の奏請に対して、

「大隈が不都合であるというが、何か証拠があるか」

と岩倉に尋ね、岩倉が、

「われわれをご信用下さい。証拠調べとなっては大変なことになります」

と答えて御裁可を仰いだのに、天皇が、

「いま大隈を罷めさせては、薩長が連合して大隈を退けたことにならぬか」

と重ねて懸念を示して大事にならなかったためといわれる。岩倉はのちに、大隈に会って詫びなければ死んでも死にきれないと言い、病を押して会おうとしたが、それを聞いた大隈が岩倉を訪ねて仲直りしたのだった。

伊藤博文と井上馨への福沢の詰問状

国会開設と憲法制定の気運が盛り上がって大隈重信は憲法草案を発表した。それは福沢門下の矢野文雄が起草したものだったが、伊藤博文や井上馨ら藩閥政治家と福沢の遣り取りについて、『朝吹英二君伝』にこ

うある。

「(明治)十三年の暮、井上から大隈、伊藤の三人で、親しくお話したいことがあると面会を求めに来たので、大隈邸に福沢が出掛けると、三人は口を揃えて、先生に新聞紙を発行して民論を指導してもらいたいとの希望である。先生は、政府の主張が足らないのに、その機関紙を引受けるなどは真平御免だと、すぐに断ろうと思ったが、一応、考えた上でといって別れ、翌年一月早々、井上を訪うて謝絶の意を述べた。そのとき、井上は容《かたち》を改めて、然らば打ち明け申さん、われわれ三人の間には、国会開設の相談を決し、遠からず実行する覚悟で、目下薩摩の連中を説得中だが、これは必ず同意させるつもりである。すなわち国会開設は政府の決定で、われわれ当局者として新聞紙発行を先生にお頼みするのであると、くわしく内情を話した。先生はこれを聞いて、自分の意思に合致したのを喜び、それまでのご決心とはしらなかった。かくては明治政府の幸福、日本も万々歳である。諭吉も国のため一臂《いっぴ》をふるい申さんと、即座に快諾。それより内々新聞発行の用意に取り掛られた」

それが国事犯として処刑する方向にまでねじ曲がっていくのである。

つまり、大隈が統計院をつくって、福沢に頼み、三田から矢野や犬養毅等の俊秀を政府に迎えたのも、大隈、伊藤、井上の間に了解があり、その了解の下で福沢に応援を求めていたからだった。それだけに、伊藤と井上に対する福沢の怒りも激越だった。福沢は前後三回にわたって二人に詰問状を送っているが、その中で次のように指弾している。

「大隈が出した国会の奏議も福沢の手に成りしものであらう。三田の社中にて編製したる私擬憲法草案も諭吉の作であらう。三田の壮年輩が都鄙《とひ》に喋々したるも諭吉の差図であらう。これ等の事について金も費し

たる事ならん。その金の出処は三菱であらう。故に大隈と三菱と諭吉と同穴の狐狸であらう云々とて、結局、であらうの四字を以て根拠に立てたる御考のやうに相伺ひます。又その事跡に顕れたる所は、本年十月、外務省の公席にて、近来、福沢諭吉の挙動は訝《いぶか》しきものだと明言するに至った。以て、お考の果して然るを証するに足るであらう。折しも大隈の参議、三田社中の私擬憲法、又その喋々言論の趣旨果して是か非か。これは他日の談として閣《お》き、諭吉がこれに関して力ありとは何の実証を押へられたか、唯その拠る所は、であらうの四字に止るのみである」

軍隊を出動させようとした明治十四年の政変

脛《すね》に傷を持つ黒田清隆や井上馨、そして、伊藤博文らによって仕組まれた大隈重信と福沢の追放劇、いわゆる明治十四年の政変の最中、福沢が伊藤と井上に出した詰問状は「であらう」ですべてを判断するのかと呆れつつ、激しい怒りをこめている。

「世間若し、であらうを以て、憶断を下す時は、疑ふべきものが尠《すくな》くない。否、恐るべきものが甚だ多い。例へば藤田、中野は贋《にせさつ》札を作ったであらう。両人の外に誰れ彼れもこれに関係したであらうとて、遂に一昨年の不体裁を生じたではありませぬか。故に方今政府に於て諭吉に対し、彼のであらうの迷夢を払ふまでは弁解も無益と存じ差控へ、唯我大切なる日本国の政府に斯《かか》るたはいもなき憶測説の流行するを嘆息し、気の毒に存ずるばかり」

最初は福沢を抱き込もうとし、それがうまくいかぬと見るや、一転、国事犯として逮捕しようとする。伊藤や井上ら、藩閥政治家がいかに福沢の力を恐れたかを例証しているとも言える。

この場合、大隈と福沢は裏表の関係にあった。影響力からいえば福沢が表だが、政府にいるという意味では大隈が表だった。いずれにせよ、伊藤や井上から見れば一体ということである。『大隈伯昔日譚』で、大隈は当時のことをこう振り返っている。

ちょうど明治十四（一八八二）年の十月十一日。先帝のお供で七十余日、東北から北海道を巡って帰って来ると、その夜の一時ごろに伊藤と西郷従道《つぐみち》が大隈のところにやってきて、

「容易ならざることだから、辞表を出してくれ」

と言う。内閣会議を開いて大隈追放を決定したからというのである。その間の事情も大体はわかっていたので大隈は、

「よし、わが輩が内閣に出る。辞表は陛下に拝謁してから出す」

と答えたら、二人は当惑していた。しかし、それはいけないとは言えない。

ところが、宮中はもちろん、有栖川宮も北白川宮も門衛が厳重に遮って大隈を入れないのである。「昨日まで供奉申し上げた陛下にも、御同行申し上げた宮様にも、今日は固めの門衛から拒絶されて、御会ひすることすら出来ないと云ふ、急転して体の宜《てい》い罪人扱ひとなってしまった」のだった。

岩淵辰雄が『犬養毅』（時事通信社）に記す如く、伊藤や井上は九鬼隆一の密告で、水鳥の羽音を聞いたように驚き、大隈と福沢が一揆でも起こすのではないかと恐れたのである。山県有朋などは警備のために軍隊を出動させようとさえしたというのだから、お嗤いである。

「洋学紳士」の改進党

大隈重信の免官と共に発布された国会開設の詔勅によって、政党結成へと政界は動き、明治十四（一八八一）年の十月二十九日に板垣退助を総理とする自由党が誕生した。それに遅れること半年、翌十五年の四月十六日に、大隈を総理とする立憲改進党が発足する。

福沢は後藤象二郎を信頼し、大隈と後藤の連携によって改進党がスタートすることを望んだが、後藤は自由党に走り、いささか力弱い形での出発となった。結局、改進党は、沼間《ぬま》守一の嚶鳴社《おうめいしゃ》、矢野龍渓こと矢野文雄の率いる慶応系の犬養毅や尾崎行雄ら、それに小野梓を中心として高田《たかた》早苗、天野為之ら、のちに早稲田大学の創立に参加する人たちが寄り集まって結成されたのである。

人脈の流れもさることながら、のちのちまで微妙な違いを見せる自由党と改進党の性格の差、党の気分について、中江兆民が『三酔人経綸問答』で、次のように諷している。自由党が「豪傑君」、改進党が「洋学紳士」である。

「曰く、在野人士中自由の義を唱へ、同一革新の説を主張する点に変りがないけれども、其の間に旧きを喜ぶものと新しきを好むものと二つの元素が隠然として力を逞うしてゐる。新しきを好むものの尊ぶところは理論で、賤むところは腕力である。彼等は産業を先にし武備を後にし、道徳法律の説を研鑽し、経済の理を攻究し、常に文人学士を以て任じ、武夫豪傑の流儀や叱咤激越の態度を貶する。宜《むべ》なり、此の連中の景慕するところはグラッドストン、チェールの徒で、ナポレオン、ビスマルクの輩でない。若しその旧きを喜ぶ元素に富むものは、自由を認めて豪傑の行となし、平等を認めて破壊の業となし、悲壮慷慨して自ら快とな

し、佶屈《きっくつ》な法律学や無味乾燥な経済学は其の喜ぶところでない」

保守合同で生まれた現在の自由民主党にも、二つの政党の党風の違いは厳然として残っている。自由党は最初からルソー流の天賦人権論に立ち、自由の獲得を高唱する豪傑君的壮士の集団なのに対して、改進党はイギリス流の合法的な進歩主義の立場をとる紳士の集団だから、もうひとつ肌が合わない。藩閥政府はまた、これに付け入って必死に両党の離反を図った。

ともあれ、師の福沢と同じく、共に改進党系の犬養と尾崎は大正に入って憲政擁護運動の先頭に立ち、〝憲政の神様〟と呼ばれる。その二人の演説会の模様を当時の新聞は次のように報じた。

「(尾崎)咢堂《がくどう》が雄弁は、珠玉を盤上に転じ、(犬養)木堂が演説は、霜夜に松籟《しょうらい》を聞く。溽渓《じょくかん》の趣、淅瀝《せきれき》の声、各異なると雖も、共に一世の雄なり」

昭和七年五月十五日

昭和七(一九三二)年五月十五日は日曜日だった。夕刻、護衛の巡査を撃ち殺して、犬養毅邸に暴漢が乱入して来る。

「お逃げ下さい！　お逃げ下さい！」

と、まだ撃たれていない護衛が叫んだが、当時七十七歳の老首相は、

「いいや、逃げぬ」

と言い、彼らと会って話そうとする。

その言葉も終らぬうちに、海軍少尉の制服を着た二人と陸軍士官候補生姿の三人が土足のまま現れた。中

の一人がいきなり拳銃を突き出し、引き金を引いたが、なぜか、弾丸は出なかった。

「まあ、急ぐな。撃つのはいつでも撃てる。あっちへ行って話を聞こう……ついて来い」

犬養は嫁と孫を暴漢たちから引き離すように、「突き出た日本間」に彼らを誘導する。

そして床の間を背にゆったりと坐り、座卓の上の煙草盆を引き寄せ、拳銃を擬して立つ若者たちにもすすめてから、

「まあ、靴でも脱げや。話を聞こう……」

と言った。

しかし、そのとき、そこにいた五人よりはるかに殺気立った四人が入って来て、

「問答無用、撃て！」

の大声と共に次々と九発の銃声を響かせる。

それだけの弾丸を浴びながら、犬養は両手を卓にかけ、しゃんと坐っていた。指にはさんだ煙草も落としていない。そして、

「呼んで来い、いまの若いモン。話して聞かせることがある」

と、そばの者に命じた。

多分、犬養は首相を引き受けた時から、この日のあることを覚悟していたに違いない。

「じいさん、軍に楯つきおって」

こうした声は軍部だけでなく、犬養を支持すべき政党の中にもあった。

不況と農村の疲弊は中国大陸への侵略と満蒙（満洲蒙古）進出によってしか突破できないとする軍部と、

日中友好を基本とする犬養の考えは、しょせん、相容れなかった。

「支那のものは支那へ返せ」と主張する犬養と、支那（中国）のものを自分のものとしようとする軍部とは水と油の対立関係にあったからである。

犬養の女房役であるべき内閣書記官長、森恪《かく》は軍部と通じており、犬養が進めていた中国との和平工作を見抜き、その旨を記した秘密電報を関東軍中佐の石原莞爾《かんじ》に送っていた。

「犬養のよこす使者はぶッた斬ってやる！」

石原がそう叫んだと伝えられるのはそのころのことである。森は森で、犬養の息子の健を、

「判読不明の電報が犬養家に行きすぎると陸軍が言ってるぞ」

と脅していた。

孫の道子の語る犬養毅

昭和七（一九三二）年の日本には、とりわけファッショの嵐が吹き荒れ、二月九日には井上日召率いる血盟団の団員が前蔵相の井上準之助を襲い、三月五日には同じく血盟団の団員によって、三井合名理事長の団琢磨が暗殺された。

そして、五月十五日の首相（当時）犬養毅の横死である。時に関東軍中佐の石原莞爾は四十三歳。祖父の毅を殺された道子は十一歳だった。

その二日前、七十七歳の毅は、

「道公、お祖父ちゃんと散歩しないか」

と誘った。珍しいことだった。

毅は着流しに庭下駄姿でひょこひょこと歩き、官邸用畑に出て、菜っ葉の虫をつまんだり、かがみこんで草をとったりした。

「どんな言葉をお祖父ちゃまは使ったのか。言葉として私は何ひとつおぼえていない。しかしはじめて、そして最後に、お祖父ちゃまはその午後、正確に言えば昭和七年五月十三日金曜日の煙ったい午後、私に生の教訓を語ったのである。土に托し、花のすんだあとの坊主になったバラの実に托し、この坊主は地に落ちる、というようなことを彼はしずかに言った。むしろ楽しみつつ言った。落ちるとそこから芽が出る……逆に言うと、落ちなければ生命はつづかないのだ、と。持っとれ、と言ってお祖父ちゃまは野バラの坊主をひとつ呉れた」

暗いテロの時代に、しずかに生を語る。その二日後にこの祖父は殺されただけに、道子にとってこの日の散歩は忘れることができないだろう。

道子は『花々と星々と』の続編の『ある歴史の娘』（中公文庫）にズバリと書く。

「祖父犬養木堂暗殺の重要要素をなした満洲問題は、その発生から満洲国建立までの筋書一切を、極端に単純化して言うなら、たったひとりの、右翼的神がかりの天才とも称すべき人間に負うていた。『満洲問題解決のために犬養のよこす使者はぶッた斬ってやる！』と叫んだあの、石原莞爾その人である」

孫文や蔣介石が出入りする家で育った犬養道子は、前記の卓抜な「昭和秘史」の中で、

「偏狭排他のナショナリズム。それこそは、私が人生はじめの七年間に、それを呼吸し、それに浴《ゆあみ》し、それに吸いこまれ育った、インターナショナリズム・普遍主義《ユニバーサリズム》の『白樺』の主唱理想と全く相いれぬものはで

あった」

と抑えきれぬ激情をこめて指弾している。

まさに、そのインターナショナリズムとユニバーサリズムこそ、犬養が師の福沢から受け継いだものだった。もう一人の〝憲政の神様〟の尾崎行雄も、たっぷりとそれを継承し、晩年は世界連邦運動に力を入れることになる。

「廃国置州」を主張した尾崎行雄

尾崎行雄は『わが遺言』にこう書いた。

「学校では国民教育などと鎖国的になるような教育を施し、事実無根な神話的歴史などを根拠にして、この国は他の国とは大分ちがうものででもあるように、子供の頭に吹きこんでいたということはもっての外の誤りであった」

人間の頭の中に無理に国境を造り、おれはどこの国の者だとか、おれはどこの民族だとかいって衝突の種まきをしているのが禍の根本だと尾崎は指摘する。

それを断つには国際教育を施す以外にないのであり、「その国際教育の発足する根本はどこかといえば、それは世界精神であって、すべての教育の根源はここにある。虚偽や迷信による教育では駄目である。どこまでも道理の通った物差し、そろばん、はかり、ます、これを根拠としたいわゆる科学的合理主義の精神、これが世界なのである」という。

尾崎の娘の相馬雪香《ゆきか》他編著の『咢堂 尾崎行雄』（慶應義塾大学出版会）によれば、尾崎は「廃国置州」とい

うユニークな考えで世界の変革を説いた。

「日本でも明治の初めまでは藩民というものはあったが、国家というものはまだなかった。薩摩藩と肥後藩の境には関があり、両藩人が会う時は刀に手をかけて会うなどという程に敵対行為をし愛藩心が強かった。これは未開だったからであった。それをやめて廃藩置県をすると日本は一体になってしまった」

だから尾崎は「それと同じことを世界に行いたい」として、世界の国を廃することを主張したのである。

「私の主張する世界連邦ということは、まあ、廃藩置県ということと同じであります。……世界には、私たちの子供の時にあった藩同様な国家と称するものが五十か六十あります。……これが境がないのに境を築き、政府を別々に作り、また貨幣も別々に作っているという、ちょうど日本旧藩がやっておったと同じことを世界中でやっている。これを廃して世界に一つの国を作るというのが、私のいう世界連邦ということです」

東京市長時代、尾崎はアメリカに桜を三千本寄贈した。日露戦争の際、日本が好条件で講和に持ち込めたのはアメリカの援助があったからであることを知り、その恩義に報いたいと思ったからである。最初に送った若木には虫がついていて全滅し、改めて消毒したのを送ったが、それはいま、ワシントンの名物となっている。

しかし、尾崎の娘の雪香が小学生のころ、ある教師が、桜は日本の魂なのに、それを外国に売ったヤツがいる、と非難した。尾崎が贈ったことをその教師が知っていたかどうかはわからないが、雪香は彼をにらみつけていたという。

謀反人好きな朝吹英二

尾崎紅葉の『金色夜叉』が評判になっていたころ、文部大臣だった尾崎行雄は帝国教育会に招かれ、五百名余りの教育者を前に、金権万能の風潮を次のように批判した。

「世人は米国を拝金宗の本家本元のように思っておりますが、決して世人が思うほど拝金主義の国ではありません。同国の歴代大統領、どちらかといえば貧乏人の方が多いのであります」

そして、こう続ける。

「日本は共和政治となる気づかいはありません。たとえ百年千年を経るとも共和政治の国となることはありませんが、かりに日本が共和国であって、大統領を選挙する政治組織であるとすれば、三井、三菱の代表者が大統領に選出されるかもしれないのであります」

小島直記の『福沢山脈』によれば、喝采を浴びたこの卓論に、御用新聞の『東京日日』がイチャモンをつける。演説の中の「共和政治」という一語を捉えて、「尾崎は共和主義である」と書き立てたのである。

山県有朋ら、藩閥政治家がその火を煽った。内閣からも内務大臣の板垣退助が尾崎批判の声をあげたりして、尾崎は後任に犬養毅を推して辞任する。

この経緯を福沢はどう考えているか、尾崎は気になったが、そんな失意の日々に朝吹英二と飲む。当時、朝吹は三井工業部の専務理事だった。朝吹の好きな石田三成の話になり、尾崎が、

「あんたの三成びいきは有名だが、他には誰が?」

と水を向けると、朝吹はしばらく考え、

「そうだな、好きな人物といえば、明智光秀、大塩平八郎、金玉均、蓮月尼……、これに福沢先生ということになるかな」

と答えた。尾崎が、

「おや、大体において謀反人ばかりじゃないですか」

と訝《いぶか》ると、朝吹は、

「謀反人というよりも、みな世にいれられぬ反骨児なのさ。逆境の人間であり、弱者だったともいえる。ワシは足利尊氏も好きなんだよ」

と言葉を継いだ。

「それは困る」

と尾崎が言っても、朝吹は、

「そうかな。ともかくワシは、不運の人間、逆境に苦しむ人間を見ると、他人ではないような気がしてくる。ワシ自身のこれまでが、逆境と不如意で終始したことはあんたもよく知っているが、おそらくそういう自分の境遇に照らしあわせて人一倍同情するのかもしれないがね……」

と意見を変えなかった。

慶応では教育勅語を読まず

〝大風呂敷〟と綽名された後藤新平が、福沢について、こう語っている。

「私の考えるところでは、先生は非常にサイエンティフィックな人で、此サイエンスを通俗化して一般衆

庶の間に知らしめるというのが先生の根本目的で、いわゆる福沢宗の本旨は茲《ここ》にあると思います。よく世間では福沢は拝金宗の親玉だなどというが、これは先生を知らざる通俗の見で、先生はよく経済々々と唱えられたから、こんな風に誤解されたのですが、私の見るところでは先生は経済々々と呼号せられた癖に自身では割合に不経済な人だったと思います。一体先生が財政だの経済だのと唱えられたのは、封建武士の遺風で金銭を蔑視する風潮のあるのを見られ、そんなことは真の武士道ではないぞ、大いに殖産の途を講じて国利民福を計るのが真の武士道だぞということを知らせてやろうというお考えであったろうと思います」

後年、〝小説の神様〟といわれた横光利一は経済小説の元祖ともいうべき『家族会議』という作品の「作者自身の言葉」に、「ヨーロッパの知性とは金銭を見詰めてしまった後の知性」であるのに、「日本の知識階級の知性は利息の計算を知らぬ知性である」と書いた。福沢は別に拝金宗の徒ではないが、福沢を非難する者たちが排金宗の徒だったのである。経済で争わずに武力で争いたい者たちとも言えようか。

福沢門下の尾崎は国際教育の必要性を説いたが、慶応では教育勅語を読まず、君が代を歌うこともなかった。そのため、尊皇攘夷を唱える者から福沢は暗殺の対象とされたが、要するに形式ばったことが嫌いだったのである。福澤大四郎は『父・福澤諭吉』にこう書いている。

「塾では勅語を読まなかったので、一部の人々には、共産党のようにみられていたかもしれない。幼稚舎の子供が他の中学校へ移ったとき勅語の話が出たが、初めて見たというので、その教師は驚いたが、こちらも不思議に思ったという話がある。父が忠君愛国の士であることはいうまでもない。多くの識者には早くから認められていたが、わからない人は年と共に少なくなり、晩年には危険な誤解は全くなくなった」

日清戦争の時、福沢は国に一万円を寄付している。皇太子の結婚祝いという意味で金五万円を受け、すべ

て塾へ出した。そのお礼に当時の塾長の小幡篤次郎と長男の一太郎が宮中に参上している。福沢は病後で行かなかったが、自分のような者が陛下の前に出て粗相をしてはいけないという思いもあった。「自分が無作法者であることをよく知っていたので、父はおそらく一度も宮中へは行っていない」と大四郎は書いている。

三菱の岩崎弥太郎と福沢

明治七（一八七四）年春、岩崎弥太郎は訪ねて来た従弟の豊川良平にこう言った。

「ウチも内容が充実して、ここに大きく西洋式の会社らしくしなければならぬ。どうじゃ、その仕事がやれる男を慶応から引っぱってこぬか」

三菱の始祖であり、海運界の覇者となった岩崎が、いわゆる近代化を志したのである。従弟の豊川は変わり者で、本名は小野春弥。自分で勝手に、豊臣、徳川、張良、陳平から一字ずつ取って豊川良平と名のっていた。このほかに、好きな大久保彦左衛門と幡随院《ばんずいいん》長兵衛から苗字と名前を取って大久保長兵衛と名のったこともある。

それはともかく、岩崎の言葉を伝え聞いて、福沢はとても喜んだ。

『福沢山脈』によれば、まず、三菱という日本一の海運会社が変わろうとしていることが喜ばしい。また、門下生、つまり塾の卒業生の就職先が広がったことが喜ばしかった。

福沢は大隈重信に宛てた手紙の中でこう書いている。

「すでに卒業して、故郷へ帰っても、仕事がない。東京にいても浪人では不面目である。商売でも、文筆でも、何でもいいから、穴のあるかぎり、さがしつくしてはいりこもうとするのであるが、それでもなお、

仕事がなくて苦しむものがはなはだ多い。こうした連中が毎日のようにやってきて、仕事をさがしてくれとせがむ。じつにそのわずらわしさにたえない。またその情を察すると、ずい分役に立つべき人物をうっちゃり放しにするのも不本意と思い、ただ当惑するのみです」

福沢は「利を争うは理を争うこと」と喝破した。

「尚武の世には、腕力武勇をもって立国の元素とした。だが明治の文明世界においては、国を立てるには学識、徳義が必要であるとともに商工殖産を急がねばならぬ。そこで腕力武勇のかわりに智徳財産をもってし、いやしくも今日の日本社会に有智有徳、人望があり、財産が豊かで勢力がさかんなものがあれば、この人物にたのんで立国の謀を立ててもらわねばならない」

これが福沢の「立国の背景」論だった。

こうした教えを受けて、三菱に入り、その社則をつくったのが荘田平五郎である。

岩崎弥太郎の評判がよくなかったので、荘田も最初は入社を渋った。しかし、福沢はその本社を訪ねて、店に飾ってあるおかめの面に感服し、荘田に入社を勧める。

いずれにせよ、「腕力武勇」に代わる「学識、徳義」および「商工殖産」という福沢の思想の下に、犬養毅も尾崎行雄も育った。

「おかめの愛嬌で頭を下げろ」

「人は相撲や役者の場合のように、政治家にも贔屓《ひいき》があります。私は後藤伯爵が大の贔屓です。廟堂に立たせて、思う存分手腕を伸ばさせて見たいものですね」

福沢は後藤象二郎の夫人にこう語ったことがある。豪放磊落《らいらく》で小事にこだわらない性質をもち、伝統的習慣に頓着しない自由の思想を発揮する後藤を評価していて、その後藤の窮状を救うため、福沢は岩崎弥太郎の力を借りようとする。

もちろん、同じ土佐出身で後藤と岩崎は互いによく知っていた。それどころか、後藤の娘が弥太郎の弟の弥之助に嫁いでいる。しかし、度重なる尻ぬぐいで岩崎は辟易していた。

「情誼は情誼、金は金、そうそうキリもなくご用も達しかねます」

『福沢山脈』によれば、そうした事情を承知で、福沢は岩崎に会い、

「岩崎さん、わたしはあなたの会社を大変おもしろいと思いますよ」

と言った。そして、その席にいる荘田平五郎を見やりながら、こう続けた。

「荘田君の入社問題のとき、わたしは会社をお訪ねして、あのおかめの面に非常に感心しました。近頃は、ネコも杓子も会社風を吹かせ、社長や専務、常務などと肩書をつけて世間の人間よりも一段偉いかのようにうぬぼれているが、これは鼻もちなりません。しかるにあなたのところは、そういう思い上がりをたしなめ、お客に対しては、おかめの愛嬌で頭を下げろと教えてある。いや、そうでなくてはなりません。それは卑屈になるということじゃないのですから」

これには岩崎も相好を崩して、

「そうですか。他ならぬ福沢先生にそうおっしゃられると、まことにありがたい」

と喜んだ。

「それについては私にこういう体験がございます。私はもと軽輩ながらも武士のはしくれでしたが、岩崎

社長の事業に加わり、三菱と染めぬいたハッピを着て得意まわりをさせられたときは、骨身に徹するくやしさでした。すると社長にいわれたのです。得意先の番頭や小僧に頭を下げると思うならハラも立つが、金に頭を下げると思えばガマンができよう。今この扇子を貴様にやるから、今後ハラが立ったときはこの扇子を出してみろ。その扇子には小判が一枚貼りつけてありました。ハッピと前だれの精神、これがわが社の社風と申せましょう」

と口をはさんだのは石川七財《しちざい》という男だった。福沢はそれを聞いて、それこそが自分がいつも塾生に言っている独立自尊、自労自活の処世の姿だと膝を打つ。拝金宗と貶されても怯まなかった福沢の面目躍如だろう。

改進党を支援した岩崎弥太郎

福沢は岩崎弥太郎に会い、岩崎が率先垂範して優秀な部下を育てているのだから、事業が発展するのも当然だ、と賞める。

それで機嫌がよくなった岩崎は、

「先生のようなお方が商売をやられたら、きっと成功して大金持になるでしょうに、おしいことですなあ」

と返す。日本一の学者に向かって失礼な言い方だと、慶応から三菱に入った第一号の荘田平五郎はヒヤリとしたが、福沢は怒ることなく、

「そうですかね」

と受け、こう続けた。

「わたしも金は欲しいと思いますよ。また、商売のりくつもひと通りは知っているつもりです。だが、わたしの性分として何分手を出す気になれません」

『福沢山脈』によれば、それに対して岩崎は、

「金持がいいとはいうが、決してはたで思うようには愉快なものではありませんからね。たとえば食物にしたところで、二匹の鯛を一人で食えるものでなく、衣食住など、いかに贅沢をしてもタカがしれとる。しかるに金をもうける心配苦労というものは、じつに容易なものじゃありません。三菱で最初上海に汽船の往復をはじめたとき、もとよりボロ船でしたから、この船は今度かぎりでよそうと思いながら、かわりの船を買う余裕がないので、今一度、今一度とそのボロ船を出してやって、それが無事に帰ってくるまでの心配というものは命がちぢまるようでした。金もうけには、こんな冒険もやらねばならぬことがあります。これを思うと、あなたのように一本の筆をもって、思うままに天下の人心を左右されるのはさだめし心の中から愉快でしょう。金持になるよりは、やっぱりその方が面白いでしょうな」

と言って莞爾として笑ったという。

福沢が岩崎を賞めたのはその場のリップサービスではなかった。なぜ、大学卒業生を採るのかという福沢の問いに、岩崎はこう答えている。

「いわゆる教育のない連中ばかりを、はじめのうちは使っていました。彼等はたしかに従順で、つねにいうがままに動いてくれますから、当座の用には役に立って便利なようですが、何分教育がないため、物事の軽重を知りません」

それで学校出を採用したら無愛想で、まるで客を追い払おうとしているかのようだが、反面、むずかしい

談判などはできる。だから書生をならしてその外面を俗化させる方がいいと判断したという。犬養毅や尾崎行雄が属した改進党のバックには、この岩崎がいた。

第十一章　「脱亜論」と金玉均

無署名の論説も収録された『福沢全集』

福沢を高く評価する者にとっても、福沢の「脱亜論」は躓きの石となる。しかし、『時事新報』に発表された福沢の脱亜思想が、本当に福沢の書いたものなのか。平山洋《よう》は丹念な検証によって、それを否定した。その著『福沢諭吉の真実』（文春新書）の「はじめに」に平山は、明治十八（一八八五）年三月十六日発表の「脱亜論」などは「それまでの福沢の思想を無為にしかねない侵略賛美の論説として悪名が高い」が、『福沢全集』所収の「時事新報論集」はその大部分が無署名であり、福沢の没後数カ月経って掲載された論説まで収録されていると指摘する。同紙創刊号の社説に「本紙初発《はつだ》之趣旨」と題して、「我輩」が「其論説の如きは社員の筆硯《ひっけん》に乏しからずと雖ども、特に福沢（諭吉）小幡（篤次郎）両氏の立案を乞ひ、又其検閲を煩はすことなれば、大方の君子も此新聞を見て、果して我輩の持論如何を明知して、時としては高評を賜はることもあらん」と説明されている。もちろん、福沢の署名入りの社説もあったが、無署名の場合の「我輩」はその時々の主筆を指すことが多かったのである。福沢がその事情を『福翁自伝』でこう書いている。

「私も次第に年をとり、何時までもコンナ事に勉強するでもなし、老余は成る丈け閑静に日を送る積りで、新聞紙の事も若い者に譲り渡して段々遠くなつて、紙上の論説なども石河幹明、北川礼弼《れいすけ》、堀江帰一などが専ら執筆して、私は時々立案して其出来た文章を見て一寸ちょい加筆する位にして居ます」

平山は、「我輩」たちに、中上川彦次郎、波多野承五郎、高橋義雄らも挙げ、高橋と石河の間には角逐《かくちく》があったと論を進める。そして、福沢が脳卒中で倒れるまで石河を主筆にしなかったのは、とりわけ石河の膨張主義的思想を好まなかったからだとし、後継者としては高橋を、高橋が実業界に去ってからは北川礼弼を考えていたのではないかと推測する。

茶人としても有名な高橋は『箒のあと』という回顧録にこう書いている。『時事新報』社説のデビュー作「米国の義声天下に振ふ」をめぐってである。

「此論説は当時支那が朝鮮を付属国の如く取扱つて居るのを、日本を始め諸外国が指を啣《くわ》へて観て居る其面前に、米国がフード将軍を駐剳《ちゅうさつ》使節として朝鮮に送つて其独立を認めたと云ふ痛快なる処置を賛嘆した者で、(福沢)先生は此文を見るや非常に賞賛して其夜晩餐を賜はり、日本膳の上に西洋料理を並べ、傍に侍座してお酌をして居られた奥さんに『今日は高橋さんが名文を書いたので、明日は新聞の社説に載るのだが、実に能く出来たよ』と如何にも嬉しさうに語られたので、私は大に面目を施し、生涯に是れ程嬉しく感じた事はなかつた」

福沢像を歪めた石河幹明

平山洋は『福沢諭吉の真実』(文春新書)で『福沢全集』に入っている『時事新報』の論説について、無署名のそれを分類すれば、次の四種類になるはずだと指摘する。

一、福沢がすべてを執筆した「福沢真筆」

二、福沢が立案して社説記者が下書きをし、さらに福沢の検閲を経た「福沢立案記者起稿」

三、記者の持ち込み原稿に福沢が添削を施した「記者立案福沢添削」
四、全面的に記者が執筆して福沢はまったく関与していない「記者執筆」
厳密に言えば、一と二のものしか全集には収録できないのに、最初の編者の石河幹明はそれらを区別せず、福沢の考えとは百八十度違う論説も全集に含まれてしまった。大体、福沢は中上川彦次郎宛ての書簡で、「石河はまだ文章が下手にて過半は手入れを要す」とか、「石河はあまりつまらず」と書き、評価していなかったが、それに気づいた石河は、福沢への恫喝的クーデター騒ぎを起こしている。「もちろんこの事件について石河自身は『福沢諭吉伝』その他でも一切口をつぐんでいる」と平山は手きびしい。つまり、石河は『福沢全集』の「時事新報論集」を歪めたというのである。

「考えられる理由の第一は、書きつつあった『福沢諭吉伝』にとって不都合な論説はあらかじめ排除される必要があったということである。石河は全く中立な立場で伝記の資料を集めたわけではない。彼の福沢像は、国権拡大のために常に軍備増強を図り、そのために官民調和を唱える思想家というものであった。さらに最初のうちこそ朝鮮の独立を支援するなど愚かな振る舞いもしたが、その不可能を悟るや一転して真の敵である清国との戦争に備えて数々の提言を行い、さらには勝利後の中国分割をも視野に入れていた先見性のある戦略家でなければならなかった。それゆえに、たとえ福沢筆だと分かっていても、その虚像にそぐわない論説は採られるべきではなかったのである」

石河をこう弾劾した平山は、福沢が発作を起こした後、「福沢とは何の縁もゆかりもない諸論説」を福沢の指示によると称して書いたとトドメを刺す。たとえば明治三十三（一九〇〇）年六月二十一日発表の「国の為めに戦死者に謝す」である。福沢はこのころ口も利けず字も書けなかった。

「思ふに日清戦争は我国空前の一大外戦にして、連戦連勝、大に日本の威武を揚げ、世界に名声の嘖々《さくさく》たるを致したれども、支那兵の如き、恰も半死の病人にして、之と戦うて勝ちたりとて固《もと》より誇るに足らず。日本人の心に於ては本来対等の敵と認めず、実は豚狩の積りにて之を遇したる程の次第なれば、外国の評判に対しても密に汗顔の至りに堪へず」

徳富蘇峰をライバル視した石河

「支那兵」を「豚」呼ばわりした論説は、福沢の指示によって石河幹明が起筆したと全集に注記されている。しかし、平山洋が『福沢諭吉の真実』で指摘するように、当時、「口も利けず字も書けなかった」福沢がそんなことができるはずがない。これらは「純粋に石河が書いた」ものだった。平山は「石河の差別的な言辞は、第二次世界大戦後半世紀以上を経た現在に至って、福沢の名をおとしめるのに大きな役割を果たしている」と思う。

そして、福沢と石河は次の三つの点で異なる、と書いている。

第一に、石河は福沢と比べて天皇への尊敬心が甚だしく深い。第二に、国際関係を経済的側面から考えることをせず、具体的な政治的勢力範囲として捉えがちである。つまり、石河は福沢と違って理性的に考えず、情動的なイデオロギーを優先させるということだろう。そして第三に、中国人と朝鮮人に対する民族的偏見が非常に強い。

それが「福沢の著作はいつまでも若々しいのに、弟子のほうがずっと爺くさい」という皮肉な結果をもたらしている。

たとえば福沢真筆の「支那人親しむ可し」（明治三十一年三月二十二日）など、福沢の筆として発表された「国の為めに戦死者に謝す」に自ら反論しているといってもいい。

そこで福沢は、日清戦争後に日本国内に渦巻いた清国蔑視をたしなめ、こう結んでいるのである。

「彼の国人の平生を見れば、運動遅緩にして活発の気風を欠くに似たれども、是れは其国の大にして自から動くに便ならざるが為めに外ならず。一たび動くときは案外に驚く可きものあらんなれば、決して因循姑息《いんじゅん》を以て目す可らず。況んやチャン〳〵、豚尾漢など他を罵詈するが如きに於てをや。仮令《たと》ひ下等社会の輩としても大に謹しまざる可らず。日本人たるものは官民上下に拘はらず、自から支那人に親しむの利益を認め、真実その心掛を以て他に接すること肝要なりと知る可きものなり」

平山は評伝『福澤諭吉』（ミネルヴァ書房）では、石河は『時事新報』のライバル紙『国民新聞』の主宰者、徳富蘇峰をライバル視し、福沢を国家膨張論者に歪めてまでも同世代の国民的思想家、蘇峰に一矢報いようとしたのではないかと推測している。しかし、「あくまで諭吉の影にすぎない石河は、蘇峰と敵対するにも、諭吉の名前を借りてでなければ、相手にもされないような存在」であり、「悲しいかな、石河の眼差しは蘇峰に向いていたとしても、蘇峰の目は諭吉本人にしか向けられてはいなかった」という。

在籍した菊池寛の『時事新報』批判

『時事新報』は昭和十一（一九三六）年暮れに廃刊となったが、作家で文藝春秋社の創始者でもある菊池寛が大正五（一九一六）年から三年余り記者として在籍していた。それで『文藝春秋』の昭和十二年二月号にこんな一文を書いている。

「時事新報が解散した事は、新聞雑誌界に於ける一つの悲劇だ。殊に、僕などは、大正五年から足掛四年ばかり、同社の粟《ぞく》を食んでゐた丈に、更に感慨が深い。僕の在社当時は、同紙は一流中の一流として、信用品格とも他紙を圧するの概があつた。が、その後、大正の末期から昭和の初にかけて、経営に人材を得なかつた為に、今日の悲運を招いたのであらう。同紙が有力なる財閥を背景としながら、財政的破綻に苦しんだなど、結局新聞雑誌の経営は、金よりも人の問題であることを感ぜしめる。さるにても、自分の在社当時から、引きつゞいて奮闘してゐた老主筆石河幹明氏などの胸中は、察するに余がある。

たゞ、自分は同社に居た時から、慊《あき》たらぬ事が一つあつた。それは、福沢翁の精神の一つは、旧形式の破壊であつた。実利本位に、古い形式を破壊することであつた。所が、福沢翁を尊敬するあまり、福沢翁のやり方が、同社に於ては、忽ち一つの形式になつてゐた。そして、その形式を厳として尊重するのであつた。福沢翁の本当の精神は、古い形式の破壊であつたから、たとひ福沢翁のやり方でも、時勢に連れて、どん〱破壊して行くことこそ、福沢翁の本当の精神ではないかと自分は思つてゐた。福沢翁の本当の精神を摑むことが出来なかつた事なども、同社の衰運を招いた原因の一つではなかつたかと思ふ」

平山洋は『福沢諭吉の真実』にこれを引いた後で、「二〇代の一介の記者にしてこれだけのことを洞察していた」菊池を「さすが」と礼讃し、そして、「この引用の後半で暗に批判されているのは、明らかに石河のやり方である」と断定している。菊池は、石河がこれを読むことを見越して、それをはっきりとはさせなかったのだという。

さて、明治十八(一八八五)年三月十六日の『時事新報』に社説として掲載された「脱亜論」だが、署名は入っていない。

「世界交通の道、便にして、西洋文明の風、東に漸し、到る処、草も木も此風に靡かざるはなし。蓋《けだ》し西洋の人物、古今に大に異るに非ずと雖ども、其挙動の古に遅鈍にして今に活発なるは、唯交通の利器を利用して勢に乗ずるが故のみ」と書き出され、「我日本の士人は国を重しとし政府を軽しとするの大義に基き、又幸に帝室の神聖尊厳に依頼して、断じて旧政府を倒して新政府を立て、国中朝野の別なく一切万事西洋近時の文明を採り、独り日本の旧套を脱したるのみならず、亜細亜全洲の中に在て新に一機軸を出し、主義とする所は唯脱亜の二字に在るのみ」と続く。

「脱亜論」を行動によって判断したい

平山洋は前掲『福沢諭吉の真実』で、「脱亜論」はアジア蔑視ではないと強調する。批判と蔑視はまったく違うからである。

平山によれば、福沢は文明の政治の条件として、次の六点を挙げる。

一、個人の自由を尊重して法律は国民を束縛しないようにすること。
二、信教の自由を保証すること。
三、科学技術の発展を促進すること。
四、学校教育を充実させること。
五、産業育成のため適正な法律による安定した政治を営むこと。
六、国民の福祉向上に常に心がけること。

こうした文明観に立って「脱亜論」は展開される。そして、日本は文明化されているが、「然るに爰《ここ》に不

幸なるは近隣に国あり、一を支那と云ひ、一を朝鮮と云ふ」と続く。この二つの国の国民が「古風旧慣に恋々するの情は百千年の古に異ならず、此文明日新の活劇場に教育の事を論ずれば儒教主義と云ひ、学校の教旨は仁義礼智と称し、一より十に至るまで外見の虚飾のみを事として、其実際に於ては真理原則の知見なきのみか、道徳さへ地を払ふて残刻不廉恥を極め、尚傲然として自省の念なき者の如し」となる。

このままでは二国とも独立を維持することができず、いずれ、世界文明諸国によって分割されてしまうだろう。

そして、この二国と日本は西洋人の目からは同じに見えるかもしれないのである。

「例へば支那朝鮮の政府が古風の専制にして法律の恃《たの》む可きものあらざれば、西洋の人は日本も亦無法律の国かと疑ひ、支那朝鮮の士人が惑溺深くして科学の何ものたるを知らざれば、西洋の学者は日本も亦陰陽五行の国かと思ひ、支那人が卑屈にして恥を知らざれば、日本人の義侠も之がために掩《おお》はれ、朝鮮国に人を刑するの惨酷なるあれば、日本人も亦共に無情なるかと推量せらるゝが如き、是等の事例を計れば枚挙に遑《いとま》あらず」

福沢が伊藤博文らに嫌疑をかけられて憤慨した「であらう」ではない。「あれば」である。そして、よく知られた結語に入る。

「左れば今日の謀を為すに、我国は隣国の開明を待て共に亜細亜を興すの猶予ある可らず、寧ろ其伍を脱して西洋の文明国と進退を共にし、其支那朝鮮に接するの法も隣国なるが故にとて特別の会釈に及ばず、正に西洋人が之に接するの風に従て処分す可きのみ。悪友を親しむ者は共に悪名を免かる可らず。我れは心に於て亜細亜東方の悪友を謝絶するものなり」

この無署名の「脱亜論」が、たとえ福沢の筆になるものだとしても、私は福沢の行動によって、その真意を判断したい。

敗北宣言としての「脱亜論」

福澤大四郎の『父・福澤諭吉』の冒頭、「父の家庭生活」の章に、「朴泳孝、金玉均その他四、五名の朝鮮人がずっと泊まり込んでいたこともある」とある。

とりわけ金玉均の面倒を福沢は見たのだが、私は「脱亜論」その他の言論よりも（仮にそれがすべて福沢の真筆だとしても）、金に対する行動によって、福沢がアジア蔑視主義者だったかどうかを判断したい。

福沢と金は、大四郎が生まれる前からのつきあいで、金は大四郎たちとよく一緒に箱根に行ったという。大四郎の筆で、金の事蹟を追えば、こうなる。

「金玉均は朝鮮の独立運動について父の指導助力を乞い、父がまた独立助成の目的を達するため金の熱誠に対して大いに助力を惜しまなかったことはいうまでもない。金銭的にも少なからず援助した。明治十七年の十二月京城で大騒乱が起こり、その中心人物だった金玉均、朴泳孝その他の者は日本に亡命し、内外慈善家の助力で安穏のうちに日々を送っていた。しかし、十八年の末、日本政府は国事犯たる金玉均を日本におくことは、朝鮮政府に対して友誼上よろしくないと考え日本退去を促した。しかし、金玉均が渡航費の持ち合わせがないというので、小笠原島に追放することに決定、警部田《でん》健治郎は三十余名の部下を率いて金を品川から秀郷丸で送った。金は出発直前まで田と碁を闘わしていたという。小笠原にも刺客が入りこんで危険極まりないので、父が政府へ話し、金は一時内地に戻されたのち、北海道に放逐された。のち（二十三年）

許しを得て東京に帰ることができたが、生活苦から奸者《かんじゃ》の乗ずるところとなり、明治二十七年上海で狙撃されて死んだ。父は金の未亡人と遺児の一人娘を東京に引取って生活をみてやろうとさえ思った。父は金が上海で惨死すると知るや、駒込真浄寺の住職寺田福寿に法名を選ばせて、その位牌を自家の仏壇に安置して法要を営んだ」

大四郎によれば、金と一緒に福沢家に泊まり込んでいた朝鮮人の一人が金ぶちの名刺をつくって、福沢に、

「朝鮮の独立運動だとか何だとかいって人の厄介になりながら、そんな立派な名刺を造るとは何事だ」

と叱られたことがあるという。

『福沢諭吉選集』（岩波書店）第七巻の解説に坂野《ばんの》潤治は「明治十四年初頭から十七年の末までの福沢の東アジア政策論には、朝鮮国内における改革派の援助という点での一貫性があり、『脱亜論』はこの福沢の主張の敗北宣言にすぎない」と書いている。これを福沢のアジア蔑視観の開始だとかいう評価ほど見当違いなものはないというのである。

金と福沢の出会い

明治維新で活躍した人物として指を屈せられる西郷隆盛や河井継之助が、いずれも郷里の若者たちに福沢の塾へ入るように勧めたことはよく知られている。

岳真也の『福沢諭吉』白秋篇（作品社）によれば、長岡藩の家老だった河井は死の床で、

「もはや武家の世は終わる……世の中は変わるでや」

と呟き、股肱《ここう》の若者たちに、

「よいな、おみしゃんたち。刀なんぞ棄てて、商人になるがよい」

と言って、慶応義塾への入門を勧めたのである。

福沢の『文明論之概略』などを読んでいた西郷も同じように福沢の塾へ入ることを勧めたのだが、そんなことも聞いて西郷に親しみを持っていた福沢も、彼の「征韓論」には賛成できなかった。

西郷がそれによって下野した明治六（一八七三）年の秋、福沢は「亜細亜諸国との和戦は我栄辱に関するなきの説」を発表した。そして、朝鮮における日本人の排斥運動などは「恰も手足の疵《きず》の如」きもので心配することはなく、それよりも、日本が朝鮮に出兵などして支那大陸に進出している欧米列強と摩擦を起こすほうが大問題だと指摘したのである。

「抑《そもそ》も征韓論とは何れより来りしものなるや。天より降るに非ず、地より生ずるに非ず。征韓を以て日本国の利益と思ふ人の口より出たる議論なり。其人は木石に非ず、水火に非ず。正に人身を具して道理を弁ず可き人類にして、然かも愛国の情に乏しからざる人物なれども、唯其所見近浅にして方向を誤るのみ」

岳真也が書いているように、この文中の「人」とは明らかに西郷を指しており、「やんわりといなすがごとき筆致ではあったが」、征韓論を主張した彼を批判していた。

そんな福沢を「征韓論」に通ずる「脱亜論」者と見ることは妥当なのか。金玉均をそこまでと思うほど助けた福沢の行動をたどる時、私は大いなる疑問を抱かざるをえない。

金が福沢を訪ねてきたのは明治十五年六月である。その一年ほど前、柳定秀と兪吉濬《ゆきつしゅん》という二人の朝鮮人留学生が慶応に入っていた。

真っ白の単衣に角帯姿の金は、

「福沢先生デスネ……ワタクシ、タイヘン、オ会イシタカッタ」

とたどたどしい日本語で挨拶した。

「わたしもですよ、金さん。あなたのことは柳くんたちによく聞かされていましたからね」

と福沢が応ずる。

名門貴族の出で、科挙の文科に一番の成績で合格し、朝鮮政府の官吏となった金と福沢のこれが最初の出会いだった。

福沢の影響力を恐れた政府

柳定秀と兪吉濬が留学生として慶応に入った時、福沢はロンドンにいた小泉信吉宛ての手紙にこう書いた。

「本月初旬朝鮮人数名日本の事情視察の為渡来、其中壮年二名本塾へ入社いたし、二名共先づ拙宅にさし置《おき》、やさしく誘導致し遣居候。誠に二十余年前自分の事を思へば同情相憐むの念なきを不得、朝鮮人が外国留学の頭（当）初、本塾も亦外人を入るゝの発端、実に奇偶（遇）と可申《もうすべし》……」

福沢は自分が欧米へ行った時のことを思い出しているのである。さらに朝鮮については、

「……其咄《はなし》を聞けば、他なし、三十年前の日本なり。何卒《なにとぞ》今後は良く附合開らける様に致度事に御座候」

前掲の『福沢諭吉』白秋篇によれば、福沢は十五歳ほど下の金玉均を実の弟のようにかわいがり、別邸に住まわせて知己にも紹介した。

「先生、ワタクシ、イッタン帰国シマス……国ニ帰リ、コンドハモット大勢、若イ人タチ連レテ、戻ルツモリデス」

福沢の教えや日本で見聞したことを生かし、一命を賭して大院君に会って開国の必要性を説いてみせると意気込んで帰国した金だったが、首府の京城は清の軍隊に占拠され、大院君は天津へ拉致されてしまっていた。

それで、古い政治に固執する「事大党」と対決しながら、金は「独立党」の主役として困難な改革の道を模索する。

いずれにせよ福沢は、「朝鮮の民衆の目を覚まさせ、彼らとともに歩むことによってしか、われら日本人もまた救われない」と思っていた。すなわち、頑迷なる日本と朝鮮の政府が福沢の「敵」だったのである。

ちなみに、徳富蘇峰は「東大は伊藤（博文）伯の子分養成所だ」と皮肉ったが、その伊藤の子飼いの井上毅が若者に対する福沢の影響力を極度に恐れ、時の政府首脳の三条実美《さねとみ》、有栖川宮熾仁《たるひと》、岩倉具視の三大臣に進言した上言の前文にこう書いている。

「今日ノ謀《ハカリ》コトヲ為スハ、政令ニ在ラズシテ風動《フウドウ》ニ在リ。福沢諭吉ノ著書一タヒ出テゝ、天下ノ少年、靡然トシテ之ニ従フ。其脳漿《ノウショウ》ニ感シ、肺腑ニ浸スニ当テ、父其子ヲ制スルコト能ハズ、兄其弟ヲ禁スルコト能ハズ」

さらに井上は「諭吉人気」を抑えるこんな案まで、そこに記している。

「一ニ曰《イワク》、都鄙ノ新聞ヲ誘導ス。二ニ曰、士族ノ方嚮《ホウキョウ》ヲ結フ。三ニ曰、中学幷《ナラビニ》職工農業学校ヲ興ス。四ニ曰、漢学ヲ勧ム。五ニ曰、独乙学ヲ奨励ス」

これを受けて文部省も、中学校の外国語は英語ではなく、ドイツ語を採用するよう勧めたり、儒教に基づく道徳教育の復活に走ったり、果ては官学の出身者以外は校長にしないとの方針まで打ち出した。

「金玉均の乱」成功せず

清からの朝鮮の独立をめざす金玉均は、福沢の助言を受けて、ベトナムをめぐって清と対立しているフランスに借款の申し出をしたり、さまざまに動く。ところが、伊藤博文や井上馨ら、日本政府の態度が定まらなかった。右往左往しているのである。しかし、遂に金らの独立党に味方することにしたのだが、清の袁世《えんせい》凱《がい》が朝鮮軍の兵士を買収し、いわゆる「金玉均の乱」は不成功に終わる。

明治十七年の暮れ、逃れてきた金らを福沢は自宅に迎えた。

「よく生きておられた……助かって、本当によかったですね」

と言う福沢に、金は、

「福沢センセイ、イロイロゴ支援イタダイタノニ、コノタビノコト、申シワケナカッタデス」

と頭を下げた。

情勢は変わる。

「わずかのあいだに、状況はだいぶ変わってしまっているのだ。日本もいまや、清と新たな条約を結びたがっている」

と説明する福沢に、金は、

「日本政府、ワタシタチ、引キワタシマスカ?」

と心配を口にした。

岳真也の『福沢諭吉』によれば、

「朝鮮政府にかねね。さて……」

と福沢は口ごもり、安心できないからアメリカへ行こうかとも考えているという金らに、

「それも一案だがね、当面は大丈夫だろう」

と言い、

「いかに日本の政府が軟弱でも、世界に対する体面というものがある……自国に亡命してきた国事犯を引きわたすような真似はすまい」

と付け加え、当分、自分のところにいて様子を見るようにと結んだ。

この事件で、福沢は政府への失望を新たにする。全権大使として交渉に赴いた伊藤博文は清の李鴻章に、清国軍指揮官の処罰を求めたが受け入れられず、うやむやのまま、天津条約が結ばれた。

日清両国の兵の朝鮮からの撤退、兵を教練する者の派遣の中止、そして将来、朝鮮に派兵する場合は文書をもって告知することの三点が決められただけである。

福沢はその後、フランスと清の間に条約が結ばれた時、『時事新報』の社説で「……其国辱たる所以を論じ、其支那を敬畏するの害を弁じ、其全権使臣の任に堪えざるを歎じ、其新内閣の政略の卑怯なるを憤り、飽くまで政府を攻撃して止むことを知らざるならん」と書いた。フランス政府の弱腰に日本政府のそれを重ねて批判したのである。

金玉均に惚れた福沢

「先生は朝鮮国に惚れている。あれは、ほとんど恋情に近い……それも、まぁ、片思いってやつだな」

慶応義塾の社中にそう言う者があるほど、福沢は朝鮮に恋していた。しかし、それは政府に対してではない。その独立と開化を求める金玉均らに福沢は惚れていたのである。

金らの引き渡しを朝鮮政府は執拗に日本政府に要請した。刺客も放たれ、その一人の池運永を捕えて日本政府は朝鮮に強制送還したが、朝鮮政府の御機嫌をとるように、金に対しても、「十五日以内に日本帝国の領土内より退去すべし」という命令を発した。しかし、日本を離れようとしない金を神奈川県知事が警察に捕まえさせ、小笠原に護送する。

福沢は『時事新報』で、小笠原は日本ではないのか、それとも日限を超えたので政府の方針が変わったのか、と皮肉った。

小笠原で健康を害した金は内地で療養したいと日本政府に申し出、一度、東京に戻された後、北海道に流される。

そんな金に福沢は衣料や食物を送って援助を惜しまなかったが、そのため、福沢自身も政府にねらわれることになる。腹心の井上角五郎が逮捕され、その証人として召喚された法廷で、福沢は、金をそそのかして朝鮮の騒乱を起こさせたのではないかという誘導尋問まで受けたのである。

岳真也が『福沢諭吉』に書いているように、明治十四年の政変に続いて、福沢は改めて、「日本の政府・政権の醜悪な部分をみせつけられた」のだった。

金を助けていたのは福沢だけではない。福沢門下の犬養毅や尾崎行雄らも金銭的な援助を続けていた。しかし、金の苦境は続く。そこに手を差しのべてきたのが洪鐘宇という男だった。李鴻章との交渉のために清に渡るという金に、福沢は賛成できないと言ったが、洪は言葉巧みに金を上海に連れ出し、銃殺した。それ

を知った李は朝鮮政府に祝電を打ったという。金の暗殺に李も噛んでいたのである。

金の遺体を受け取った朝鮮政府は「陵遅の刑」として金の骸を切りきざみ、首と胴体、手足をバラバラにしてさらしものにした。一方、洪には官職まで与えて厚遇したのである。

福沢は無念だった。腹立たしかった。「脱亜論」でいう「悪友」とはまさに朝鮮の政府要人や李鴻章である。遺体はなくてもねんごろに葬ってやらねばと福沢は金の密葬をした。

それとは別に井上角五郎らが「故金氏友人会」をつくり、「葬送故金氏玉均」と記した大きな旗を押し立てた葬儀をした。それには千余名が参列したのである。

最後に金の話をもってきたのは、金を支持し、助けたという事実をもって福沢の「脱亜論」への悪評を葬りたいと考えたからだった。

おわりに

慶応同窓の産経新聞社長、住田良能《ながよし》と話していた時だった。二〇〇六年『夕刊フジ』に「西郷隆盛伝説」を連載し、それはその後、角川学芸出版から同じ題名で単行本として出たが（現在、同名で角川文庫に収録、本評伝選第5巻に収録）、次に誰を書くかが話題になったのである。

「福沢を書く気はないのか」

と住田に言われ、一瞬、虚を衝かれた感じになった。住田には、福沢の創刊した『時事新報』を引き受けた形になっている『産経新聞』として、義塾創立一五〇年に何らかの顕彰をしたいという心づもりもあったらしい。

西郷についてもそうだったが、私はとりわけ福沢に関心を抱いて調べてみたことはない。むしろ、意識的にそれを避けてきたとも言える。塾の卒業生としての照れもあった。

しかし、松下竜一の『疾風の人』(朝日新聞社)を読んでから、俄然、福沢に興味を持ち始めた。『疾風の人』は、福沢の又従弟の増田宋太郎の伝記で、増田は西洋かぶれの福沢を暗殺しようとした人である。『豆腐屋の四季』で知られる松下は、福沢の育った大分県中津市の福沢旧邸のすぐ近くで生まれた。最期は西郷隆盛に殉じて西南戦争で亡くなった増田も中津の出身である。

松下によれば、太平洋戦争中は、福沢は〝鬼畜米英〟の思想家であり、記念館も荒れ果てていた。それに対して国粋主義者の増田はもてはやされていたが、戦後になって、その位置が逆転する。そのシーソーゲームに私はなるほどと思った。中津に行った時、いまは亡き松下に案内されて記念館なども見ている。

慶応大学法学部峯村光郎ゼミの同期生で、慶応高校では福沢研究会を主宰していたという岸井成格(『毎日新聞』元論説委員長〔現主筆〕)に聞いても、そのシーソーゲームは知らないという。

よし、ここから始めれば、どのくらいいるかわからない〝福沢学〟の学者たちの鼻も明かせると、連載をスタートさせた。ある意味では、松下竜一さまさまである。

岸井には、別の意味で重要なヒントを与えられた。

岸井は大腸ガンで北里病院に入院し、手術を受けたのだが、担当医から、土屋雅春著『医者のみた福澤諭吉』(中公新書)と山崎光夫著『北里柴三郎』上下(中公文庫)を渡され、是非読めと勧められたらしい。見舞いに行ったら、読み終えたからと、岸井がそれらをくれた。

まったく知らなかったが、コッホに学んで帰国した北里柴三郎は、東京帝国大学の師というか先輩の誤り

を指摘して、門戸を閉ざされ、行きどころを失っていた。その時、緒方洪庵の適塾で福沢の同門だった長与専斎が間に入り、北里を福沢に紹介して、福沢が徹底的に北里を助けることになる。官に対する民、朝に対する野の伸長なくして、日本に民主主義は根づかないと考えた福沢の、いわば思想の実践だった。

私は最初から、福沢の思想の解釈をするつもりはなかった。福沢の思想は現実にどう働きかけ、どう生かされたか。そこに焦点を絞って、「紀行」を続けようと思った。ほぼ半分に達したが、これからをそれほど厳密に考えているわけではない。

縁ということで言えば、一九六三年春に法学部法律学科に入った私の教養での担任が福沢進太郎というフランス語の先生だった。夫人がギリシャ人のオペラ歌手で、その間に生まれたのが、レーサーの福沢幸雄である。

福沢幸雄はトヨタのテストカーに乗っていて事故死し、進太郎夫妻が天下のトヨタを相手取って訴訟を起こしたことなどは、後になってから知った。

あまり風采の上がらない印象だった福沢進太郎という人が、スペイン戦争に市民軍の兵士として参加した唯一人の日本人だったと聞いたのは、わが師の久野収からだったか。

言うまでもなく、進太郎は福沢諭吉の孫である。その孫の話までたどりつけるかどうか、いまはわからない。

右の一文は『三田評論』の二〇〇八年の七月号に「福沢諭吉紀行」（連載時）の途中談として書いたものである。「紀行」は『夕刊フジ』連載時のタイトルだったが、やはり、諭吉の孫の進太郎の話までは届かなかった。

書き終えて、改めて、諭吉は〝平熱の思想家〟だと思う。時代がどんなに異常で高熱、もしくは狂熱になっても、諭吉は平熱を保ちつづけようとした。それは決して容易なことではない。絶えず、暗殺の恐怖がつきまとったことだけでも、その困難さはわかるだろう。

また、諭吉は門下の馬場辰猪がラディカルな民権家となっても、馬場を支持しつづけた。平熱を超えたかに見える馬場を突き放さなかったところに、諭吉の平熱の真骨頂がある。諭吉の平熱の思想は、クールな平熱ではなく、いわばホットな平熱なのである。

私は、馬場を含む福沢門下生の語る諭吉像から、諭吉の思想がどう生きているかを描こうとした。最終章では、朝鮮独立に殉じた金玉均をあくまでも助けた諭吉の行動によって、その「脱亜論」を覆すことまでしたが、諭吉の言説に拠るのではなく、諭吉についての逸話を積み重ねることで、これまでの福沢諭吉像とは一味違った諭吉像を提示できたのではないかと思う。読者の判断を待ちたい。

二〇〇八年九月二十八日

佐高　信

［**初出について**］

本稿は、「福沢諭吉紀行」と題する『夕刊フジ』の連載（二〇〇八年三月四日〜九月二十七日）を二〇〇八年十月、角川学芸出版より『福沢諭吉伝説』と改題して刊行、二〇一二年八月、同社より角川文庫として『福沢諭吉と日本人』と解題して刊行。

本書は角川文庫版を底本とし、タイトルを「福沢諭吉のパラドックス」に改めた。

［解題］

ラディカルな思想家、福沢諭吉

わが師、久野収は『憲法の論理』（みすず書房）で「状況に支配されるのではなく、状況を支配しようとこころみた政治家は、ほとんど例外なく暗殺にであっている。思想をもった政治家らしい政治家はほとんど襲撃を受けた」と指摘している。

これは政治家に限らないだろう。思想家の福沢もまた、暗殺の危険にさらされた。ねらったのが又従弟というのがドラマティックだが、それは本文に譲る。

私に福沢を書かせたのは、ほぼ十年前に亡くなった産経新聞社長の住田良能である。住田の死を私は毎日新聞主筆、というよりTBS「NEWS23」のアンカーだった岸井成格に知らされた。

他に慶應同窓の友人を二、三人加えて私たちは何年か前から、月に一度、昼食会をやっていた。しかし、二〇一二年秋ごろから住田は病気で顔を出せなくなっていた。六十八歳はあまりに早い死である。

通夜に安倍晋三や石原慎太郎が駆けつけた住田と私の間にホットラインがあったと言ったら、驚く人が多いかもしれない。

産経新聞社長のイメージと違って、住田は異なる立場の人間と話すことを厭わなかった。

「憲法行脚の会」の呼びかけ人である私が、あえて『産経』に護憲の広告を出そうとし、住田に電話をかけると、即座に、

「いいよ」

と言う。ところが、カンパに応じてくれた人たちに、そう持ちかけたら、反対の意見が多く、私は窮地に陥った。幸い、予想より多く集まって『毎日』にも同じように広告を打つことで納得してもらったが、住田は住田で別の方から反発をくらったらしい。『産経』の読者である。

「そんなに広告がほしいのか、と言われたよ」

住田はサラッとそう言って、私に笑いかけた。護憲の広告を『朝日』にではなく、改憲の『産経』にという私のたくらみをおもしろがってくれるところが住田にはあった。

私のマスメディアへのデビューは『夕刊フジ』なのだが、政権批判の私に連載させたりすることには読者からも抗議があったようである。しかし、住田は頓着しなかった。

二〇〇六年に「西郷隆盛伝説」を連載し、次に誰を書くかとなった時、住田が私に、

「福沢（諭吉）を書く気はないのか」

と尋ねた。

それまで私はとりわけ福沢に関心を抱いて調べたことはなかった。塾の卒業生としての照れくささもあって、むしろ、意識的に避けてきたとも言える。

また、丸山真男と西部邁という対照的な人物がそれぞれの福沢を書いているし、書き尽くされているのではなかという思いもあった。しかし、調べてみると、意外におもしろいのである。決して教科書的な思想家ではなく、異端の思想家とも見える。パラドックスは平板には捉えられないぞという意味で改題の際に付けた。たとえば福沢は『文明論之概略』で「古来文明の進歩、其初は所謂異端妄説に起らざるものなし」と言っている。

橘木俊昭の『早稲田と慶応』（講談社現代新書）で、私は「彼の言動に接する人は、慶応出身と聴くと一瞬耳を疑うかもしれない」などと書かれたが、いまは慶応出の異端児と目される私こそが福沢の弟子なのだと自負している。

〝電力の鬼〟と称された松永安左ヱ門などと共に、私こそがむしろ福沢門下生なのだと言いたい気持ちなのである。

朝に対する野、官に対する民の伸張なくして民主主義はありえないと説いた福沢の精神に反して、多くの慶応の卒業生が民間に生きる者の誇りを失い、朝や官に近づいて〝政商〟まがいの行動をとっている現在はなおさらである。勲章など

もらって福沢の弟子などと言うなと声を高くしたくさえなる。

保守とリベラルの対決という謳い文句で、私は西部邁とCS放送の「朝日ニュースター」で論戦した。それは毎週一回一時間で三年続いたが、第一回のテーマが福沢だった。

私が福沢を〝平熱の思想家〟と規定すると西部はこう応じた。

「確かにね。刺激が乏しい人だな。はっきり言うとおもしろくない人だなっていう印象が初めのうちはある。しかし、スルメのように噛んで読んでいると、なかなか味わい深い人だよね。そういう意味では、平熱というのに近いかな。言葉を換えれば、常識・良識の人、そんな感じ」

パラドックスをなぜ付けたかにも関わるが、私はこの対談でこんなことも言っている。

「思想に誤解はつきものですよね。誤解されるような深さや奥行き、そういうものをもっている思想家こそが、取り上げるに値する思想家じゃないでしょうか」

私の性急な断定をたしなめるように西部が付言する。

「それは間違っていないでしょうが、もうちょっと慎重に言いたい。彼の大胆さは、おっしゃるとおり誤解されることを恐れずにやってしまうということ、と同時にあれだけ多作の人ですし、非常に健全な文章を書く人ですから、自分が誤

解されることを承知で書いている、という証拠を、というより誤解を避けようという気配りを、限界を規定するのも言葉によってですから、残しているんですよね。勝手に言いっぱなしで、例えば過激なことやすっとんきょうなことを言って、おれは言いたかったんだ、誤解したけりゃしやがれというのとは違う。一方で大胆であると同時に非常に細心な感じがある」

それを受けて私は続けた。

「だから逆に言うと正解というのがありえない。正解がありえないなかで誤解の幅をつめていきましょう、ということですよね。その一方で誤解はありうる、その辺がまさに人間交際術をわきまえている諭吉、ということになると思いますね」

角川文庫版の解説を書いている岸井成格は同じゼミの同期で、慶応高校では福沢研究会を主宰していた。

その彼が「これまでと違った福沢の息づかいに触れる思いがしている」と書いてくれたのは嬉しかった。

また、福沢の「脱亜論」は本当か？　と疑問を投げかけた点に言及したのもわが意を得たりだった。

「（福沢が）当時の厳しい時代背景の中で、あえて金玉均をかばい続けた行動を見れば、無署名の社説も「福沢の自筆かどうかも疑わしい」と踏み込んだのだ

が、岸井は「この問題は今後、改めて再検討されるべき大きなテーマになるだろう」と指摘している。

その岸井も二〇一八年に亡くなった。あるいは住田と岸井がこの評伝をよみがえらせたのかもしれない。

［著者紹介］ **佐高 信**（さたか・まこと）

一九四五年、山形県酒田市生まれ。慶應義塾大学法学部卒業。高校教師、経済誌編集長を経て、評論家となる。

主な著書に、『佐高信の徹底抗戦』『竹中平蔵への退場勧告』『佐藤優というタブー』『当世好き嫌い人物事典』（以上、旬報社）、『時代を撃つノンフィクション100』『企業と経済を読み解く小説50』（以上、岩波新書）、『なぜ日本のジャーナリズムは崩壊したのか（望月衣塑子との共著）』（講談社＋α新書）、『池田大作と宮本顕治』『官僚と国家（古賀茂明との共著）』（以上、平凡社新書）、『偽装、捏造、安倍晋三』（作品社）、『総理大臣菅義偉の大罪』（河出書房新社）、『国権と民権（早野透との共著）』『いま、なぜ魯迅か』（以上、集英社新書）、『反―憲法改正論』（角川新書）など多数。

佐高信評伝選2 わが思想の源流

二〇二二年一二月二五日 初版第一刷発行

著者……佐高 信
装丁……佐藤篤司
発行者……木内洋育
発行所……株式会社 旬報社
〒一六二-〇〇四一 東京都新宿区早稲田鶴巻町五四四
TEL 03-5579-8973 FAX 03-5579-8975
ホームページ http://www.junposha.com/

印刷・製本 中央精版印刷 株式会社

 ISBN978-4-8451-1780-2

佐高信評伝選 全7巻

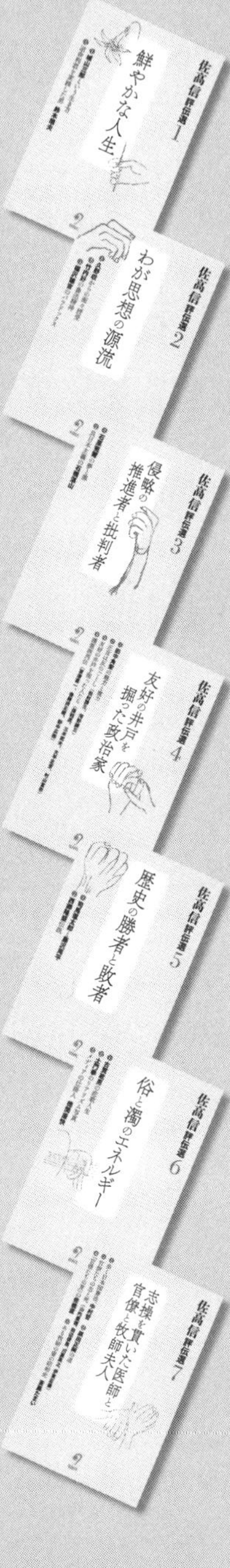

第1巻 鮮やかな人生

城山三郎という生き方／逆命利君を実践した男 **鈴木朗夫**

定価（本体二五〇〇円＋税）

第2巻 わが思想の源流

久野収からの面々授受／**竹内好**と**むのたけじ**の魯迅精神／**福沢諭吉**のパラドックス

定価（本体二五〇〇円＋税）

第3巻 侵略の推進者と批判者

石原莞爾の夢と罪／良日本主義の**石橋湛山**

定価（本体二七〇〇円＋税）

第4巻 友好の井戸を掘った政治家

田中角栄の魅力と魔力／正言は反のごとし（**松村謙三、河野謙三**）／友好の井戸を掘った人たち（**保利茂、三木武夫、大平正芳、村山富市**）／護憲派列伝（**宮澤喜一、後藤田正晴、野中広務**）

定価（本体二六〇〇円＋税）

第5巻 歴史の勝者と敗者

司馬遼太郎と**藤沢周平**／**西郷隆盛**伝説

定価（本体二五〇〇円＋税）

第6巻 俗と濁のエネルギー

古賀政男の悲歌人生／**土門拳**のリアリズム写真／メディアの仕掛人 **徳間康快**

定価（本体二五〇〇円＋税）

第7巻 志操を貫いた医師と官僚と牧師夫人

歩く日本国憲法、**中村哲**／**原田正純**の道／官僚たちの志と死（**山内豊徳、田辺俊彦、川原英之、伊東正義**）／「官僚たちの夏」の**佐橋滋**／ある牧師の妻の昭和史 **斎藤たまい**

定価（本体二六〇〇円＋税）

旬報社
https://www.junposha.com/